Marie Le Bec

Chronique
de
Menez-Banal

Remerciements à :
Armand Puillandre et sa famille
Marivonnig Gouerou
M. Le Grand (ex-recteur de Landeleau)
M. le chanoine Le Floch (archiviste de l'évêché)
M. Per Denez

ISBN 2-906992-66-6

29540 Spézet/Speied - Bretagne/Breizh

Annaig Le Gars

Marie Le Bec

Chronique
de
Menez-Banal

Editions Keltia Graphic

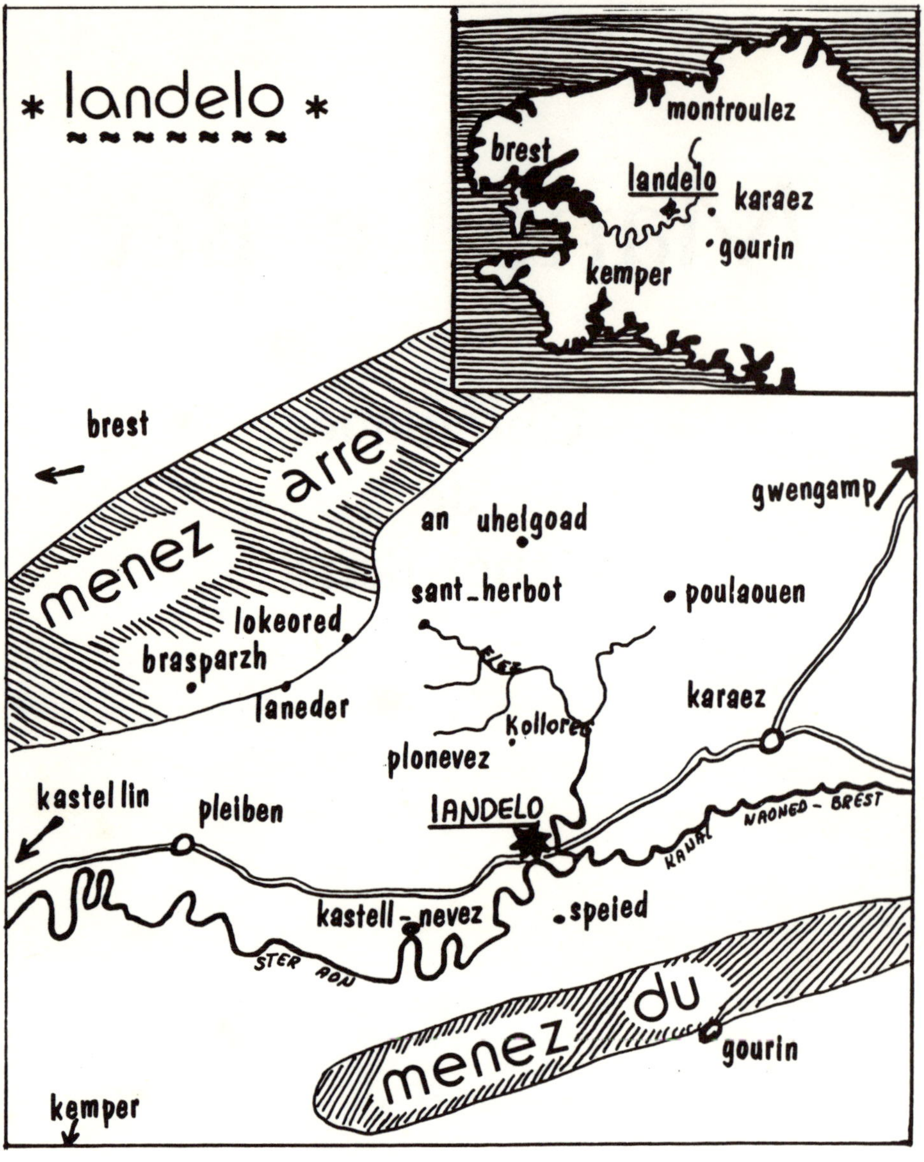
* landelo *
montroulez
brest
landelo
karaez
gourin
kemper
brest
menez arre
an uhelgoad
gwengamp
sant_herbot
poulaouen
lokeored
brasparzh
laneder
karaez
kollore
plonevez
kastel lin
pleiben
LANDELO
KANAL NAONED - BREST
kastell-nevez
speied
STER AON
menez du
gourin
kemper

« Nombreux sont ceux qui ont tenté de décrire la vie paysanne et qui frappent à côté. Ils n'ont pas compris l'âme paysanne. Ils n'en ont vu que l'écorce. »

Angela Duval

Le récit présenté dans cet ouvrage tient à la fois de l'autobiographie et du témoignage historique.

Son auteur, Marie Le Bec, a commencé à l'écrire à l'âge de 80 ans, alors qu'elle vivait chez son fils, Armand Puillandre, qui exploitait la ferme familiale de Menez-Banal[1] en Landeleau aujourd'hui reprise par son fils, Hervé. Elle est décédée le 9 septembre 1989.

Marie a été à l'école jusqu'au certificat d'études. A moins d'être issue d'un milieu très privilégié ou d'embrasser la carrière religieuse, une fille n'allait guère au-delà. Cependant, elle a conservé une passion pour les livres - dont elle a hérité d'une famille de paysans aisés et instruits - passion qu'elle a transmise à ses enfants et qu'elle a pu satisfaire chez son fils qui possède une bibliothèque impressionnante.

Un jour qu'elle lui confiait son désœuvrement, il lui avait répondu dans une boutade : « Et bien, tu n'as qu'à écrire tes mémoires. » Ce qu'elle fit. En quelques mois, elle avait rédigé 174 pages, révélant une mémoire intacte, réunissant les événements dans un souci de détails qui ne laissent pas d'étonner et qui confèrent à son récit une grande authenticité (cf. Le passage sur la mobilisation).

[1] Menez-Banal s'écrivait auparavant Menez-Balan : *menez* = montagne, *balan* = genêt : la montagne de genêt.

Cette démarche fait aussi la force et l'intérêt de cet ouvrage, car contrairement à d'autres témoignages à caractère ethnologique et sociologique, celui-ci n'est pas né de la rencontre d'un enquêteur et d'un enquêté. Il a été conçu par Marie seule, et de sa propre initiative ; personne ne l'a orientée dans ses souvenirs, personne n'est intervenu dans sa rédaction. Cela est exceptionnel.

Du reste, Marie n'a pas écrit ses souvenirs dans l'intention de les publier ; et ce n'est pas sans réticences qu'elle a accepté de me les confier[2]. Elle les a rédigés, dit-elle « pour ses petits enfants », pour qu'ils sachent ce qu'a été sa vie et plus encore ce qu'a été la vie à Menez-Banal. Plus que de se raconter, elle a voulu RACONTER, subissant ainsi l'influence de ses lectures, tant il est vrai qu'on écrit comme on a lu. Contrairement à beaucoup de femmes issues de milieu urbain, Marie a très peu lu de romans, et encore moins de romans « à l'eau de rose » qui font rêver les jeunes filles[3]. Elle n'a jamais voulu se nourrir de ce qu'elle appelle « ces futilités », trouvant dans la nature qu'elle adore, la matière à rêver.

Mais elle a vécu dans un univers où la mémoire se garde de génération en génération, où l'on pratique le culte des ancêtres qui transmettent à leur descendance, leurs biens et leur savoir. Et Marie raconte, comme dans les chroniques qu'elles a lues, comme dans les veillées qu'elle a tant connues, investie d'un passé qu'elle veut transmettre, animée par la passion d'écrire que seuls possèdent certains êtres d'exception, dont elle est. Elle écrit en français, en pensant souvent au breton ; elle écrit avec son cœur et celui-ci est prompt à s'émouvoir.

J'ai choisi de retranscrire intégralement le texte de Marie, en corrigeant uniquement l'orthographe et la ponctuation (quasiment inexistante)[4], respectant ainsi la volonté de Marie, qui ne voulait pas qu'on la lût pour la manière dont elle avait écrit, mais pour ce qu'elle avait écrit. A l'instar de Françoise Cribier, j'ai refusé « la transcription partiellement phonétique dont le faux pittoresque a surtout pour fonction de traduire la distance sociale entre le transcripteur et l'écrivain »[5].

[2] Ses cahiers ont constitué la base d'un mémoire de maîtrise, obtenu en 1985.

[3] Cf. Le roman autobiographique de Lise Vandervielen, *Lise du plat pays*, récit de la vie d'une femme née dans une « courée » de Lille. On trouve ici une différence radicale entre deux milieux, entre deux mentalités. Presse Universitaire de Lille. 1983. Introduction et postface de Françoise Cribier.

[4] Cependant les tournures de phrase et les conjugaisons n'ont pas été modifiées.

[5] Postface de *Lise du plat pays*, p. 313, *op. cité*.

Néanmoins, il me semblait que certains passages du texte méritaient quelques éclaircissements, c'est pourquoi, certaines de nos conversations enregistrées au magnétophone ont été retranscrites. Le récit des souvenirs de Marie a ainsi été achevé, car affligée depuis toujours d'une très mauvaise vue, au point de la rendre quasi aveugle les dernières années de sa vie, elle n'a pu seule le terminer.

Seront développés en postface, les thèmes qu'évoque le texte ; Marie y parle de la vie en milieu rural au début du XXe siècle, de l'inventaire, de l'école et de la guerre.

Vous sentirez très nettement deux phases dans son récit. La première nous montre une petite fille heureuse et insouciante, entourée d'une famille aimante, dans un environnement sécurisant. Puis intervient la première guerre mondiale, qui marque le début des tourments de cette adolescente, très tôt confrontée aux responsabilités, à la mort des êtres qui lui sont chers : un témoignage poignant sur la vie à l'arrière du front.

Vous aimerez comme moi cette femme sensible et drôle, et son cadre de vie, nous vous invitons, avec elle, à le parcourir.

LANDELEAU

Présentation

La commune de Landeleau est située au carrefour des Montagnes Noires et des Monts d'Arrée. Elle appartient au « pays » du Poher, qui se définit par une unité territoriale bien distincte, au sein de laquelle vit une population ayant conscience d'appartenir à une même communauté de vie, de traditions et de dialecte. Le Poher a pour capitale Carhaix.

Nul n'est mieux placé pour nous la décrire qu'Anatole Le Braz qui fit un long périple en Basse-Bretagne, à la fin du siècle dernier, au cours duquel il collecta des histoires et des légendes, qu'il publia sous le titre : *Les Saints bretons d'après la tradition populaire*[6].

« Dans l'après-midi, nous prenons (de Collorec) la route de Landeleau, par la traverse. Le paysage est d'un vert lumineux, sent bon l'odeur du miel des sarrasins en fleur. Nul bruit que la chanson des eaux courantes dans les vallées fraîches et mystérieuses. Et nous voici cependant près d'un lieu tragique : cette ferme sur la hauteur, c'est l'ancien manoir du Granec, tant hanté encore des farouches souvenirs qu'a laissé dans ces parages le fameux Guy Eder de La Fontenelle. L'histoire dit que ce condottiere de la ligue pilla la maison ; la légende ajoute qu'il y vécut, s'y trouvant bien. Comme nous entrons dans la cour, on nous montre, auprès du puits aux pierres élégamment sculptées dans le goût de la Renaissance, une auge où il avait coutume,

[6] Publié par les *Annales de Bretagne* - années 1893-1894 - pp. 41, 42, 43.

paraît-il, de faire ses ablutions du matin et du soir, avant et après ses terribles équipées (...)

(...) Nous arrivons à Landeleau, sur le soir. Bourg coquet, formé d'une seule rue en pente, dévalant vers l'église. Dans les courtils, derrière les maisons, les machines à battre font leur bourdonnement traversé d'appels humains, de sonores éclats de rire. L'église avec son cimetière et sa fontaine occupe le fond de la vallée. Un bouquet d'arbres, ormes et hêtres, ombragent ce lieu paisible où saint Théleau a dû méditer avec délices (...) On ne saurait imaginer de plus frais, de plus gracieux à l'œil et de plus reposant que ce coin de terre. Il semble que ce soit une oasis tout indiquée pour un rêve de vie érémitique. »

L'origine de Landeleau

Landeleau tire son nom de « Lan », vieux mot celtique qui signifie ermitage ou monastère, et de Theleau (en breton Thelo), saint venu du pays de Galles[7] pour évangéliser la Bretagne au Ve siècle.

Plusieurs exploits et faits exceptionnels sont attribués à ce saint[8], dont la fondation de Landeleau. Anatole Le Braz[9] s'en est fait conté la légende :

« Lorsque saint Théleau vint en ce pays, sa première intention fut de bâtir sa maison sur le Ménez-Glaz, près de Lann-al-Loc'h. Il y planta dans le sol des pierres qu'il recouvrit, en guise de toit, d'une pierre plate (...) Il commença à construire son église dans la lande. Mais aussitôt qu'il eût disposé ses premiers matériaux, il fut soudainement distrait de sa besogne par un tapage infernal. C'étaient les grenouilles d'une mare voisine de Poull-al-Loc'h qui coassaient toutes ensemble comme pour lui dire :

« Théleau, arrête-toi. »

Le saint s'obstina. Le vacarme s'accrut. Et finalement, les grenouilles eurent raison du saint. Ne pouvant plus ni prier, ni dormir en ce lieu, il s'enfonça plus avant dans le pays et arriva sur l'emplacement de Landeleau, auprès d'une fontaine et d'un petit bosquet.

Il trouva l'endroit à sa convenance et s'y bâtit une maison de bois. Il ajusta les planches avec des chevilles qu'il façonnait sur son bonnet en guise de billot.

[7] Ce saint gallois n'était pas le premier venu : évêque de Landaff, il était également le beau-frère de Budic, comte de Cornwall.

[8] Les habitants de Landeleau, vouent à leur saint un culte intense et passionné. Nous avons maintes fois l'occasion de le constater dans le récit de Marie ; ce qui témoigne qu'en Bretagne, on est plus enclin à s'adresser à ses saints qu'au Bon Dieu.

[9] *Les Saints bretons*, *op. cité* pp. 33, 34, 35, 36.

La maison bâtie, il édifia son église ; puis il songea à se tailler dans le pays une paroisse. Le seigneur qui commandait sur la contrée lui dit :

« Je t'abandonne tout le territoire dont tu pourras faire le tour en une nuit. Mais il est bien entendu qu'au chant du coq, quelque part que tu sois, tu feras halte. »

Le saint, en revenant de chez le seigneur, conta la chose à sa sœur qui était venue depuis quelque temps, tenir son ménage. Celle-ci feignit la joie, mais conçut dans son cœur une violente jalousie. Théleau cependant, se plaça sur le seuil de la porte et se mit à siffler. Aussitôt, un cerf sortit du bosquet et vint s'agenouiller aux pieds du saint. Le saint monta sur son dos et, la nuit étant tombée, se mit en route. Le cerf galopait de toute la vitesse de ses jambes. Ils arrivèrent à Kastel-Gall. Comme ils traversaient la cour, les gens du manoir, lâchèrent sur eux les chiens. Le saint n'eut que le temps de sauter dans un chêne, tandis que le cerf se réfugiait dans une garenne (...).

Le saint eut sans doute rattrapé le retard que lui avaient causé les gens de Kastel-Gall, si sa sœur n'avait fait le jeu de ses ennemis, par jalousie, pour l'empêcher d'avoir une grande paroisse. Vers les deux heures de la nuit, elle alla prendre un coq dans un poulailler et le fourra dans le tuyau de la cheminée ; puis elle mit le feu dans l'âtre, à un fagot de bois vert. Le coq réveilla les basses-cours du voisinage. Tous les coqs d'alentour se prirent à chanter. Saint Théleau, lié par la parole, dut faire halte. Sans quoi, la paroisse de Landeleau se serait étendue jusqu'à Collorec d'un côté, jusqu'à Cléden de l'autre. »

« Je demande à la conteuse quelques explications sur le « tour des reliques » (*tro ar relegoù*). C'est une cérémonie analogue à la Troménie de Locronan, avec cette différence qu'elle a lieu chaque année, tandis que la Troménie ne se célèbre que tous les sept ans. Comme pour cette dernière, moins cependant, l'affluence des pèlerins est considérable autour des reliques. »

Landeleau dans les révoltes

Il n'appartient pas à la présente étude de dresser un tableau exhaustif de l'histoire de Landeleau et plus généralement du Poher. Rappelons néanmoins que l'histoire populaire de « ce pays » est jalonnée de drames, de misères et de révoltes successives ; c'est en effet dans le Poher, dans cette communauté paysanne animée d'un amour farouche d'indépendance et fortement imprégnée d'égalitarisme qu'éclatèrent tous les siècles : en 1489, en 1590 et en 1675 surtout, des insurrections terribles qui ensanglantèrent la Bretagne, et qui, comme toutes les révoltes, furent étouffées dans le sang. Landeleau, comme les paroisses voisines, eut une part active dans ces mouvements.

En 1489, un soulèvement des paysans contre la noblesse et les villes, prit sa source autour de Carhaix et Huelgoat, « sous la conduite de trois frères paysans, qu'on dit originaires de Plouyé dont l'un avait nom Jahan »[10]. Le chanoine Moreau mentionne cet épisode et avec la partialité qu'on lui connaît en expose les objectifs :

« Leur intention et leur but n'étaient autres que d'exterminer tous ceux de cette qualité, afin de demeurer libres et affranchis de toute subjection, des tailles et pensions annuelles qu'ils payaient à leurs seigneurs, et revendiquer la propriété de leurs terres »[11].

La révolte fut rapidement circonscrite et les paysans furent massacrés près de Quimper, au lieu-dit Prat an Raz.

Cent ans plus tard, la Bretagne subit les horreurs des guerres religieuses. Le Tréguier, le Léon et surtout la Cornouaille s'embrasèrent de 1589 à 1597. La guerre s'acheva par la défaite du duc de Mercœur, gouverneur de Bretagne et la soumission de la province à Henri IV.

En septembre 1590, les paysans s'armèrent après l'incendie et la prise de Carhaix par les royaux (protestants, partisans de Henri IV). « Les paroisses qui firent cette boutade, le dit jour de samedi, furent celles de Cléden, Landeleau, Plonévez, Plouyé, Huelgoat et autres paroisses de Carhaix, sous trois à quatre lieues. Chacune d'elles y perdit grand nombre d'hommes »[12].

Cette équipée s'acheva en carnage du fait, selon Moreau, de l'indiscipline de « la paysantaille », qui ne voulut point écouter les exhortations de ses chefs :

« S'ils eussent voulu s'y tenir, comme leur conseillait la noblesse, et entre autre ce Lanridon, expérimenté capitaine... »[13]

Trois ans plus tard, le pays fut le théâtre d'une expédition tout aussi redoutable, menée par le chef des brigands, de sinistre mémoire, Guy Eder, Sieur de La Fontenelle :

[10] *Histoire de ce qui s'est passé en Bretagne durant les guerres de la ligue*, p. 15. Chanoine Moraud.

Préface et notes de M. Le Bastard de Messemeur. 1836. On retrouve également une relation de cet épisode dans le *Barzaz Breiz* - H. de La Villemarqué. Librairie Académique Perrin. 1963, sous le titre Paotred-Plouie, pp. 250 à 256.

[11] *Ibid.* pp. 14 et 15. Le chanoine Moraud ne pouvait qu'abhorrer le monde paysan, étant à la fois bourgeois, citadin et membre du (haut) clergé.

[12] *Ibid.* Chanoine Moraud, p. 90.

[13] *Ibid.*, p. 89. Le seigneur du Granec, en la paroisse de Landeleau, à qui ils étaient venus demander assistance, leur avait confié un vieux soldat gentilhomme, nommé Lanridon.

« La dite année 1593, environ le mois de juin, le manoir ou château du Granec, fut surpris par les gens du capitaine La Fontenelle. Cette maison appartenait au sieur de Pratmaria, qui se nommait en ce temps Vincent de Coutanezre »[14].

Les paysans de Collorec, de Landeleau et des environs, tentèrent de reprendre aux brigands leurs possessions mal acquises, en les assiégeant. Mais La Fontenelle et ses hommes les prirent à l'improviste et « en firent un carnage de 7 à 800 et davantage, ne cessant de les poursuivre et tuant jusque à plus d'une heure du jour »[15].

Cet épisode demeura longtemps gravé dans la mémoire des gens du Poher.

Avec la révolte des Bonnets rouges, provoquée par l'édit du papier timbré, en 1673, et le monopole du tabac en 1674, c'est un véritable mouvement social qui se déchaîne, nettement dirigé contre la noblesse et le clergé. Si la révolte éclate simultanément en plusieurs endroits de Bretagne elle fut surtout violente dans le Poher, où les paysans trouvèrent un chef et une organisation en la personne de Sébastien Le Balp, né à Kergloff en 1639. (Cf. *Sébastien Le Balp. Révolte du papier timbré*, Armand Puillandre, éd. Keltia Graphic, Spézet, 1996).

A la tête d'une armée de plus de 6 000 hommes, il prit d'assaut le château de Kergoët en Saint-Hernin, qui fut livré au feu et au pillage, ainsi que nous le rapporte A. de La Borderie :

« Tout à coup de Scaër à Huelgoat, 20 paroisses se levèrent ensemble, comme un seul homme et formèrent une véritable armée, qui pour son premier exploit s'en fut assiégé le château de Kergoët en Saint-Hernin (...) M. Le Moyne de Trévigny, seigneur de Kergoët passait aux yeux des mutins pour être trop grand ami des gens qui avaient amené en Bretagne les impôts du timbre et du tabac, et se préparaient encore, croyait-on à y introduire la gabelle. Quant au château, c'était une somptueuse demeure, construite avec soin, meublée avec luxe et pourvue en outre, de murailles et de défenses très suffisantes »[16].

En septembre 1675, Le Balp levait 30 000 hommes bien armés pour aller s'emparer de Morlaix, lorsqu'il fut tué au château de Ty Meur, en Poullaouen, avec sa mort, tout s'effondra.

[14] *Ibid.*, p. 140.

[15] *Ibid.*, p. 143.

[16] *Révolte du papier timbré*, pp. 120-121. Arthur de La Borderie. 1884. Les 20 paroisses en question étaient : Scaër, Pléan, Saint-Hernin, Spézet, Landeleau, Cléden-Poher, Kergloff, Plouguer, Plounévézel, Plonévez-du-Faou, Lannédern, Loqueffret, Plouyé, Poullaouen et Le Huelgoat.

La répression, menée par les dragons du duc de Chaulnes fut terrible. Ce fut une « penderie générale » dans les 40 paroisses qui avaient adhéré au mouvement et qui durent en outre payer de fortes amendes. Des clochers furent rasés, des cloches enlevées. Douze mille hommes de troupes s'installèrent en cantonnement dans la province.

Landeleau sous la Révolution

Avec la Révolution de 1789, s'ouvre à Landeleau, une ère confuse et agitée.

La population ne semble pas avoir accueilli avec un enthousiasme débordant, le nouvel ordre des choses. Plusieurs faits témoignent d'une faible participation à la vie révolutionnaire, et tout d'abord les tergiversations à doter la commune d'un maire digne de ce nom.

Nous possédons à ce sujet des renseignements grâce à l'excellent travail qu'a réalisé M. Bouché[17] sur ses ancêtres – originaires des Ardennes-les-Bouchy – dont l'itinéraire se confond quelque temps avec la vie municipale de notre commune.

M. Bouché nous signale que « rares étaient les citoyens qui savaient lire et écrire et ceux qui le savaient ne sentaient guère attirés par le guêpier de la politique locale. » En 1791, aucun des « 12 » notables composant le corps politique de la paroisse « ne savait signer. » Les magistrats municipaux se sont succédés à un rythme accéléré...

En 1791 encore, Jean Jaffré n'apprécie pas la place de maire et veut s'en débarrasser au profit de Louis Hourman. Le 22 novembre, le district de Carhaix écrit au conseil général de la commune de Landeleau.

« Aucune loi, messieurs, ne peut désormais forcer un citoyen à se charger d'une fonction publique, surtout lorsque le citoyen désigné n'a pas les qualités premières que la place semble exiger de celui qui est destiné à la remplir. »

« Puis donc que le sieur Louis Hourman refuse d'accepter sa nomination à la place de maire de Landeleau, vous ne pouvez sous aucun prétexte le forcer à remplir ces fonctions, qui de son aveu, sont au-dessus de ses forces, puisqu'il ne sait ni lire, ni écrire. Quoique la loi n'exige point cette faculté, convenez cependant qu'il est très important de savoir au moins lire et signer. Nous avons trop bonne opinion des habitants de votre commune pour croire que vous ne trouverez pas un

[17] *D'Ardennes en Poher - Antoine et Jean-Joseph Bouchy*, par Hubert Bouché. Cahiers de l'Iroise - Avril-juin 1977.

autre citoyen plus capable et mieux disposé à remplir la place de maire... Vous voudrez bien convoquer l'assemblée primaire incessamment pour l'élection d'un maire. »[18]

« Deux mois et demi plus tard, les choses ne s'arrangent à Landeleau, tandis qu'à Carhaix on ne semble pas exclure la possibilité d'un maire illettré, et sans doute, un peu forcé. Le 10 février 1792, le district supplie : « Louis Hourman et ses deux successeurs « d'accepter » les places honorables qui leur sont proposées. »

C'est alors qu'intervient Jean-Joseph Bouchy, fils d'Antoine Bouchy, résidant à Saint-Hernin. M. Bouché émet l'hypothèse que, faute de trouver un maire sur place, il fût requis par le district de Carhaix pour pallier le poste vacant, et qu'il acceptât.

« Jean-Joseph Bouchy[19] (prénom usuel Jean) est né dans les Ardennes vers 1769. Il reçut une bonne instruction, supérieure à celle de beaucoup de ses frères et sœurs et même à celle de beaucoup de notaires de l'époque révolutionnaire (...)

« Lorsqu'éclate la Révolution, Jean Bouchy a 20 ans, tout de suite l'accueille avec enthousiasme ; en dépit de son jeune âge, il ne tarde pas à accéder aux responsabilités municipales (...) Faute de documents, il n'est pas facile de préciser l'époque de sa magistrature ; tout ce qu'on peut affirmer, c'est qu'elle s'est terminée avant février 1795.

Le successeur de Jean Bouchy, connut quant à lui, une fin funeste, il fut tué en 1801 par les Chouans.

Mais revenons quelques années en arrière. Un rapport du district de Carhaix nous apprend que le climat est agité à Châteauneuf et dans les environs.

« Le 7 juin 1791[20], Châteauneuf est la partie de notre district qui nous inspire le plus d'alarmes ; les opposants y sont en grand nombre, conséquemment audacieux. Le curé constitutionnel (l'ancien vicaire, M. Mentheour qui remplaça M. L'Haridon, insermenté) y est continuellement et publiquement insulté, lors même qu'il exerce les fonctions de son ministère. Le maire nous mande que ses jours sont en danger et qu'il a été attaqué plusieurs fois par les factieux.

« Huelgoat et les parties environnantes sont dans un état de fermentation dont le danger doit être paré sur le champ.

Demandons une compagnie de cavalerie à répartir entre Châteauneuf et Huelgoat. »

[18] H. Bouché, *op. cité*, pp. 80-81.

[19] *Ibid.*, p. 80.

[20] *Documents pour servir à l'histoire du clergé et des communautés religieuses dans le Finistère pendant la Révolution*, pp. 206-207. Chanoine Peyron. Imprimerie de l'évêché.

Selon toute vraisemblance, un cantonnement fut alors assigné à Landeleau, car son existence est encore signalée en 1799[21].

De même que son collègue de Châteauneuf, le recteur de Landeleau, M. Le Bris[22], refusa de prêter serment en janvier 1791, et fut éloigné de sa paroisse.

Contrairement à ses confrères de Châteauneuf - Menthéour - et de Plonévez - Jégouic - qui « menait une vie scandaleuse avec sa domestique »[23] - son vicaire, Poupon, choisit la fidélité à son recteur et à l'église. Ainsi qu'il l'explique dans une lettre adressée au district le 14 décembre 1791[24] :

« Je reconnais avoir reçu de vous, deux lettres du 10 et du 13 de ce mois de décembre, je ne me suis pas rendu à la première parce que je n'osais m'y fier, ne sachant comment prendre cette autorisation qu'on m'accordait ; pour une assurance personnelle et non un empêchement d'exercer mes fonctions, ou pour une mission et une exclusion du vrai pasteur, M. Le Bris. Je ne savais encore comment prendre cette condition de ne pas troubler l'ordre public, car certainement je ne sache pas avoir troublé l'ordre public en aucune façon, non plus que dit le recteur.

A la réception de votre seconde lettre, je pris la résolution de me rendre à Landeleau, parce que je présumais qu'on avait aussi donné au vrai pasteur, une assurance d'y exercer paisiblement ses fonctions, mais avant d'y arriver tout à fait, on m'a dit que non. Je me suis aussitôt déterminé à retourner. Selon ma conscience et mes vrais principes, jamais je ne consentirai à rester à Landeleau à l'exclusion du vrai pasteur. J'y retournerai aussitôt que j'aurai appris que M. le recteur sera assuré de rester paisible possesseur de la paroisse. »

[21] G. Thomas (*Dans le passé de Saint-Hernin*, éd. du Menez. 1946) nous rapporte l'anecdote suivante p. 75 :

« Le 23 ventôse an VII (13 mars 1799), Saint-Hernin et Spézet sont mis en état de siège à la suite de l'assassinat dans cette dernière localité, d'un militaire par une bande de Chouans.

Ceux-ci étaient en effet signalés dans la région depuis quelques jours. Pour leur donner la chasse, un détachement armé avait quitté Landeleau et après une battue infructueuse sur le territoire de Spézet, s'apprêtait à rejoindre son cantonnement. En cours de route, l'un des soldats « pour satisfaire à la nature », quitta les rangs et s'enfonça sous bois. Ses cinq camarades continuèrent leur route. Inquiets de ne pas le voir paraître, ils rebroussèrent bientôt chemin et découvrirent son cadavre : il venait d'être assailli puis abattu par les Chouans qui suivaient le détachement. »

[22] Fichier de l'évêché.

« Le Bris Jean Guillaume né à Mûr le 30 juillet 1733 prêtre en 1757. Chanoine de Rostrenen en 1760. Recteur de Landeleau à Noël 1781.

[23] *Le District de Carhaix sous la Révolution*, p. 85, P. Hémon. Société des Bibliophiles bretons.

[24] La relation des événements qui suivent a été emprunté à l'article suivant :

« Notices sur les paroisses » par MM. les chanoines Peyron et Abgrall. Extrait du bulletin diocésain d'histoire et d'archéologie. 1919, pp. 254, 255, 256, éd. Quimper.

Le district de Carhaix transmit cette lettre au département, le 17 décembre 1792, en ajoutant :

« Vous verrez par lettre jointe, que M. Poupon s'obstine à ne pas vouloir continuer ses fonctions, afin d'exciter les gens au soulèvement. Nous demandons de ne pas lui payer son traitement, et à prendre sur la somme, les frais occasionnés pour sa recherche et mise en arrestation. »[25].

« Mais la municipalité par délibération du 30 décembre, réclamait ses prêtres :

« Considérant que nos prêtres ayant disparu dans la nuit du 7 au 8 décembre, de peur d'être appréhendés, est depuis sans secours spirituels ; considérant qu'elle a, à trois fois différentes et toujours inutilement, prié le district de lui laisser son recteur.

La municipalité s'adresse au département pour obtenir la conservation de son recteur ; elle déclare qu'elle veut ni trouble, ni émeute, et ne réclame que la liberté du culte. »

Cette revendication énergique porta ses fruits.

« Le 2 janvier 1792, le département renvoyait cette pétition au district, qui, le 9 février, répondait au département, que par condescendance, le 5 janvier, M. Le Bris a été rappelé à ses fonctions de curé de Landeleau et que le sieur Poupon y est établi depuis le 13 décembre. »

Les ennuis du brave curé ne cessèrent pas pour autant. Il eut la faiblesse de prêter serment le 22 septembre 1792. Mal lui en prit, car le 18 juin 1795, il fut enlevé par les Chouans – revenant de la célèbre expédition de Pont de Buis[26] – puis relâché. Il rétracta son serment le 2 août de la même année, mais fut alors arrêté par les républicains le 17 janvier 1796, et relâché peu après. Il se réfugia ensuite à Châteauneuf où il fut de nouveau arrêté[27] et maintenu en réclusion. De nouveau relâché, il se retira à Châteauneuf où il mourut en 1803 « ex recteur de Landeleau ».

[25] Poupon paraît s'être caché jusqu'en l'an II. En 1802, on le signale résidant à Locarn.

[26] Cette expédition fut menée dans le but de se ravitailler en munitions, par le pillage du moulin à poudre. Les Chouans – dont le nombre fut sans doute exagérément évalué à 500 – s'en revinrent en passant par Plonévez-du-Faou, Landeleau et Saint-Hernin.

[27] Daniel Bernard – *Documents et notes sur l'histoire religieuse du Finistère sous le Directoire* – p. 223. Librairie Le Goaziou, 1934 - évoque cette arrestation.

« Une lettre du 19 ventôse an VI (9 mars 1798) du commissaire du département au commissaire du canton de Châteauneuf (concernant les prêtres réfractaires).

« Entendez-vous donc de suite avec la gendarmerie et qu'il soit fait s'il en est besoin, des visites domiciliaires, même de nuit, dans les maisons qui leur servent de retraite ; aussitôt après leur arrestation, vous les ferez conduire à la maison d'arrêt de Quimper. »

De fait, le 25 ventôse (15 mars) le brigadier de gendarmerie ont un gendarme de Châteauneuf se transportèrent chez Carquet, à Châteauneuf, « soupçonnant Le Bris était chez lui, et l'ayant trouvé dans une chambre, nous l'avons arrêté. »

LANDELEAU AU XIXe SIÈCLE

La paroisse privée de prêtre

Décidément l'histoire de Landeleau est sujette à bien des rebondissements. Si en 1791, la municipalité réclame instamment son recteur, en 1810, elle n'hésite pas à le mettre tout bonnement à la porte.

L'affaire vaut d'être contée, tant elle agita le pays. Elle inaugure d'un type de rapports particulièrement houleux entre les pasteurs et les édiles municipaux, nous aurons l'occasion de le vérifier au cours de cette étude.

En 1810, donc une violente querelle opposa le maire de Landeleau au recteur. Ce dernier, François Le Bozec[28], « avait, nous dit Hubert Bouché[29], un début de carrière plutôt agité et était fort mal noté par Mgr de Saint-Luc, dernier évêque de Cornouaille, 10 ans d'exil n'avaient guère amélioré un caractère au point de départ déjà difficile. »

On a tous les éléments pour un affrontement quand on saura que la nature n'a pas doté son adversaire d'un caractère plus conciliant. Gabriel Pasteyer est né à Landeleau en 1777[30]. « Epoux successivement de Marie-Josèphe Bouchy (sœur de Jean Bouchy, ancien maire de Landeleau, décédée après peu d'années de mariage), d'Anne Le Coyet

[28] Né à Mûr en 1745, prêtre en 1770, à Plouan, Kergrist-Moellou, Landeleau, Plonévez-Porzay et Gourlizon sous l'Ancien Régime. Insermenté, détenu à Brest puis déporté en Espagne, il remplaça M. Le Bris en 1804 (Fichier de l'évêché).

[29] H. Bouché. Cahiers de l'Iroise - Avril-juin, *op. cité* p. 88.

[30] « Il fut d'abord cultivateur, puis aubergiste et marchand aux affaires suffisamment prospères pour lui permettre de se qualifier de « rentier » dès l'âge de 32 ans ; maire de Landeleau de 1801 à 1812. ». *Ibid*, H. Bouché, p. 80.

et de Marie Loupper (cette dernière fille d'Alain Loupper, adjoint municipal de Saint-Hernin qui fut commissaire du Directoire près le canton de ce nom. » (...)

Il (...) nous apparaît débordant de jeunesse, de fougue et d'initiative, maire de Landeleau, sans doute s'en croyait-il le maître et n'hésitait-il pas à employer de grands moyens pour faire plier un recteur à son gré trop peu docile ».[31]

Le 26 mars 1810, le recteur se plaignait à son évêque Monseigneur Dombidau de Crouseilhes en ces termes :

« Je commençai à me rétablir de la maladie que j'ai essuié ; je commençai même à faire mes fonctions lorsque le maire de Landeleau sans aucune réservation au même condition que son prédécesseur, aussi fermier de M. Calouard dont j'ai été sous-fermier paisible. M. le maire actuellement fermier, me vint faire la semaine dernière une sommation pour lui vider une partie du presbytère dans 24 heures, où il l'aurait fait de son autorité privée. Je demeurai tranquille parce que j'étais persuadé qu'il n'y pouvait, ayant une ferme verbale avec le conseil jusqu'au 29 septembre prochain : le lendemain, il mit mes effets dehors et me fit une seconde sommation, pour mettre hors la cour ma provision de bois ; avant que ma lettre vous parvienne, je ne doute pas qu'il ne vienne une seconde ivresse qui me mettra sur le grand chemin près de Châteauneuf ; vous voiez Monseigneur, la nudité où je me trouve de vous prier de me procurer un logement sans délai, ou de m'approuver pour une autre commune qui vaque à ma porte où il y a un logement décent et une belle église : Laz. Dans le bourg de Landeleau, il y a un petit logement grandement bien situé, propre à faire un joli presbytère avec jardin. Le prix sera environ de 800 livres tout compris, les réparations à 200 livres. Nous sommes tous pauvres et nous savons comment fournir à tant de dépenses, en si peu de temps qu'il y a d'ici à la Saint Michel.

Je suis persuadé que votre grandeur aura l'égard à mon âge, je ne suis plus en état de courir comme j'ai fait.

Je vous prie de me consoler dans ma convalescence, par réponse favorable. »...[32].

Le sous-préfet de Châteaulin, M. Baudier, mis au courant de l'affaire, désapprouva vigoureusement l'attitude du maire dans une lettre du 29 mars 1810, qu'il adressait à l'évêque :

[31] Avec beaucoup de malice, M. le chanoine J.-L. Le Floc'h m'a précisé que cette formule signifiait à coup sûr qu'il y avait eu empoignade (et qu'il en était de même pour tous les recteurs qui l'employaient).

[32] Archives de l'évêché. Série P.

« La conduite du maire de Landeleau à l'égard du desservant de cette commune sera vivement réprimée si ces faits sont tels que vous me les décrivez. Je viens d'enjoindre à ce fonctionnaire de me rendre compte de tout ce qui s'est passé et de suspendre toute démarche vis à vis de M. le desservant et je vous promets de mettre dans cette affaire tout l'intérêt que vous avez droit d'attendre de mon impartialité. »[33].

Dans l'intervalle, l'évêque avait accédé au désir de M. Bozec qui lorgnait sur la riche et paisible commune de Laz, et l'y avait nommé le 29 mars[34]. Las pour le pauvre recteur, la maladie le frappa à nouveau et entrava son départ pour Laz, qui en fait n'eut jamais lieu. Il faisait part de ses nouveaux ennuis le 4 mai 1810 dans une lettre au secrétaire de l'évêque :

« La lettre que vous m'avez fait l'honneur de m'adresser de Monseigneur l'évêque pour Laz a été retardée par ma convalescence (...) Demain, je comptait aller moi-même à Quimper pour prouver à Monseigneur que je ne suis pas si faible qu'on m'a dépeint devant sa grandeur. Par prudence, j'ai cru mieux faire en envoyant une personne de ma part pour annoncer à son illustrissime que l'aubergiste, mon maire, doit lui arriver sans délai pour lui annoncer que j'ai refusé la clef des archives à des personnes grises sortant de chez lui qui voulaient retirer des archives l'argent qui y était pour commencer l'achat d'un bordel[35] d'auberge appartenue au dit maire, de qui ne convient à aucune eucharistie.

L'année dernière on avait fait la même sottise à Landeleau, mais cependant pour une maison décente, bien située ; c'est pourquoi je consentai à tirer du coffre-fort l'argent nécessaire pour y controller la façon de contrat, parce qu'on promettai de mettre tout en bonne réparation dans 6 mois. Le prix était de 1 500 livres, le prix du bordel sera de 3 000 livres non compris les réparations (...) Si mon seigneur m'ordonne de livrer la clef, je la livrerai avec le plus grand plaisir quoique

[33] *Ibid.*

[34] Cette mesure s'explique si l'on se resitue dans le contexte de ce début du XIXe siècle. On assistait depuis la réorganisation du culte (c'est-à-dire depuis le concordat) à une pénurie de prêtres qui dura jusqu'aux environs de 1820. D'une part, beaucoup d'entre-eux avaient disparu dans les troubles de la Révolution, d'autre part, il n'en avait pas été formé pendant toutes ces années. Il n'y avait donc pas suffisamment de prêtres pour desservir toutes les paroisses. C'est pourquoi, les responsables religieux n'hésitaient pas à pratiquer une politique absolue dans le cas où les municipalités contrevenaient à leurs devoirs – elles étaient tenues de fournir aux desservants un logement confortable – Le cas échéant, l'évêque retirait systématiquement le prêtre et le nommait dans une paroisse plus conciliante. C'est ce qui s'est passé en 1810 à Landeleau.

[35] Il ne faut pas prendre ce terme dans sa signification d'aujourd'hui. Il ne s'agit pas d'une maison de passe, mais d'un logement en mauvais état et mal entretenu.

l'église manque de réparations très urgentes (...) Je vous prie de ne point omettre de dire à monseigneur l'évêque de faire reproche à M. le maire de Landeleau pour avoir renvoyé les enfants à coup de fouet de l'église le 4 dimanche du carême dernier. »

Quelques mois plus tard, l'évêque mettait fin aux misères du recteur et le nommait recteur du cloître de Pleyben le 1er novembre 1810. La paroisse était donc privée de recteur. La municipalité fit alors intervenir Mme de Bonté, comtesse du Bot de Grégo, la célèbre châtelaine de Trévarez[36].

Signalons à sa charge qu'elle avait la plume aussi détestable que son plumage était, paraît-il séduisant.

Lettre non datée :

« Monseigneur[37]

Le maire de Landeleau, et deux de ses notables sont venu me prier, me solliciter pour leur commune en ci-devant Monseigneur, et il ne me convient pas de m'immiscer dans les torts qu'on pu avoir les paroissiens vis-à-vis de M. Le Bozec, ni dans ceux de celui-ci vis-à-vis d'eux ; mais si l'on en croit les bruits publics ils étaient réciproque. L'état de sa maladie de M. Le Bozec, une tête vive exaltée par les malheurs de la Révolution on pu exaspéré son esprit et le mettre dans le cas de croire (...) Votre bonté pastoral saura pratiquer les préceptes de notre seigneur, le pardon des offenses (...) je me trouve dans le devoir de contribuer à leur faire obtenir les secours spirituels dont ils ont besoin et qu'ils demandent ardemment (...)

M. du Laz, mon parent dans cette paroisse a aussi écrit à M. l'abbé Poulpiquet (vicaire général) pour lui parler en faveur des habitants de Landeleau, qui pour éviter toute difficulté on acheté une maison avec jardin et tout ce qui est nécessaire pour loger un ecclésiastique. De ce moment, tout cela doit vous engager à montrer votre bonté ordinaire pour vos ouailles et optant pérer aux sollicitations des habitants. Je suis voisin de cette commune, le gendre de ma grand-mère, Mme de la Bedoyne avait des propriétés considérables dans cette paroisse. Ces braves gens se sont souvenu que quelques-uns des miens leur avaient porté un intérêt et ils sont venus réclamer le mien. Je me suis permis de vous écrire pour réclamer votre bienveillance... »

[36] Louise du Bot du Grégo épousa en premières noces Antoine d'Ampheinet du Pont Bellanger (décédé au cours de guerres chouanes). Elle devint ensuite la maîtresse de Hoche avant d'épouser le général Bonté. (Son orthographe et son écriture sont exécrables !).

L'orthographe a été conservée pour toutes les lettres et documents cités dans ce chapitre ou dans les autres.

[37] Archives de l'évêché. Série P.

Rien n'y fit, Landeleau resta sans recteur, durant près de quatre années. Il faut du reste ici, corriger une erreur commise par les quelques personnes qui se sont penchées sur l'affaire[38]. Charles Le Ven ne remplaça pas immédiatement François Le Bozec[39], mais vicaire à Carhaix, il fut chargé de desservir Landeleau avant d'être nommé recteur de cette paroisse le 30 mai 1814.

Rétrospectivement, on a voulu assimiler cette « vacance » de prêtres à un interdit. En fait, cette sanction n'a jamais été prononcée officiellement en 1810. Néanmoins, l'absence délibérée de prêtre dans la paroisse n'en constituait pas moins une mesure profondément rétorsive et infamante pour les paroissiens qui devaient recourir aux services des prêtres des communes voisines - en l'occurrence du vicaire de Carhaix - Il ne faut pas non plus négliger les répercussions, en amont, que cette punition entraînait : la chute du commerce local. En effet, le dimanche était pour les commerçants un jour fructueux, si les paroissiens assistaient à la messe dans les communes voisines, ils en profitaient pour y faire leurs emplettes - et accessoirement pour visiter les auberges.

La laïcisation de l'école des sœurs

A la suite de ces incidents, la vie suivait son cours à Landeleau. La commune bénéficia d'une école pour les filles en 1873 grâce à la venue des sœurs - de la congrégation des filles de Jésus de Kermaria - En 1897, cependant, planait la menace d'une laïcisation, du fait de la loi Paul Bert[40] qui les aurait contraints à quitter les lieux, ainsi que l'annonçait la *Semaine Religieuse* du 25 juin 1897 :

[38] Notamment par MM. les chanoines Peyron et Abgrall B.D.H.A., 1919, *op. cité.*

[39] C'eût été impossible car il ne reçut la prêtrise que le 20 décembre 1811, à la suite de quoi, il fut nommé à Carhaix. Il était originaire de Plouguerneau. (Fichier de l'évêché).

[40] Nous sommes sous la IIIe République, « championne » de l'école laïque. L'énoncé qui suit a été emprunté à Adrien Dansette - *Histoire religieuse de la France contemporaine sous la IIIe République*, pp. 91-92. Tome II, éd. Flammarion, 1951.

« Une première loi du 16 juin 1881 a supprimé la lettre d'obédience de l'évêque qui tenait lieu aux congrégationistes de brevet de capacité et a rendu ce brevet obligatoire pour tous les instituteurs, à l'exception de ceux qui avaient atteint l'âge de 35 ans et possédaient cinq ans de service. Un projet, déposé par Paul Bert en 1882, tranche la question en chassant les congrégationistes de l'enseignement primaire sous prétexte qu'ils ne sont pas aptes à donner une instruction civique fondée sur des principes opposés aux leurs et que leurs vœux d'obéissance les dressent contre la loi chaque fois qu'elle leur paraît en contradiction avec les ordres de leurs supérieurs (...)

« **Une nouvelle laïcisation :**[41]

Nous sommes à Landeleau sous le coup de la plus pénible émotion : nos sœurs ont reçu hier, 21 juin, notification officielle de la laïcisation de leur école à partir du 1er janvier prochain.

Dès que la nouvelle a été annoncée aux enfants, celles-ci ont aussitôt pris leurs livres et cahiers et se sont précipitées dans la cour en sanglotant et en criant : « Il nous faut nos mères ! ». Elles croyaient les pauvres petites qu'il fallait partir à l'instant.

Toute la population est consternée, elle s'attendait si peu au départ des sœurs. Voilà donc une laïcisation faite contre le vœu des habitants. »

Ainsi fut fait le 2 janvier 1898.

« La laïcisation de l'école communale des filles (...) que nous avions annoncée comme imminente, est devenue définitive depuis le commencement de 98. C'est le 2 janvier à 6 heures du soir, que les religieuses ont reçu sommation de céder le local à la maîtresse laïque.

Cependant, elles n'ont pas quitté la paroisse, qui voudrait les garder. Mais les habitants ne sont pas riches, loin de là ! Et viennent de construire au prix de grands services, une église qui attend encore la plus grande partie de son mobilier...

Par discrétion, et vu la multiplicité des besoins qui sollicitent la générosité des catholiques, nous nous abstenons – on nous rendra cette justice – de recommander telle ou telle œuvre. A cause de la situation particulière où elle se trouve, nous faisons une exception pour cette paroisse, et nous disons à nos lecteurs qu'une aumône pour la fondation de l'école libre de Landeleau serait reçue avec reconnaissance et qu'elle ne saurait être mieux placée. »[42].

Pour pimenter l'affaire, il ne manquait plus qu'un conflit entre municipalité et clergé. Celui-ci fut vif, à en juger par la délibération du conseil municipal du 1er mai 1898[43].

« M. le maire déclare au conseil que depuis le mois de juin, beaucoup de plaintes et de scandales sont venus dans la commune parmi les

---

Au terme d'une longue carrière, le projet de Paul Bert aboutit à la loi du 30 août 1886, qui remplace les frères dans un délai de 5 ans, les sœurs au fur et à mesure des vacances et exclut les prêtres des commissions scolaires. »

Cependant, certaines municipalités favorables aux ecclésiastiques, (notamment dans le Léon) leur permirent de se maintenir jusqu'aux environs de 1910.

[41] *Semaine Religieuse* - année 1897, p. 408.

[42] *Semaine Religieuse* du 28 janvier 1898.

[43] Archives municipales.

habitants qui proviennent des agissements de M. Berriet[44], recteur de cette commune, contre les habitants de Landeleau, depuis qu'on a déclaré la laïcisation de l'école des filles et prie le conseil de donner son avis à ce sujet.

Le conseil municipal lie la déclaration de M. le maire et reconnaît à l'unanimité que depuis la laïcisation de l'école des filles a été connue au mois de juin 1897. M. Berriet, recteur de Landeleau a continuellement dirigé une campagne de bouleversements contre les habitants, et surtout contre le conseil municipal et le maire, et a tenu tous les agissements possibles contre ceux qui refusaient des souscriptions pour la construction de la nouvelle école libre. Ces agissements se continuent toujours dans tous les moyens possibles. En conséquence M. le maire se montre maître absolu à Landeleau et avoir son influence incontestable.

Le conseil considère que la commune de Landeleau a toujours été tranquille (!) et qu'elle désire le rester et qu'il faut en finir avec tous ces scandales et prie l'administration supérieure de prendre en considération l'intérêt de la commune et de la tranquillité publique le plus tôt possible même qu'il serait nécessaire de déplacer M. le recteur de Landeleau. »

L'intention n'était sans doute pas d'accéder au désir de la municipalité, mais M. Berriet quitta Landeleau la même année pour être recteur de Plougar où il demeura jusqu'en 1922.

La nouvelle église

L'article de la *Semaine Religieuse* évoque la récente construction de l'église paroissiale. Celle-ci était auparavant dans un piteux état, à en juger par la description que nous fait Anatole Le Braz[45].

« L'église ne fait plus honneur à son patron. Elle tombe en ruine littéralement. La façade occidentale s'est écroulée en partie ; on a dû boucher les jours avec des planches. La date primitive de l'édifice est probablement celle de 1627 qu'on lit encore sur des pierres de la maçonnerie. En 1786, il a fallu reconstruire le clocher. Pendant les travaux, on se servit des arbres du cimetière pour y suspendre les cloches. De là le proverbe : « Loti comme les cloches de Landeleau », c'est-à-dire fort mal. A l'intérieur, l'objet le plus curieux est un sarcophage en granit, désigné dans le pays sous le nom de « guélé St Théleau »[46].

[44] M. Clet Berriet, né le 5 juin 1851, était originaire du cap Sizun. Il fut vicaire à Plogonnec, avant d'être nommé recteur de Landeleau en 1892.

[45] *Les Saints bretons d'après la tradition populaire*. A.B. 1892-94, p. 43, *op. cité*.

[46] S'écrit « gwele » ; selon la légende, il servit au saint de lit de repos, de couche mortuaire et de tombe.

Le maître autel, très lourd, mais très orné, est surmonté d'une balustrade derrière laquelle dans une niche, apparaît saint Théleau sur son cerf. Il est représenté mitre en tête, la figure jeune, le corps revêtu d'un manteau rouge à fleurs d'or. Dans sa mains gauche, il tient la crosse et de la droite, il semble bénir. A l'un des piliers du chœur est adossée une statue de saint Maudez. Ce saint partage avec saint Théleau, la vénération des fidèles. Un des bassins de la fontaine est placé sous son invocation et a les mêmes vertus curatives que la source de Coat ar Roc'h.

Au pied du balustre qui ferme le chœur, on me montre une dalle en granit. Là-dessous repose François de Castell-Gall, marquis du Mesle. »[47].

Déjà en 1893, le conseil municipal s'alarmait de l'état d'insalubrité de l'église paroissiale.

« M. le maire expose au conseil que l'église paroissiale de Landeleau est depuis plusieurs années dans un état déplorable vu qu'aucune réparation n'est fait depuis et les paroissiens demandent à grand cri la reconstruction de l'église, prie le conseil de mettre son avis.

Le conseil municipal ouï l'exposé de M. le maire, vu que l'église est du point de vue de la sécurité en très mauvaise état et pourrait causer à la moindre pensée un accident grave et demande d'urgence la réparation de l'église au dégagement de tout accident qui pourrait arriver. »[48]

Le sujet était encore abordé le 25 septembre 1895 :

« Le conseil municipal demande d'urgence la reconstruction de l'église depuis si longtemps désiré par les habitants de la commune » (...)

Enfin, le 3 février 1896, commencent les travaux de démolition de l'église. »[49]

Travaux menés tambour battant, car un rapport de conseil de fabrique nous apprend que « le 16 novembre 1897, consécration solennelle de l'église par Mgr Valleau, accompagné de M. Fleiter, vicaire général. »[50]

[47] François de Chastel, marquis de Mesle, seigneur de Châteaugal et de Landeleau est resté célèbre dans l'histoire : il s'était fait ériger dans l'église, un splendide mausolée avec statue tombale en armure qui fut détruit sous la Révolution et dont les restes ont été recueillis au musée de Quimper. François du Chastel malgré son immense fortune, était d'une avarice sordide et d'une bravoure douteuse. Gouverneur de Quimperlé pour la ligue en 1590, il s'enfuit honteusement, d'une traite et sans se battre, jusqu'à Châteaugal lors de la surprise de cette ville par les royaux. » *Le Poher : Finistère et Côtes-du-Nord, Ses monuments, ses fiefs, ses manoirs et leurs possesseurs*, p. 12, vicomte Frotier de la Mossetière. Les Presses Bretonnes. 1949.

Il avait épousé en 1565, Marie de Keroulaz, qui dit-on, contrainte de s'unir à cet homme, mourut de chagrin peu de temps après. Sa triste histoire est racontée dans le *Barzaz Breiz*, sous le titre : « Penn-Herez Keroulaz » (L'Héritière de Keroulaz), p. 293. Le marquis épousa par la suite, successivement Catherine de Quelen, veuve d'Yves de Guer, seigneur de la Porteneuve et Anne de Kerouzéré, dame de Kerleun.

[48] Délibération du conseil municipal : 19 février 1893. Archives municipales.

[49] et [50] Notes retrouvées au presbytère de Landeleau.

Les ascendants de Marie

Après l'histoire locale, passons à l'histoire familiale. Il m'a semblé en effet intéressant de faire une incursion dans cette famille qui « comptait » dans le canton de Châteauneuf-du-Faou.

Je suis remontée aux environs de 1770 où nous faisons connaissance avec un premier Alain Le Bec, époux de Marie Lannuzel, résidant et propriétaire de la riche ferme de Lanzignac. Lanzignac est donc le patrimoine primitif des Le Bec. Alain et Marie eurent deux enfants : Alain né le 16 décembre 1775 (décédé le 14 mars 1836) et Jeanne née le 26 octobre 1780.

Le patrimoine se voit substantiellement augmenté par le mariage d'Alain avec Anne Le Guern, née le 14 mai 1783, (décédée le 20 février 1861), fille unique de Laurent Le Guern et de Jeanne Le Guillou.

Arrêtons-nous à ce Laurent Le Guern. Originaire de Châteauneuf, il était le fils de Louis Le Guern et d'Anne Cloarec. Or une tradition s'était perpétuée dans la famille selon laquelle un certain Mazé Le Guern avait acquis des biens d'église sous la Révolution.

Une lettre écrite à Marie en 1974, par son cousin Henri Le Bec[51] en parle encore :

Un certain Mentheour « acheta les biens d'église de Landeleau d'accord avec Le Guern Mazé du Quilliou, qui prit les biens de l'église du Quilliou, soit une quarantaine de ferme pour les deux. Les paysans bretons n'osèrent pas aller à Châteaulin où se faisait la vente, car on les menaçait d'excommunication jusqu'à la 7e génération. Les Guern et les Mentheour furent donc excommuniés jusqu'à Napoléon Ier qui fut couronné par le pape et qui leva l'excommunication ».

Après vérification, il s'est avéré exact que Laurent (et non Mazé ?) Le Guern avait bien acquis des biens d'église en 1796 :

« L'an IV de la République française.

8 thermidor est comparu Laurent Le Guern, de Plonévez-du-Faou : lequel a déposé une somme de 1 500 F qu'il a déclaré devoir être la moitié au moins du prix présumé en principal du presbytère du Quilliou et terres en dépendance, situé sur la commune de Quilliou, canton de Plonévez. »

« L'an IV de la République française.

15 thermidor, est comparu Laurent Le Guern, de Plonévez-du-Faou. Lequel a déposé une somme de 600 F qu'il a déclaré devoir être le

[51] Cet homme hors du commun, dont nous aurons l'occasion de reparler, aurait pu apporter nombre de renseignements à cette étude. Malheureusement, il est aujourd'hui décédé, et il n'est resté que très peu de choses, des études auxquelles il s'est livré.

complément des trois-quarts présumés en principal de la soumission faite sous n° 2875 du presbytère du Quilliou et dépendances »[52].

Signalons en outre que cet homme provenait d'un milieu élevé et instruit car, - détail important - il signe sur les registres.

Alain et Anne eurent deux garçons : Yves Louis né le 28 mars 1810 et Alain, né le 11 avril 1813. Peu de renseignements sur ce dernier, sinon qu'il épousa, en 1842, Marie-Jeanne Le Louarn, puis en 1864, Marie-Anne Scouarnec, on ne trouve aucune trace de sa descendance.

Yves Louis, quant à lui, épousa Marie-Thérèse Lalouët, (née en 1831) le 8 octobre 1848.

Là encore, ce mariage constituait pour les Le Bec « une bonne affaire ». En effet, Marie-Thérèse, fille d'Alain Lalouët et de Marie-Thérèse Conan, déposait Menez-Banal dans la corbeille de mariage. Voici Yves Louis nanti de deux belles fermes : Lanzignac et Menez-Banal. Il ne s'arrêta pas là : fidèle à son grand-père, Laurent, Yves Louis procéda à de nombreux achats, dont les actes (du moins pour certains d'entre eux) peuvent être vérifiés à Menez-Banal, il agrandit l'exploitation - qui était de taille déjà fort honorable - Dans le même temps, il loua ses autres fermes dont Lanzignac, et même une partie de Menez-Banal, car au métier d'exploitant, il préférait exercer celui de maquignon[53].

Quatre enfants naquirent de l'union d'Yves Louis et de Marie-Thérèse : Yves-Marie, né le 8 septembre 1849 - le futur maire - Marie-Jeanne, née en 1853 - morte à treize ans - Hervé, né le 12 juillet 1856 - le père de Marie -, et Marie-Catherine, née en 1859 - morte à sept ans, la même année que sa sœur.

Les deux frères se marièrent à leur tour, Yves marié à Marie-Jeanne Jaffré (autre grande famille de Landeleau), avec laquelle il eut deux enfants, Marie-Jeanne et Henri. Hervé épousa une première fois Marie-Yvonne L'Hours en 1885, mais veuf (sans enfant) en 1890, il se remaria deux ans plus tard, avec Marie-Jeanne Kerdévez - la mère de Marie.

Marie-Jeanne, fille d'Alain Marie Kerdévez et d'Anne Tourmel, de Loqueffret, était issue d'une famille de 8 enfants :

2 garçons et 6 filles parmi lesquelles Anne-Marie - qui deviendra la belle-mère de Marie - et Marianne - sa « tante-sœur ».

[52] A.D. du Finistère. Série 1 Q - Domaines nationaux.

[53] Son image est restée dans la famille comme celle d'un homme rusé et pingre. Il aurait même, dit-on, fidèle à une vieille tradition, caché une écuelle pleine de pièces d'or, quelquepart dans Menez-Banal. Trésor qui ne fut évidemment jamais trouvé, mais qui jeta une petite ombre sur les rapports entre les deux frères, l'un soupçonnant l'autre d'avoir découvert le trésor sans l'en avoir averti.

Les Kerdévez étaient aussi des riches paysans. Lors du partage entre les huit enfants, en 1905, ils répartirent une valeur en capital de 120 000 F[54], somme importante à l'époque. Marie-Thérèse reçut, quant à elle, une partie de la ferme du Liny en Landeleau et de l'argent.

Ainsi donc, par leur position de départ qui les élevait au-dessus de la condition des petits paysans, par leurs alliances qui leur permirent d'agrandir leur patrimoine, la famille Le Bec était au début du XXe siècle, une des familles les plus riches et les plus en vue de Landeleau.

Il nous reste maintenant à les situer dans leur décor, que retrace pour nous Marie.

[54] Contrat de partage – Menez-Banal.

MENEZ-BANAL EN LANDELEAU

L'ENFANCE DE MARIE

L'an 1900

Il y avait dans le village deux familles qui vivaient heureuses, malgré la différence d'âge et la différence de condition. La famille Le Bec avait trois jeunes fils et la grand-mère. La famille était propriétaire de leur ferme, environ 25 hectares.

Quant à l'autre, Nédélec, elle avait aussi trois enfants, dont les deux fils mariés ; quant à la fille, d'un tempérament maladif, elle comptait peu. Cette famille était fermier d'une vingtaine d'hectares.

Ces deux familles avaient chacune une maison neuve. Les Le Bec avait une grande maison à deux étages qui leur avait coûté beaucoup de travail et de privations, car les prêts de ce temps-là étaient rares ; et comme on la voulait moderne, on allait à charrette chercher les solives à Port-Launay[1]. Les pierres avaient été tirées sur les terres, les pierres

[1] Les solives sont des pièces d'empoutrement servant à consolider un plancher. Elles arrivaient par le canal de Nantes à Brest, dont l'importance fut considérable au XIXe siècle, surtout pour le Centre-Bretagne. Le canal fut commencé en 1810 et ouvert en totalité en 1836, sur une longueur de 385 km. Dans le Finistère, dix-huit communes le bordaient et pouvaient en bénéficier, dont Landeleau (cependant, l'écluse était de bien moindre importance que celle de Port-Launay, qui fut ouverte la première).

De nombreux engrais et matériaux y étaient acheminés, qui allaient être les principaux agents de la transformation agricole.

« La palme revient sans hésiter aux engrais et amendements, qui de 1840 à 1914 constituèrent le produit importé privilégié et attitré du canal. » Le Brun Lorence *Le Canal de Nantes à Brest,* p. 94. Maîtrise d'histoire.

Au début du XXe siècle, le rôle du canal était déjà en déclin. « Comme les routes reliant les côtes, il suivait un tracé rectiligne au mépris des courants d'échange qui prévalaient dans la région. »

de taille venant du Huelgoat. De ce temps-là, c'était un des plus beaux villages de la commune, avec beaucoup de fruitiers et d'arbres d'ornement : sapins, buis et surtout de guignes[2] qui au mois d'avril avec les aubépines embaumaient le village et le couvrait de fleurs blanches.

C'était aussi deux familles qui comptaient aussi beaucoup dans la paroisse. Le maire qui habitait Lanzignac était le fils aîné de la famille Le Bec dont la mère était encore au village chez son fils Hervé qui s'était marié la trentaine passée à une jeune fille de Loqueffret, qui avait quelques vieux parents dans la commune et une ferme de 45 journaux au Liny. On la disait la plus instruite dame de la campagne, et comme le bourg était assez insignifiant, c'était la campagne qui comptait. Mais les choses allaient changer, car on venait de construire une très belle église et les belles maisons commençaient aussi à voir le jour ; et il y avait aussi deux ou trois femmes commerçantes qui ne ménageaient ni leurs peines ni leurs ruses pour réussir.

Quant aux Nédélec dont le père avait été grand domestique à Landeleau avant son mariage, lisant couramment les écrits bretons, et possédait un énorme coffre qu'on disait *koufr*, et qui pour changer de place, il fallait une charrette. Quant à sa femme, Marie-Jeanne, elle est née au village et a servi de grande sœur aux frères Le Bec, dont elle a 8 ans de plus. Elle aimait les honneurs, quand ses deux fils il y a deux ans se sont mariés, elle a fait une grande noce, dont le repas fait au village avait été une grande réussite. Tout le quartier avait fait beaucoup de frais. Chez les Le Bec, on a acheté la première cafetière du coin et beaucoup de vaisselle.

Août 1900

Je ne suis pas encore là, mais j'ai tellement entendu causer de tout ce qui s'était passé ce mois d'août et qui avait marqué le village que je peux dire par le menu ce qui m'a été raconté.

La grand-mère Marie-Thérèse Lalouët, plus connue sous le nom de Maritt vivait ses derniers jours. Elle approchait de ses 80 ans ; c'était une femme simple aimée de tous. Elle était née au village, fille unique, elle avait épousé Yves-Louis Le Bec, de Lanzignac, fils unique lui aussi.

Elle avait eu deux fils : Yves, de sept ans plus âgé que son frère Hervé. Comme parents, elle avait peu, sauf du côté de son mari qui était petit-fils de Mahé Guern de Kernévez. Celui-là avait une famille nombreuse tout en était le plus riche du coin. Ses enfants, éparpillés à

[2] Cerises douces à longue queue.

Plonévez et à Châteauneuf, avaient les meilleures fermes. Les deux docteurs, le pharmacien et le greffier du canton sortaient de cette famille. Quant à ses deux fils, Yves n'avait que deux enfants, et Hervé trois fils. Elle disait toujours qu'elle aurait voulu voir une petite Marie la remplacer, mais cette joie, elle ne l'avait pas eu de son vivant.

Quant à l'autre événement, c'était une batteuse neuve que venait d'acheter le fils aîné Nédélec qui habitait Kerviou, et avait profité de sa part de mobilier de Menez-Banal pour faire cet achat, une batteuse de 12 chevaux ! Et dont le premier jour de battage devait se faire chez son père. Comme ils avaient beaucoup de parents tout autour, la fête promettait d'être gaie ; et on se préparait à l'avance à rentrer la moisson, à bien nettoyer l'aire à battre qui, possédant un brise-vent de hauts houx au nord et de pommiers au sud, avec un sol rocailleux était la plus belle *leur*[3].

Mais l'inquiétude était au village, on savait que la grand-mère n'avait plus que quelques jours à vivre. Donc le jour de battage arrivé, les 12 chevaux attelés, et les travailleurs ne manquaient pas. Sur le manège avait pris place Soaig, c'était un boiteux, mais assis sur un tabouret et un bon fouet dans les mains, il se trouvait très à l'aise. Les deux domestiques de l'autre maison étaient là, ainsi que les deux chevaux. Les jeunes enfants, filles et garçons défaisaient les tas de blé, pendant que trois ou quatre jeunes cassaient les liens et les mettaient sur la table ou trois hommes les étalaient et les passaient au patron de la batteuse qui les glissait dans le batteur. L'autre bout, il y avait de huit à dix femmes qui, avec des fourches de bois, secouaient la paille, et faisaient les tas que les porteurs de paille avec leurs grandes fourches portaient au tas où deux à trois hommes, les spécialistes faisaient les meules. Quand les grains tombés sous le batteur était retirés avec des râteaux en bois et étalés, venaient après des jeunes filles avec des balais de branchages de bouleau, qui retiraient les menus pailles et la balle[4]. Venaient ensuite de solides garçons qui, avec leurs *rozell(où)*[5] ramassaient les grains près des tarares[6] où quatre femmes nettoyaient le grain et le mettaient en sacs, qui étaient portés par des costauds au grenier.

Il arrivait assez souvent de voir les patrons de chevaux venir près du manège et faire voir leur poing au *toucher*[7], lui faire comprendre que leurs chevaux ne devaient pas travailler plus que les autres. C'est ce qui arrivait, le jeune commis des Le Bec avait dit à Soaig de ménager son cheval blanc, Bijou, qui était le cheval de course.

[3] *Leur* : aire, surface, cour.

[4] Enveloppe du grain des céréales.

[5] *Rozell* : palette.

[6] Tarare : instrument pour vanner les grains.

[7] *Toucher* : conducteur de bêtes.

A peine le repas de midi mangé que l'ordre est donné d'envoyer les chevaux à l'eau pour qu'ils aient leur ration d'avance, et le travail recommence. Et bientôt, la journée de fête qu'on espérait s'était changée en une pénible journée de travail.

Vers les trois heures de l'après-midi, le jeune commis, les larmes aux yeux, délaissant sa fourche, criait « ho » aux chevaux. Les gens attristés, comprirent que la mort avait fait son œuvre, les deux domestiques ainsi que les deux chevaux quittaient donc le travail. Le jeune Lommig qui devait aller prévenir les parents de la patronne ainsi que les parents de Plonévez, disait le mal qu'il aurait à arriver à Loqueffret avant la nuit avec un cheval fatigué, alors qu'il ne connaissait pas le pays.

Et la fête qu'on comptait avoir au village ! C'était une veillée de prières... Les deux nuits de veillée qu'on avait fait, avait vu un nombre important de gens, car ses deux fils disaient les grâces dans les veillées mortuaires, ce qui faisait qu'ils avaient une reconnaissance énorme parmi les gens.

26 octobre 1901

C'est ce jour-là que je suis née[8] ; ma marraine, une sœur à ma mère avait vingt ans et attendait le printemps pour se marier. Voici ce qu'elle me disait plus tard : « Quand je suis arrivée à Menez-Banal, j'ai vu un berceau couvert de dentelle, une menue petite fille aux longs cheveux noirs, on aurait dit une poupée. »

Le baptême est passé très gai, tout le monde était heureux de voir une petite fille parmi les trois garçons. A l'église, où elle appelée Marie, du nom de sa marraine et de sa grand-mère qui n'est plus de ce monde ; le parrain est mon frère aîné. Les pourboires aux sonneurs de cloches avaient été très bons, et le maire qui bien sûr était de la partie avait dit : « qu'on fasse bien sonner la grande cloche qui est ma filleule[9] pour ma nièce dont c'est la seule que j'aie. » Après quoi, on est allé faire le tour des bistrots qu'il fallait tous visiter pour ne pas faire de

[8] Il y eut en 1901, 67 baptêmes, 16 mariages, 37 décès (Archives du presbytère de Landeleau).

[9] Il est fait mention de ce parrainage dans le journal que tinrent successivement les recteurs de l'époque : il s'agit ici de M. Le L... Les cloches furent officiellement bénites en 1902.

« Le 21 septembre 1902 ont été bénites dans l'église paroissiale de Landeleau par monsieur Le Goff, chanoine honoraire, curé archiprêtre de Saint-Pol-de-Léon, en vertu d'une autorisation accordée par monseigneur Dubillard, évêque de Quimper et de Léon, en date du 21 août 1902, les trois nouvelles cloches nommées :

Marie-Jeanne, Marie-Jeanne-Henriette, Marie-Anne-Josèphe.

jaloux. Dans ces cinq ou six cafés, c'était des compliments à la naissance d'une petite fille : « que sa mère va être heureuse ! ».

Un cousin qui venait de faire ses 28 jours[10] et débarquant à Pont-Triffen[11] au moment où les cloches carillonnaient, fut invité par le marchand de grains à payer les dragées à tous ceux qui se trouvaient là, ce

---

Fournies par M. Durand, fondeur de cloches à Montargis et payée par la fabrique de la dite église paroissiale.

Monsieur l'abbé Péton, chanoine honoraire, curé de Châteauneuf-du-Faou a prononcé le discours d'usage.

Les parrains ont été : Yves Le Bec, maire ; Hervé Guichoux, trésorier de la fabrique ; Joseph Rivoal, président du conseil de fabrique.

Les marraines ont été : Marie-Jeanne Sizun du bourg, Marie-Jeanne Menthéour de Kerred, Marie-Anne Hehou du bourg.

(Suivent les personnalités présentent à la cérémonie).

Le 21 septembre 1902 le conseil de fabrique a établi le tarif de la sonnerie des cloches comme il suit :

1) Deux cloches seront sonnées aux mêmes conditions que par le passé c'est-à-dire gratuitement,

2) La sonnerie des quatre cloches, qui sera de 10 minutes au maximum est fixée à 5 F.

[10] En 1868, la conscription fut divisée en deux « groupes », l'un incluant cinq années de service actif suivies de quatre ans dans la réserve, l'autre incluant le service de la garde nationale mobile, qui joua un bref rôle historique dans les années 1870-1871. De 1872 à 1889, le contingent resta encore divisé en deux, ceux qui « un bon numéro » faisaient un an (en pratique 6 mois), et les autres cinq ans.

Pour ces derniers, il existait alors un moyen d'échapper à la conscription, moyennant une somme de 1 500 à 1 800 francs, ils pouvaient s'acheter un remplaçant, recruté parmi de pauvres garçons ou des vétérans, désireux de gagner un peu d'argent.

Ce principe de la substitution fut aboli par la loi du 1er janvier 1873, lors de la première réforme militaire de la IIIe République, qui confirmait également la durée de cinq ans de service. Cependant, de nombreuses dispenses subsistaient encore.

La loi de 1889, établit un service actif de trois ans. Les dispenses sont supprimées, mais certains cas particuliers - les libérés conditionnels -, n'accomplissaient qu'un an. Pour la première fois, toute la classe fut incorporée - y compris les étudiants, enseignants, fils aînés et surtout les séminaristes et les prêtres.

Cette dernière mesure souleva de vives protestations dans les milieux catholiques et plus particulièrement dans le clergé.

En 1919, la plaie ne s'est toujours pas cicatrisée, comme le montre l'abbé G. Pondaven, *Le Livre d'or du clergé pendant la guerre*, p. 2, Quimper.

« (...) Ah certes ce n'était pas ce que cherchaient les parlementaires de 1889, lorsque fut votée la fameuse loi militaire aux cri de « les séminaristes à la caserne ! Les curés sac au dos !!! »

En 1905, la durée du service fut fixée à deux ans ; en 1913, elle fut de nouveau portée à trois ans.

[11] Pont-Triffen : ce lieu-dit a été déformé ; il devrait s'écrire Pont-Treffin, du nom de sainte Treffin (sainte bretonne).

qu'il fit de bon cœur, étant lui-même père d'une fillette de quatre mois. Ce qui le frappait le plus, c'était la sécheresse qu'il y avait cet automne, lui qui était meunier se disait que pour moudre, il faudrait bien compter avec l'eau.

Trois ans plus tard, lorsque mon frère Hervé vit le jour, mais je ne me rappelle de rien.

6 mars 1906

J'ai alors 4 ans et 4 mois, et c'était vers le soir où j'étais sur le chemin près du village avec mes frères et quelques garçons lorsqu'on crie : « mère est arrivée ». Je m'attendais à ce qu'on prend dans ma main comme d'habitude pour aller chercher des friandises avec ma mère, mais personne ne s'occupe de moi. Et je vois deux longues jambes sur un haut talus parmi les houx, qui dégringolent et courent vers le village où j'arrive aussi.

Tous ceux du village, petits et grands et quelques autres sont là sur le pas de la porte ; et ma mère, elle est bizarre. Elle lève les bras et les pieds et cause de la hache dans la porte ; et les hommes sortant un à un la hache au-dessus des têtes. Les femmes n'ont pas droit de sortir. Les gendarmes et un des prêtres en train de se battre au milieu de l'église. Elle cause de choses comme du confessionnal, des menottes, des morceaux de verres et des pierres qu'on jetait sur les gendarmes.

Ce récit, que j'ai entendu très souvent après, me faisait peur et c'est le premier réveil de ma mémoire.

L'inventaire

C'était sous le ministère Combes, les mairies et les clergés reçurent des ordres qui firent beaucoup causer les prêtres de Landeleau : dire aux paroissiens de se réunir à l'église, ce jour de 6 mars 1906. Quant au maire, il disait que c'était plus prudent de rester à la maison. Comme Menez-Banal et les villages des alentours ne comprenaient pas grand chose à ces histoires, ils restèrent à la maison, sauf ma mère.

A l'église, un grand nombre de paroissiens était là car elle était pleine. On verrouilla les portes et quand la commission se présenta et donna l'ordre d'ouvrir, les portes restaient closes après un moment d'attente.

On entendait, la hache sur la principale porte et pendant ce temps, des gens derrière un talus, y jetaient des pierres, des tessons de bouteilles sur les gendarmes et ces messieurs. Lorsque la porte fut ouverte, un hercule avec une grande hache donna l'ordre aux hommes de sortir, il tenait sa hache en l'air et les hommes sortaient un à un ; quant aux femmes, on leur dit qu'elles n'avaient pas droit de bouger. Les peureuses se précipitèrent se cacher au confessionnal. Au milieu de l'église, se tenait le vicaire, un prêtre de forte corpulence et nerveux qui dit à ces étrangers :

« Vous ne passerez pas. » Il fut vite entouré de gendarmes, et la lutte commença ; et ce n'est pas sans peine qu'on lui passa les menottes. Après quoi, l'inventaire commença, mais les gens étaient énervés, le vicaire en prison, le recteur parti, certaines femmes brisèrent la chaise du maire qui se trouvait à la place d'honneur à l'église. Quelques jours plus tard, les jeteurs de pierres furent aussi amenés à Quimper.

Aux fêtes de famille que je faisais avec ma mère, aux noces, aux sorties, ma mère était très entourée ; et toujours ces questions sur l'inventaire. Plus tard, quand je fus en âge de comprendre, je fus étonné du bruit que ce jour avait fait. J'ai eu lu une lettre écrite avec un nommé Dubois de Châteaulin, et qui était le représentant des propriétaires nobles et hauts fonctionnaires, et qui écrivait à ses fermiers de rester calmes, qu'on leur laisserait la religion et leurs prêtres. J'avais eu comme voisin plus tard, un homme qui me disait le mal qu'il avait eu à baptiser une fille. Il avait fallu prêter un char à bancs, cheval pour aller à Plonévez sous la risée des gens qui les croisaient sur la route, leur riaient au nez et les jeunes dans les champs leur demandaient si à Landeleau on baptisait les veaux. Une vingtaine d'années après, un couvreur de Coray me dit avoir suivi cette affaire sur le courrier[12], le seul journal de ce temps. Il y avait toutes les semaines un article sur Landeleau où le maire était pris à partie, ce qui avait fait beaucoup de bruit dans le Finistère.

[12] Il s'agit du *Courrier du Finistère* qui parut de janvier 1880 à juin 1944.

Contrairement à ce que dit Marie, ce n'était pas le seul journal de ce temps. Existaient entre autres, l'*Ouest-Eclair* (fondé en 1899) et la *Dépêche de Brest* (fondé en 1866), qui étaient tous deux quotidiens.

« Ar piti courrier » comme l'appelaient ses lecteurs (du fait de sa petite taille) paraissait chaque samedi. Il couvrait d'abord la majeure partie du Léon, puis à la suite d'une fusion en 1896 avec un journal voisin, il étendit son audience aux arrondissements de Châteaulin, Quimper et Quimperlé. Son tirage ne cessa alors d'augmenter. Il passa de 10 000 exemplaires en 1902 à 26 000 en 1914.

« D'emblée, il importe de noter sa particularité de journal bilingue qui explique une part de son succès (...) Les directeurs du *Courrier* pouvaient-ils choisir une autre langue s'ils voulaient être entendus et faire passer leurs idées auprès d'une population dont c'était la première et souvent la seule langue ? »

Textes choisis dans le *Courrier du Finistère, Studi* n° 17, décembre 80, Michel Diry, section de celtique U.B.O.

J'ai su après aussi la cause que l'évêque ne venait pas à Landeleau pour la confirmation, c'était la cause de l'inventaire. Après alors, il est resté jusqu'après la guerre 14 et même plus, avant que l'évêque venait à Landeleau, pour la confirmation. Que voulez-vous, puisqu'à Landeleau, mon oncle était là et on l'avait mis au rencard avec l'église.

A peu près vers ce temps, on m'avait acheté une belle robe bleue qu'on appelait *sae*. Elle était serrée à la taille, se laçait dans le dos avec une rangée de beaux boutons, plus bas elle avait des rides et du velours sur les manches.

Le jour du pardon arrivé, la bonne Mac'harit me mit une bassine d'eau dans la cour, me retira mes habits sauf ma chemise, me dit de me débarbouiller et que si elle verrait de la saleté, j'aurais une bonne gifle. Mon frère qui se trouvait par là, vint me laver, les autres avaient dû aller au pardon. Mac'harit m'envoya dans une maison, on monta dans une grande chambre où il y avait beaucoup de jeunes filles. On leur mettait de drôles de coiffes, elles étaient hautes et légèrement inclinées vers le dos. La bonne me dit que ça s'appelait *korvetenn*[13] et que c'était les porteuses de statues qui avaient cette coiffure. Quand elles sont descendues, on s'occupe de moi, on prend un jupon de dentelles et la belle *sae* bleue, un tablier en soie blanc, qui était comme la *sae* serré à la taille avec moins de rides et moins de tours et ayant deux poches.

Au deuxième dimanche de juillet, c'est le pardon de Vern[14], c'est ce pardon qui comptait le plus chez nous. Je demande à ma mère pourquoi elle ne vient pas : « je reste faire la garde et te faire un bon dîner » me dit-elle. « Ce n'est pas pour ça, me dit François, mais sa coiffe effraierait les loups à Koat-Bihan[15]. »

De légitimiste au départ, le journal se rallia vers 1890 à la République (suite aux recommandations du pape Léon XIII), dans l'esprit de ce qu'on appela « le catholicisme social ». Mais la politique gouvernementale et notamment les mesures anticléricales du gouvernement déclenchèrent les foudres du journal qui s'opposa violemment aux « francs maçons », parmi lesquels figuraient selon lui le maire de Landeleau derrière les Cloarec (député de Morlaix - gauche démocratique), Dubuisson (député de Châteauneuf-du-Faou - gauche radicale), Isnard (député de Brest - républicain) et Le Bail (député du pays bigouden - gauche radicale).

[13] *Korveten* : coiffe sur laquelle on ajoutait une corvette. Elle était uniquement portée à l'occasion des cérémonies.

[14] La chapelle du Vern est située dans l'ancienne paroisse du Quilliou où habitait jadis l'ancêtre de marie, Laurent Le Guern, qui acheta le presbytère et ses dépendances en biens nationaux. Le Quilliou fut rattaché à Plonévez-du-Faou en 1820.

[15] La mère de Marie, originaire du pays bidard – qui couvre la région de Pleyben –, continuait par fidélité à sa terre natale, de porter la coiffe et le costume de son pays. « C'est que la différence ne se réduit pas à celle de l'habit. Aux yeux d'un Breton, celui-ci traduit une qualité intime, irréductible, commune à tous les individus d'un de ces groupe où semble persister la vieille tendance galloise, irlandaise, au clan ». *Derniers reflets de l'occident*, André Chevrillon, éd. Plon.

On est parti toute une bande et c'est François qui la mène avec ses joyeux propos, la gaieté ne manque pas, si bien que les autres groupes de pardonneurs s'attroupent autour de nous. Une fois dépassé Tréambon et pris une route de terre large mais pas commode, les garçons ont changé de pas et prennent de l'avance. Je voulais les suivre, mais Mac'harit a pris ma main et ne me lâche pas. C'est que Koat-Bihan[16] est proche et il y a là des épines et des vipères, mais ce que la bonne n'a pas dit, c'est qu'il y a aussi des *lusenn*[17], et les garçons ont pris le devant pour se régaler. Quand j'arrive près du bois, mes deux frères et mes petits voisins me mettent plein les mains de *lusenn*, mais Mac'harit est là et voyant que ses dires n'ont aucun poids, me donne un bon coup sur les mains et fait tomber les délicieux fruits par terre, ce qui fait qu'on la traite de toutes sortes de vilains noms. Enfin la marche continue, et on approche, mais il y a un deuxième accident, mes beaux bas glissent, on a oublié mes jarretières, ce qui met Mac'harit hors d'elle. On demande si personne n'a de lacets, on dit à François de faire des lacets de son mouchoir, mais le mouchoir est neuf. Finalement, mes frères prennent du genêt, le torde et font de solides lacets en me recommandant de faire attention à ce que cela se voie pas.

Un petit champ avec des grands arbres et des gens endimanchés, au fond de la chapelle près de la porte des hommes debout, les femmes et les enfants s'assoient par terre. Le gazon est beau, et nous dominons un genre de marécage où l'eau claire ruisselle à trouer les herbes, les fleurs et un nombre important de papillons et belles libellules. Tournant le dos à cette mare, trois ou quatre femmes assises sur des tabourets ont sur des draps blancs des tas de groseilles.

Un homme sort de la chapelle et dans une belle petite corbeille, a des carrés de pain. Les gens donnent leurs sous et prennent un petit pain. On me dit qu'il faut faire le signe de la croix avant de le manger, ce qui me met dans l'embarras, enfin tournant le dos, je fais une sorte de signe et mange.

Le retour se fait aussi gai, on a les poches pleines de groseilles. Les enfants qui n'ont pas été au pardon sont au bord de la route, et il faut aussi leur donner leur part.

Je me vois malade, ce doit être l'hiver, car les gens sont souvent autour du feu. Ils viennent souvent me causer, il y a des buvettes dont on me donne des cuillers, il y en a qui ne sont pas bonnes. Il y a aussi le pot à tisane près du feu, dont les pruneaux me laissent indifférente.

[16] Koat-Bihan : (petit bois) en Plonévez.
[17] *Lusenn* : (collectif) myrtilles.

On me promet toutes sortes de choses si je voulais en prendre, mais toujours cette fièvre qui ne voulait pas me quitter. Mes frères me racontaient que les arbres avaient des nids et des écureuils, mais ma tête qui me faisait souffrir restait toujours sur l'oreiller.

Un matin, Mac'harit alluma le feu comme d'habitude, elle disait qu'il ne faisait pas froid et qu'il n'y avait que les fainéants qui restaient au lit. Elle partit traire les vaches, voyant sa pèlerine près de mon lit, je l'enroule autour de moi et mes sabots dans les pieds, je vais m'asseoir près du feu ; ma mère surprise, éclata de joie. Les jours suivants, je me levais tous les après-midi.

Le jour qu'on m'avait tellement parlé quand j'étais malade d'aller voir ma grand-mère, mon frère Jean-Louis et ma marraine, arriva. Près de la maison, il y avait le char à bancs et le cheval blanc Bijou. Vite on mangea sa soupe, et mes deux frères et moi, ma mère guidait le cheval. La journée était belle, et nous quatre étions heureux. On arriva à Loqueffret avant midi. Ma mère m'a bien recommandé d'embrasser ma grand-mère et mes tantes, mais à peine arrêtée, un des trois garçons qui se trouvait là, me prit dans ses bras, m'embrassa, et ne voulait pas me laisser partir quand je le frappais ; il riait et on me disait que c'était mon grand frère.

Le repas de midi avait du être long, je m'étais endormie et me trouvais toute habillée sur un lit. Je me lève, le soir approche. Le sol de la maison est en ciment[18], mes sabots claquent là-dessus, à ma grande joie il y a aussi le mur du jardin recouvert de grandes dalles bleues sur lesquelles je cours.

Le soir, on mit un banc au travers, près du feu, les hommes sont assis là-dessus, les jeunes font du tapage dans une pièce à côté. Moi je m'amuse à passer entre les jambes de mon grand-père et de mes trois oncles, et à grimper sur leurs épaules.

Deux à trois mois après, je vis ma mère pleurer, elle me dit que mon grand-père était mort et qu'on le mettrait dans un trou profond. Mais c'était pas fini, un mois et une dizaine de jours après, c'était mon jeune oncle qui mourait, il n'était pas alité, mais avait des crises qui le faisait

[18] La remarque de Marie n'est pas anodine, les sols en ciment étaient rares :
- d'une part cela coûtait fort cher de les cimenter,
- d'autre part, il existait beaucoup d'a priori contre le ciment :
« On disait que tout cassait dessus » nous dit Marie.

Dans la plupart des maisons rurales, « le sol est en terre battue, dont l'avantage est d'absorber l'humidité ». *Maisons rurales de Bretagne*, p. 40, Patrick Hervé, éd. Skol Vreizh, 1981.

Dans un autre ouvrage de Patrick Hervé, *Ar Boued*, p. 23, éd. Skol Vreizh, dans l'ensemble de la Bretagne : « La terre battue est cimentée, puis carrelée (vers) 1930.

souffrir beaucoup. Il avait vu les docteurs des alentours et pris des remèdes, mais rien ne le soulagea, et à vingt ans, mourut.

A Menez-Banal, il y a maintenant une famille de plus, mon père a bâti une nouvelle maison et a loué une partie de ses terres à un fermier de Cléden qui a quatre enfants, mais beaucoup plus âgés que nous, et la sœur de la fermière qu'on appelle Chan ma Doue[19]. Le fermier ne cause pas beaucoup, est sérieux et a beaucoup de livres bretons, mais ne lit pas le français ; il s'appelle Soaig Tromeur.

Mes frères vont retourner à l'école et décident de me faire connaître quelques filles de mon âge des villages proches pour que je ne sois pas trop seule. Ils m'envoient au Cleuziou où ils ont des copains. Je rentre dans une maison, il y a là une fille de ma taille, mais plus âgée. Elle balaie la maison, je lui cause, mais c'est ses jeunes frères et sœurs qui viennent autour de moi. Un petit ayant un sabot dans le pied et l'autre dans les mains, me le donne. Ne sachant que faire de ce sabot, je le laisse tomber, ce qui a du vexer sa grande sœur car elle l'a ramassé, l'a mis au petit et attaché à son pied. Un autre est allongé sur la table, je lui demande s'il est malade, il me répond non mais a beaucoup mal. La mère est au lavoir, et c'est la fille qui doit s'occuper de toute cette marmaille.

(Propos retranscrits). *Je me rappelle bien de cette famille-là, chez eux, il y avait au moins un enfant tous les ans, et comme l'aîné c'était une fille, il n'était pas question de jeux ni d'école pour elle. En plus de çà les parents n'étaient pas vraiment ce qu'il faut. Ils travaillaient tout ce qu'ils pouvaient, surtout la mère, c'était une vraie bête de somme et quand elle n'en pouvait plus, elle prenait des cuites quoi, pour se défouler sans doute. Et la fille, elle n'avait qu'à s'occuper de la maison et de ses frères et sœurs, celle-là n'a pas eu une vie, que du malheur tout le temps. Oui, partout où il y avait beaucoup d'enfants comme ça, et pas beaucoup d'argent, c'était un enfer.*

Quelques temps après, je suis allée avec mon père prendre deux cochons à Kreac'h Gueguen. On a marchandé le prix dans la cour, après quoi on a mis un bâton dans la bouche des cochons pour voir s'ils étaient *lor*[20]. La fille, qui était à peu près de mon âge, ne sortait pas, alors que j'aurais voulu lui causer, elle regardait par la fenêtre. Quand on est rentré pour boire une bolée de cidre, elle s'est sauvée dans l'escalier.

Arrive la saison des pluies, où je dois rester à la maison avec mon petit frère. Je vais aussi chez les Nédellec où il y a une petite fille et un

[19] Chan ma Doue (surnom) littéralement Jeanne mon Dieu. Cette femme était appelée ainsi car elle invoquait Dieu en permanence.

[20] *Lor* : nom désignant une maladie dont sont souvent atteints les cochons, la larve du ténia.

petit garçon, mais ces enfants-là sont gâtés, ils ont leur mère, grand-mère et tante pour s'occuper d'eux. La cour, alors qu'elle est rocheuse avec les charrois et toutes les bêtes qui viennent, et la pluie qui tombe et ruisselle est comme un bourbier, ce qui met Mac'harit en colère. Les bas mouillés, les pantalons et les jupes boueux, lui donnent un supplément de travail.

C'est aussi la saison de piler la lande[21], on voit les charrettes de piquants qui arrivent, et le soir c'était un plaisir pour moi quand le temps est beau d'aller voir les hommes mettre la lande dans les *komm(où)*[22] et s'armer de *horzh(ioù)*[23] dont chacun avait la sienne, soigneusement fabriquée par lui. Et la musique commençait « paon, paon », quand il y avait huit ou dix en train de lever leurs pilons et de les abattre ensemble, j'aimais bien ce rythme-là. J'aimais aussi les jours de foire à Châteauneuf, à écouter le bruit des charrettes et chars à bancs venant autour de Kerprest et qu'on suivait jusqu'à Kerriou. Il arrivait aussi d'entendre le bruit des autos, une ou deux en dix ou douze jours, c'était les autos des docteurs.

J'entendais souvent depuis quelques temps causer du *drev*[24], et on me recommandait de ne pas sortir du village. Mais un jour, Yves est rentré de l'école, on ne les garde pas en pension quand ils sont malades. Et de ce jour-là, j'appris que cette toux s'appelait aussi coqueluche, et cette maladie s'acharnait sur moi. Ni sirops, ni remèdes n'en venaient à bout. Un jour, ma mère voyant que les garçons et la plupart des autres étaient guéris, me mit dans le char à bancs avec quelques sacs de blé et m'envoya au Moulin Vert. On passa par le bois, où je vis quelques écureuils, après quoi on traversa l'Aulne. J'étais pas trop rassurée dans la voiture, mais l'eau n'était pas trop profonde, mais était large. Quand je suis rentrée au moulin, le meunier me prit, et m'a fait asseoir sur un tas d'avoine avec une petite fille sur les genoux. J'avais peur et la petite fille pleurait ; quant au moulin, il tremblait. Probable après cette émotion, le *drev* avait du partir.

Un soir où je rentrais, un grand garçon m'appela. Il venait s'asseoir sur une souche, c'était Jean-Louis, mon frère. Il venait de faire quatre lieues de Loqueffret pour passer une journée à la maison[25].

[21] Piler la lande : battre la lande.

[22] *Komm* : auge.

[23] *Horzh* : maillet, masse. Il faut ici le prendre dans le sens de pilon ; « Ce pilon était fabriqué à partir d'un trognon de vieilles souches entremêlées, noueuses, dans lequel on mettait un manche ». A. Puillandre.

[24] *Drev* : coqueluche.

[25] Il était à l'école à Loqueffret.

Un jour, je vois venir chez moi la Marie-Jeanne, elle pleurait et ne tenait pas en place, et disait : « Hervé, il faut faire quelque chose. » Et les Tromeur venait à toutes les phrases. J'allais demander à la bonne, le pourquoi de la chose, elle m'apprit que la famille Tromeur venait de louer la ferme de Nédellec, et que dans un an les Nédellec doivent quitter le village. Cette affaire avait fait beaucoup de bruit à Landeleau, et de ce jour, les Tromeur passèrent pour être des traîtres et des sournois. Puisqu'ils avaient une ferme, pourquoi louer deux ?

Le printemps venu, je passais une bonne partie de mon temps dans un verger. Qu'il était beau ! La première partie qui était derrière les crèches était plate avec toutes sortes de pommiers et un poirier. Et tout autour, un peu surélevé, un très large talus, sur lequel il y avait trois ou quatre sortes de prunes et autant de sortes de merisiers : des rouges et des noirs, des grands arbres et petits. Et juste en face de la maison, un petit bois en buis où on arrivait sous les fleurs. Ce petit bois avait une centaine de mètres carrés, et les arbres étaient les plus beaux buis et les plus grands que j'ai vus de ma vie, leurs troncs étaient lisses ; on ne pouvait pas grimper, mais par contre à leurs pieds on s'amusait. Quant à l'autre partie, plus bas, il y avait encore des arbres fruitiers et de la belle verdure.

Au mois de février et mars, il y avait une quantité de gens qui passait au village. Il y avait le rémouleur qui aiguisait ciseaux et couteaux, et avait toujours deux chapeaux sur la tête. Le *krafer*[26] qui arrangeait bols, assiettes et poteries, et sa femme les parapluies. Le *pillaouer*[27] qui ramassait les chiffons et donnait de beaux bols et assiettes. Le Léonard qui opérait les jeunes truies[28] et castrait les jeunes mâles ; et Jean Spilliou, toujours bien habillé, il vendait des menus objets : épingles, fils, aiguilles

[26] *Krafer* : vient du verbe *krafan*, qui veut dire raccommoder par des points ou des agrafes. C'est un raccommodeur de vaisselle. Par extension, ce terme a pris la signification d'avare.

[27] *Pillaouer* : vient du *pillou* qui veut dire chiffons. Les chiffonniers venaient traditionnellement des communes les plus pauvres des Monts-d'Arrée : Loqueffret, Brennilis, La Feuillée.

André Siegfried (*Tableau politique de la France de l'ouest sous la IIIe république*, p. 176, éd. A. Colin - 1964) nous les décrit ainsi : « A Botmeur, La Feuillée (canton d'Huelgoat) vit toute une population de chiffonniers, de marchands d'oignons. Ces « pillouer », comme on les appelle, sont la moitié du temps loin de chez eux. Ils parcourent la Bretagne, vendant leur marchandise souvent par troc autant que pour argent, tirant bénéfices de vingt petits commerces, parlant tous français, répondant très peu en somme au type habituel du montagnard à l'étroit horizon. »

[28] Cette opération consistait à enlever les ovaires des truies. Le Léonard en question venait de la commune de Plonéour-Menez. « On disait "ul Léonard" de lui à cause de son parler » nous confie Marie.

Il y avait toute sortes de mendiants,[29] les veuves ou les femmes qui avaient leurs maris malades ou handicapés. Elles avaient une besace qu'elles portaient sur l'épaule, et qui était fendue par le milieu et dont on mettait la farine par les deux bouts. Il y avait aussi les vieux et les estropiés, à ceux-là c'était du pain ou des crêpes qu'on donnait. De ce temps-là, il n'y avait aucun secours et c'était les fermes qui devaient subvenir à ces pauvres gens. Ils entraient dans la maison, les hommes tiraient leurs chapeaux et récitaient leurs prières, la prière des femmes était plus longue. Et quand on leur donnait l'aumône, c'était toujours « la vierge bénite et sant Telo vous béniront ». Il y avait au village une grande crèche couverte de chaume, et c'est là que la plupart de ces malheureux passait la nuit. La famille Nédélec ne refusait personne, elle leur donnait de la fraîche paille et la chaleur de leurs bêtes.

Il y avait encore les domestiques des meuniers[30]. Ils étaient costauds et ramassaient les sacs de blé et toutes sortes de céréales dans leurs charrettes et remettaient la farine pendant l'hiver. Ils défonçaient les routes avec leurs lourds chargements.

Dans le village, la tristesse était arrivée, les Nédélec dont le père était vieux et le fils, dont on disait que sa femme avait mis sa dot dans les beaux meubles et les beaux habits ne trouvaient pas de ferme. Les journaliers et les artisans du coin venaient chez nous, disaient à mon

[29] La mendicité, véritable fléau social, de la seconde moitié du XIXe siècle – du fait du surpeuplement rural et de la ruine des activités artisanales traditionnelles (textile, forges, mines...) – fait encore partie du « décor breton » au début du XXe siècle. Toutefois les mendiants sont tolérés, voire accueillis pour des raisons humanitaires et religieuses.

« La mendicité était largement répandue mais nullement déshonorante ; les plus pauvres trouvant auprès des possédants une aide précaire dictée par la morale chrétienne. » *Archives de Bretagne*, J. Borge et N. Viasnoff, éd. Balland

Chez Anjela Duval, on ne faillit pas à cette tradition : « Autrefois (...), il ne passait pas de semaine sans que tel ou tel mendiant ne franchit notre seuil. Je n'ai jamais vu leur refuser un morceau de pain, un bout de lard, ou l'aumône d'une pièce de monnaie. *Anjela Duval*, Roger Laouenan, éd. Nature et Bretagne.

[30] Avec les marchands ambulants, *pillaouerien* et mendiants, le meunier complète ce tableau des itinérants à la fois chroniqueurs, colporteurs et diseurs de toutes sortes d'aventures (qu'ils exprimaient souvent en chansons), comme en témoigne M. de La Villemarqué.

« La seule différence qu'il y ait entre l'existence du meunier et celle des autres chanteurs de ballade, c'est qu'il rentre chaque soir au moulin ; comme eux du reste, il fait le tour du pays, il traverse les villes, les bourgs, les villages ; il entre à la ferme et au manoir, il visite le pauvre et le riche ; il se trouve aux foires et aux marchés, il apprend les nouvelles, il les rime et les chante en cheminant et sa chanson, répétée par les mendiants, les porte d'un bout de la Bretagne à l'autre. » Hersart de La Villemarqué, *Barzaz Breiz*, librairie académique Perrin, p. 39.

père : « Vous ne laisserez pas un ami partir. » Mais chez nous, on a déjà fait pas mal de réparations et des prêts, on ne trouve pas. Le dernier moment arrivé, pendant les vacances, on a mis mes frères avec un ancien carrier à tirer des pierres des champs et des routes du village. Et les deux Manuel arrivaient aussi avec leurs grandes scies et leurs grandes haches ; et bientôt de beaux arbres tombaient.

Un après-midi, je fus étonnée, le village était comme mort, personne dans les cours, ni dans les maisons. J'ai bien vu deux ou trois messieurs au village, mais ils sont repartis. Je me mets à chercher les autres. De la maison des Tromeur, il vient des pleurs et des cris, je rentre, tout le monde est là. Mac'harit me dit que le père va mourir, alors qu'il était debout ce matin. Quelqu'un me prit dans ses bras, et ainsi élevée, je vis le lit-clos où le malade donnait des coup de poing au lit, quant à sa femme et ses enfants, ils pleuraient. J'avais pas l'habitude de pareilles choses et je rentre chez moi, mais j'avais peur. Et pendant deux ou trois jours après, je me tenais tranquille, me demandant pourquoi l'Ankou[31] avait pris celui-là plutôt qu'un autre ?

Chez nous, à l'heure de midi, la maison se remplit, ce n'est plus les amis de passage ou les pauvres gens qui viennent voir la grande chaudronnée de *yod kerc'h*[32], mais les maçons qui sont quatre ou cinq, et après avoir mangé la bouillie avec une bolée de cidre s'attaque au pain avec du lard, de la saucisse ou de l'andouille. On dit à Mac'harit de bien soigner les cochons, car si le temps est mauvais vu qu'il faut manger, ce sera les cochons gras qui feront les frais. Quant aux deux Manuel, l'oncle et le neveu, ils se sont installés sur la route derrière le village. Il sont fait un cheval de bois où les vrais chevaux leur traînent des arbres, et ils ont un grand carré fait en bois au milieu duquel il y a une grande scie. Ils installent les arbres sur leur cheval de bois, et l'un en haut et l'autre en bas à la longueur du jour scient du bois. C'est

[31] L'Ankou est un « personnage » très important dans l'imaginaire des Bretons, il représente le trépas, la mort personnifiée ». Anatole Le Bras nous le décrit ainsi :

« On dépeint l'Ankou, tantôt comme un homme très grand et très maigre, les cheveux longs et blancs, la figure ombragée d'un large feutre ; tantôt sous la forme d'un squelette drapé d'un linceul, et dont la tête vire sans cesse au haut de la colonne vertébrale, ainsi qu'une girouette autour de sa tige de fer, afin qu'il puisse embrasser d'un seul coup d'œil toute la région qu'il a mission de parcourir.

Dans l'un et l'autre cas, il tient à la main une faux. Celle-ci diffère des faux ordinaires, en ce qu'elle a le tranchant tourné en dehors. Aussi l'Ankou ne la ramène-t-il pas à lui quand il fauche (...) Il la lance en avant.

Le char de l'Ankou (karrik ou karrigel an Ankou), est fait à peu près comme les charrettes dans lesquelles on transportait autrefois les morts. »

La Légende la mort chez les Bretons armoricains, p. 95, Librairie celtique.

[32] *Yod kerc'h* : *yod* : bouillie, *kerc'h* : avoine ; bouillie d'avoine.

vers ce temps, qu'on découvrit trois tombes préhistoriques, dont François s'était allongé dedans et qui était de sa taille.

Cette construction me fit passer d'agréables moments, tenant compagnie aux ouvriers, montant sur les échafaudages en leur absence. Quand arriva la Saint-Michel[33], la maison avait sa toiture, le temps avait été beau, et tout le monde avait bien travaillé. Quelques jours après, le vieux Nédélec, sa femme et sa fille Anna prenait possession de la maison. Quant au fils Hervé, filleul de mon père, il alla avec sa famille à Penn ar Roz et se loua comme domestique agricole. La famille Tromeur, à qui les deux fermes étaient maintenant dirigées par le frère de l'ancien patron, il s'appelait Michel, c'était un homme dur et orgueilleux, ayant passé sa jeunesse comme domestique et possédant un joli magot, il se mit à faire du modernisme.

C'est vers ce temps-là, qu'on m'habilla comme les grandes filles, avec coiffe, corsage en velours, jupe et tablier. Et habillée de la sorte, ma première sortie c'était une grande noce à Plonévez. Nos parents de Loqueffret étaient aussi et le tonton Per en me voyant avec la coiffe de Landeleau ne finissait pas de faire des reproches à ma mère à cause du costume, lui disant que sa fille serait une étrangère parmi ses parents.

Un jour mes frères disent à ma mère : « On vient de découvrir trois tombes à Park Mister ; ils sont petits. Je me suis allongé dedans, c'est juste ma taille. »

On avait beaucoup de noces à Plonévez. D'habitude, deux hommes en dimanche se présentaient à la maison, demandant s'ils se trouvaient chez Hervé Bec, ils s'asseyaient et après un petit moment, l'un d'eux se mettait debout et disait l'honneur qu'ils avaient d'inviter la maisonnée à la noce d'untel, dont le mariage se ferait chez Sant Per[34] ou Sant Telo si c'était à Landeleau, et le repas soit à la campagne ou au bourg. On causait des nouveaux mariés, et pendant ce temps, ma mère mettait sur la table une belle toile avec de larges dentelles faites à la main. On y mettait de la porcelaine, l'argenterie et une succulente omelette, du café et la bouteille de goutte. Cette bouteille qu'on achetait 20 ou 22 sous, le même prix que 10 livres de pain.

Les riches faisaient servir du poulet au repas de midi, mais d'habitude les repas de noce étaient à peu près les mêmes : un très bon

[33] Saint-Michel : le bail à ferme commence en général en automne, à une date fixée par les usages locaux, le plus souvent le jour de la Saint-Michel (29 septembre). « C'est à cette date que, chaque année, le fermier devra payer son loyer, si bien qu'en pays bretonnant le fermage lui-même est appelé "Gouel Mikael" (Fête Michel). »

La Vie quotidienne des paysans bretons au XIXᵉ siècle, p. 32, Yann Brékilien, coll. Hachette.

[34] Saint Pierre (sant Per en breton), est le patron de Plonévez-du-Faou.

bouillon en arrivant, on dansait en plein air, on vous servait des tripes de viande de soupe, des petits rôtis qui consistaient en viandes, pruneaux et carottes, et du far. Après quoi on dansait jusqu'à sept heures, on retournait au souper où on avait le grand rôti, du riz et du gâteau. Si vous étiez ami ou parent éloigné, vous étiez invité pour un jour ce qui faisait qu'une personne allait à la noce, mais si vous étiez proche parent ou proche voisin, on vous invitait pour deux jours, et là vous deviez donner votre pièce de cinq francs en argent, alors que le repas ne revenait qu'à un franc et que les enfants étaient gratuits.

Souvent on tuait une bête ou deux. Mac'harit qui était bonne chez nous s'était fiancée avec un beau gars mais qui avait une renommée détestable, fainéant et sa sœur voleuse. On lui fit les honneurs comme si elle était fille de la maison. Le jour du mariage, on me mit près de la porte avec une belle ficelle, trois beaux mouchoirs attachés où les hommes devaient payer le droit d'entrer. Au fest-noz, il y avait beaucoup de jeunes, il y avait surtout quatre ou cinq jeunes couvreurs de Châteauneuf qui travaillaient au village et qui mettaient de l'entrain. Quand le fest-noz tirait à sa fin, ils firent voir leur bonne bouteille et régalaient surtout le marié et ses deux garçons d'honneur, les forcèrent presque à boire.

Quelques jeunes qui se trouvaient encore là, riaient mais ne buvaient pas, la bouteille ayant été droguée avec du « trois et six »[35]. Après quoi, ils dansèrent avec Mac'harit et l'entraînèrent dehors, ne voulant pas la laisser rentrer, et comme elle demandait du secours, il fallut que ma mère avec son balai aille la délivrer.

A Meil Glédig[36], la famille Diraison dont le mari était meunier, et la femme qui était ma cousine s'installa avec leurs deux enfants, Marguerite qui avait mon âge et Henri, l'âge de mon frère Hervé. Pour moi, c'était un heureux événement car je trouvais une amie qui jusqu'à notre mariage on nous voyait toujours ensemble, sans la moindre ombre dans notre amitié.

[35] « Trois et six » : breuvage obtenu à partir d'un dosage très fort de différents alcools, qui avait la particularité de rendre malade.

Sur cette question, lire le très intéressant article de J. Léonard, *Annales de Bretagne*. T. 91 - An 1984/3 : « La santé publique en Bretagne en 1889 ».

« 1889, c'est l'époque où se superposent deux phénomènes d'ancienneté inégale : d'abord continue d'exister l'ivrognerie tapageuse et aiguë des jours de fête, de marché, de foire, d'élection, de retour de pêche ou de fin de moisson, et surtout se développe la possibilité économique et sociale d'une imprégnation éthylique chronique (...) Des alcools industriels, frelatés et toxiques, aux prix attrayants inondent le pays : le trois-six, l'eau vulnéraire et l'absinthe provoquent l'ivresse la moins coûteuse ».

[36] Meil Glédic (lieu-dit) : écriture phonétique de Milin Glédig, *milin* signifiant moulin. *Glédig* venant du mot *kled* qui signifie abri, *ig*, diminutif : petit abri.

On devait me mettre en pension, mais ma santé ne permettait pas toujours, cette fièvre qui me prenait de temps en temps. Un jour j'apprit que Mac'harit avait une petite fille et que c'était moi qu'elle voulait qui soit la marraine, c'était un épicier qui était le parrain. A la sortie de l'église, après avoir distribué des sous et des noix aux enfants, les grandes cloches se mirent à sonner, c'était les riches et les pauvres qui avaient cet honneur, parce que les pauvres allaient chercher des gens à l'aise pour être parrain et marraine*.

Le dîner fut servi au bourg et le souper à Leign ar Menez, et on arrivait le soir chez Mac'harit avec les paniers remplis de toutes sortes de présents, la nuit était avancée quand on quittait. En arrivant près de Poull ar Oas Goak[37] qui avait une mauvaise réputation, je demandai à ma mère si on voyait des lutins là, elle me répondit non. Alors passant la première sur le misérable pont, j'eus vite pieds à terre, et alors criant : « lutin, lutin tu m'as pas eu », une bête sauvage sans doute sauta dans l'eau en se sauvant et éclaboussa mère, qui émotionnée par un bruit si soudain, me demanda ma main pour mettre pied à terre.

C'est vers ce temps que Marie-Jeanne qui était la filleule de mon père et était bonne chez nous, se maria. Elle épousait le fils d'un voisin qui était domestique à Pleyben. On me mit encore auprès de la porte avec le belle ficelle et les beaux mouchoirs. On surveilla bien le train avec lequel le nouveau marié arrivait. Le café, les crêpes, les gâteaux tout était prêt quand arrivait les gars de Pleyben avec leur large chapeau, leur turban bleu autour de leur taille, un accordéon qui se mit à sonner.

Vers ce temps, je commençai à faire les commissions, j'allais au bourg, à Loc'h ar Vur et prendre de l'épicerie, à Kerriou où il y avait un bourrelier. J'allais avec la vieille Marie-Jeanne au moulin et chercher du bois mort pour son feu. Ce qui me gênait beaucoup, c'était l'hiver quand il y avait beaucoup, les routes étant défoncées il fallait passer par des *vinojenn*[38] qui arrivaient toujours à traverser l'eau sur deux troncs d'arbre dont il fallait faire attention pour ne pas dégringoler. Quand j'avais les mains libres, ça allait, mais quand les mains étaient prises...

* Si tu veux quand on était pauvre on avait quand même des cloches, mais à Landeleau, il y avait quatre cloches, et ceux qui ne payaient pas, n'avaient pas la grande cloche sensément. Ils n'avaient que deux cloches et quand on payait et qu'on était prodigue, qu'on avait des sous, on avait quatre cloches. C'est pour ça qu'on prenait des gens plus riches et en plus, les cadeaux étaient en conséquence.

[37] Poull ar Oas Goak : *poul* : ruisseau - *oas* : rigole - *goak* : fangeux. Ce lieu-dit n'est guère traduisible en français. Le breton utilise fréquemment ce genre de redondance pour caractériser un lieu ou pour insister sur un événement.

[38] *Vinojenn* : petit chemin de terre.

Un jour, en descendant de Penfoul, un panier au bras, deux cochons se mirent à courir après moi, j'y pris peur et à bout d'haleine, j'arrive à la rivière. Mettant mon panier autour de mon cou, je me sauve à quatre pattes sur le *koadenn*[39] où les cochons sont arrêtés.

Un autre jour, avec mon jeune frère et un petit voisin assez éloigné de la maison, on voit marcher une très vieille femme, elle est drôlement habillée et a sur la tête une espèce de capuchon noir. Les deux garçons ne veulent pas la dépasser, je vais lui causer, la joie de la pauvre vieille est grande ! Elle me dit de lui montrer la route de Menez-Banal. Elle l'a cherchée en vain, alors qu'elle a habité le village pendant plusieurs années, maintenant sa vue est mauvaise et elle n'entend pas. Je lui fis retourner sur ses pas et après lui avoir fait passer l'eau, je lui dis d'aller tout droit. A un quart d'heure de marche, c'est deux jeunes hommes qui nous demandent aussi la route du village, à ceux-là je leur dis de continuer la route et quand ils verront de grands sapins, d'y aller. Quand on était à Loch ar Vur, une auto passa et une dame qui se trouvait là nous fit beaucoup de recommandations à cause des chevaux qui ne pouvaient souffrir les autos, cela nous laissa indifférents.

Nous savions grimper sur les talus.

Arrivés à la maison, tous les gens qui avaient demandé leur chemin étaient là, le café et l'omelette sur la table. Je vis ma mère prendre une pièce de 5 francs et la donner à l'un des jeunes, et la monnaie à l'autre ; ils allaient au service. C'était un des nombreux filleuls de mon père. Quant à la vieille, elle resta chez nous quatre ou cinq jours et se disait un peu parent. Un jour, voyant le char à bancs aller au bourg, elle monta dedans pour voir sa nièce éclusière. Deux jours après on nous prévient qu'elle vient de mourir.

Un jour que je me trouvais à Kerviou, l'envie me prit d'aller au moulin voir Marguerite. Je dégringolais le *roz*[40] en courant comme d'habitude, mais arrivée près de la rivière, elle avait débordée. Le moulin tournait et l'eau touchait le pont, un chapeau était sur l'eau et ne pouvait continuer parce que le pont l'arrêtait. En regardant dans le pré voisin, je vis deux jambes sur l'eau, elles étaient coincées avec des branchages. Cela m'intrigua beaucoup, comment pouvaient-elles rester sur l'eau, alors qu'on ne voyait pas d'autres choses ? Je retourne à Kerviou, et je fis part de ma trouvaille en disant : « C'est peut-être un noyé ». Ce fut un rire général. C'était le bonhomme en paille du champ ensemencé, le *spont brini*[41] que le vent avait poussé dans la rivière.

[39] *Koadenn* : pièce de bois installée en guise de pont.
[40] *Roz* : terrain en pente, couvert de fougères ou de bruyère.
[41] *Spont brini* : épouvantail ; se dit aussi *spontailh*.

Pendant plusieurs années après, quand quelqu'un causait d'une affaire douteuse, on disait : « est-ce qu'il n'a pas vu le noyé de Meil Glédig ? »

Pâques arriva, on m'envoya en pension chez les sœurs, alors que ma cousine était à l'autre école. Mère Aimée, une bonne femme d'une cinquantaine d'années me fit toutes sortes de gentillesses. On m'acheta un beau chapeau de paille parce que je ne pouvais pas mettre ma coiffe, ce qui arrangeait aussi les religieuses qui n'étaient que trois et une bonne pour s'occuper de soixante pensionnaires, dont la bonne moitié était de Spézet avec autant ou plus d'externes, il n'y avait que deux sœurs de Spézet qui était en grande pension.

Je connaissais trois ou quatre filles du bourg, mais des pensionnaires je ne connaissais aucune. Je savais bien quelques mots de français, mais j'étais la seule pensionnaire à venir à Pâques. On me mit à apprendre avec deux autres filles, moi j'avais appris une partie du livre, ce qui faisait que les deux autres restaient à la traîne.

Mais il y a eu encore du changement, j'eus encore la fièvre, et je restais alitée une dizaine de jours. Mère Renée qui était infirmière et qui m'apprenait mes tableaux, venait tous matins nous donner des remèdes car nous étions trois alitées. On me donnait un remède qui était tellement amer et on me mettait dans la bouche un morceau de sucre, et elle restait près de mon lit d'ici que tout soit avalé. Quand je suis retournée en classe les deux autres avaient de l'avance et c'est moi qui était à la traîne, et pendant ce temps, cinq nouvelles sont arrivées.

La classe était bourrée, les deux sœurs habillées en paysanne, mère Aimée avec la coiffe de Douarnenez, et l'autre avec la coiffe de Vannes, ainsi que mademoiselle Elisabeth. Un inspecteur passe[42], et le lendemain nous changeâmes de classe ; mademoiselle Elisabeth envoya ses grandes filles nous remplacer. Dans notre classe nous sommes à l'aise, nous, les petites, sommes dans un bout avec deux longues tables.

Tous les jours après dîner, on fait une promenade et le soir on va à la plaine sur la petite route de Pont ar Gaek. Enfin arriva le mois de

[42] Marie était encore trop jeune pour comprendre le motif de cette visite, qui est relatée dans le journal des prêtres, dont il sera question plus loin : « En 1910, au mois de janvier, la directrice de l'école libre fut traduite au tribunal correctionnel de Châteaulin. Sur dénonciations parties d'ici, l'inspecteur arriva, trouva des élèves avec la monitrice dans un local séparé de la classe et l'accusa d'y faire école dans un endroit non reconnu – en plus elle n'avait pas de brevet. Grande fut la joie des sectaires d'ici, car l'école libre agrandie devenait de plus en plus prospère et ne les laissait pas dormir et était l'objet de leur rage continuelle. La directrice défendue par Me du Cleuziou, lequel pour tous honoraires ne demanda qu'une prière, fut condamnée à 16 F d'amende avec sursis. »

juillet et aussi le mois des puces. On prend sa couverture de laine, on va dans un voisin pâturage et là, avec ses deux pouces on écrase les puces. Arrive aussi le certificat, et quelle détente parmi les grandes filles ! Elles sont enjouées, gaies et apprennent à jouer une pièce qui aura lieu le jour de la sortie.

Un dimanche matin en déjeunant, les parents qui venaient voir leurs enfants criaient dans la cour : « Venez voir. » On se précipite, au-dessus de notre tête, il y avait cinq machines que tout le monde appelait aéroplanes. Près de moi, un homme disait : « Dans mon village l'hiver, les enfants sont dans la boue jusqu'aux genoux. »

Je suis fière, j'ai appris à lire, mais je ne comprends rien de ma lecture ; en breton je sais compter très bien, mais en français c'est autre chose. Un jour, je demande à une petite du bourg comment s'appelait le deuxième jour de la semaine, je devais avoir un visite. Celle-ci fit un foin : comment une grande ne savait pas que mardi c'était *meurzh* ! Elle alla même dire à mère Aimée, qui avec son sourire moqueur lui dit de m'apprendre les jours de la semaine.

J'arrive en vacances, mes frères m'ont devancée de quelques jours. François est occupé à écrire son nom avec son couteau sur la porte neuve de l'écurie. Ce plaisir lui demande beaucoup de temps et de savoir faire, il fera encore un bonhomme. Une cinquantaine d'années après, trouvant ces vieilles planches dans un coin de la ferme, j'y pleurais, sa vie avait été si courte alors que ces planches étaient toujours là.

Les vacances passèrent gaies et vite. J'allais avec mes frères garder les bêtes, qui vers les dix heures, l'heure des grandes manches, surtout quand le temps était orageux, couraient dans les champs, sautaient talus et barrières. On faisait des *korn-boud*[43] ; des petites charrettes, des *korn-tann*[44] dans lesquels on mettait du pommier pourri et avec des pierres à feu, une *direnn*[45]. On allumait du feu pour cuire des pommes ou des patates, on faisait des petits fours dans ces talus. Un jour que Marie-Anne me donna un morceau de pâte, toute heureuse, j'arrive au champ où quatre garçons s'amusent. Ils avaient fait une balançoire avec

[43] *Korn-bout* : cornets fabriqué à partir de lamelles de saules ou de châtaignier, et que l'on enroulait puis soudait à l'aide d'épines d'aubépines. Ils étaient couramment utilisés par les femmes qui s'en servaient pour appeler les travailleurs au champ. On retrouve ce terme dans le dictionnaire sous la forme de *korn-bual*. (Roparz Hémon).

[44] *Korn-tann* : morceau de bois de la longueur d'une main, à l'intérieur duquel on faisait un trou en choisissant de préférence le bois pourri (*koad brein*), des pommiers, qui s'embrasait plus facilement.

[45] *Direnn* : encore appelé *mein-tann*, morceau d'acier fabriqué par un forgeron, dans lequel on faisait des trous pour y mettre les doigts. On le frottait contre un silex et cela amorçait le feu. Par extension, ce terme signifie briquet.

des branchages et d'autres faisaient du feu dans le petit four, moi je me mis à faire cinq petits pains sur une grande ardoise. Une fois fini, j'allais me balancer, à peine dans la balançoire, on crie « le feu ». Le talus était en flamme. Je me sauve mais le feu a pris dans mes longs cheveux. Mes frères et leurs amis armés de leurs casquettes et chapeaux me frappent la tête, à quatre ils ont vite éteint les flammes. « Sûrement, me dit un petit camarade, t'aurais pas été brûlée car je m'apprêtais à uriner sur les flammes », ce qui nous fit tous rire, mais ma chevelure était abîmée, que faire ? Un de mes frères alla à la maison et en secret, prit les ciseaux. On coupa ceux qui étaient abîmés, et on me fit une tresse avec les autres, mais la leçon avait été dure.

Le soir, dans les journées de battage, on dansait et on apprenait les chansons.

Arrive le dernier dimanche du mois d'août, c'est le pardon des Portes, d'habitude[46]. D'habitude, j'accompagne ma mère, mais cette fois, c'est la bonne qui va. On me dit de ne pas me perdre parmi la foule, quant à mes frères, ils me disent : « Si tu t'égare, cherche la grande pompe et prend la rue qui monte et quand tu verras la ruelle où il descend un filet d'eau, prends celle-là et tu arriveras tout droit à la gare ».

On prend le train à Kerivarc'h qui est bondé, à notre descente, des amies et des cousines sont venues rejoindre Marie-Anne. Je marche derrière le groupe, je m'amuse à regarder leurs longues jupes dont il y avait un espèce de ruban noir en bas qu'on appelait *panez*[47], les autres nous dépassaient, étant plus pressés. Quand on arrive à Notre-Dame des Portes, l'église et l'emplacement étaient remplis. Il y avait une quantité d'estropiés qui tendaient la main, je leur donne des sous, une grande fille me dit : « ne leur donne des sous que ce soir avant de partir, autrement tu vas te ruiner ». Je voyais sur un mur près de moi, des garçons et des à peu près de mon âge, j'allais les rejoindre, et de là, je vis le véritable pardon. Les hommes étaient près de l'église, les femmes avec toutes sortes de collerettes, que c'était beau ! Les filles avaient des chapeaux avec de beaux rubans et de belles fleurs, et les plus petites avaient des bonnets avec toutes sortes de couleurs de soie, avec dentelles et perles. Je ne me lassais pas de regarder cette belle foule, jamais je n'avais vu une

[46] Ce pardon très fréquenté, est en fait célébré le troisième dimanche d'août.

« Vers 1440, fut construit sur l'emplacement d'une des cours du château, une chapelle, que les gens du pays dédièrent à Itron Varia ar Porzhiou (La dame Marie des Cours). Impressionnés par la parenté des formes de *porz* et de porte, les Français n'ont pas reculé devant un barbarisme : ils disent Notre Dame des Portes.

La chapelle fut rebâtie en 1892 (ne restait que le porche, rétabli sur le mur de l'ancienne sacristie) ». *Châteauneuf-du-Faou*, A. Laurent, éd. Jos Le Doaré), pp. 6 et 7.

[47] *Panez* : panais.

beauté pareille. La messe finie, je retrouve mon groupe qui tout doucement revient vers le centre ville et sous une porte cochère, on arrive dans un couloir où il y a des bancs et adossées au mur, des planches qui servent de tables. Une du groupe a été prendre du pain et du pâté, une autre une soupière, la soupe était délicieuse. L'ombre et les bancs pour s'asseoir étaient les bienvenus, il y a beaucoup de boutiques, mais ma poche est petite, mon mouchoir et mon porte-monnaie la remplissent.

Arrive septembre, et le marchand d'oignons qui échange un sac d'oignons contre un sac d'avoine. Et vers la moitié du mois, on retourne à l'école, je vais dès le premier jour, il y a beaucoup de retardataires. La maîtresse me met la première de la petite classe, je fais mon possible pour garder ma place, ce qui n'empêche pas le bâton blanc de retourner sur mes doigts, ce qui faisait du mal. Quand on avait fini sa page d'écriture, on allait aider les petites à écrire.

Il est arrivé tellement, qu'une autre table qu'on a fait venir est aussi remplie. Un jour que mère Renée est absente et que j'ai quitté ma place pour faire écrire une petite, à mon retour une plus grande a pris ma place en me disant qu'elle était à l'école avant moi et qu'elle était trop serrée dans sa place. Après cinq minutes de réflexion, je pris mes affaires et profitant d'un moment où mère René avait le dos tourné, je m'installe dans sa classe, et en vitesse j'écris sur mon ardoise les soustractions et divisions qui se trouvent au tableau. Vient le moment de corriger, les dernières ne savaient pas faire de divisions, lorsqu'une amie me souffla les deux lettres qu'il fallait.

J'étais heureuse d'avoir changé de classe, mais une amie qui avait la vache depuis trois jours vient me la donner en me disant que j'avais causé breton. Cette vache, c'était un morceau de planche rond avec un trou de ficelle ; dans la grande classe, c'était un vieux sabot en bois qui était ciré à force d'être porté ; on était repéré de tout le monde quand on l'avait au tour du cou.

Un jour mon père vint me prendre pour aller à une noce au bourg, le temps est beau mais il fait froid ; d'autres filles vont aussi. A peine qu'on a mangé que la danse commence, mon père doit aller dans la chambre d'un ami pour se chauffer. Il me dit de l'accompagner, mais j'ai trouvé un danseur habillé en paletot, cravate et pantalon *toul buoc'h*[48].

[48] Pantalon *toul buoc'h* : *toul* = trou, sexe, entrée - *buoc'h* = vache. Terme irrévérencieux, qui désigne les pantalons à braguette, dit pantalon de ville, ainsi appelé car ils faisaient penser au sexe de vache. Les premiers à en porter dans le pays du Poher, selon Marie, furent les cheminots, à qui l'on fournissait des vêtements quand ils travaillaient sur la ligne Carhaix-Châteaulin. Le pantalon du costume breton était quant à lui, appelé *bragou toul-karr* (comme une entrée de champ) du fait sans doute de sa largeur. Il était conçu de la même manière que les pantalons de matelots, à panneaux.

Après la danse, je vais rejoindre mon père, et ce fut un rire général avec ses quatre ou cinq amis qui riaient du tour que j'avais fait, mon père ne s'était pas rendu compte que j'étais dans la danse. Quand les binious ou les chanteurs commençaient, j'allais à la fenêtre et mon danseur me faisait signe, ce qui fait que je n'avais raté aucune danse. Mon beau danseur, je n'ai jamais su qui il était ni jamais revu.

Il y a beaucoup de châtaignes, on allait le jeudi dans les bois du comte du Laz en ramasser. Un jeudi nous allâmes près du château en passant la passerelle de Meil Glaz, on vit le maire de Landeleau qui attendait que nous passions le pont. Les religieuses m'appellent : « il faut que vous disiez bonjour à votre oncle » ; En arrivant à sa hauteur, je lui dis : « Vous avez été voir le comte ? » « Oui, et regarde les grosses châtaignes », et il me donne une poignée. En arrivant au château, nous sommes allées près du vieux château où il y a de plus belles. Moi, c'est la basse-cour qui m'intéresse, il y a toutes sortes de poules et la beauté du lieu.

Arrive le comte, il s'en prend aux sœurs « Ici c'est réservé, et il y a assez ailleurs », mère Aimée lui dit que c'est le maire de Landeleau qui a dit à sa nièce de venir ici. Le comte a mis sa colère sur son ami, « je vais, dit-il, lui dire son affaire ». Un vieux commis qui se trouvait là, dit : « ça va faire rire Le Bec de voir le tour que lui ont joué les religieuses ».

Un jour de fin décembre, on m'appelle à la barrière de la cour, mon frère est là avec trois copains. Je lui dis de rentrer, « ah non, parmi tant de filles ! ». Il a un ballon bien ficelé à la main qu'il me jette par-dessus la barrière et me dit : « ta tante sœur t'a envoyé une grande et belle poupée pour tes étrennes, elle ferme les yeux quand on la couche ». M'envoyer une poupée maintenant que je vais faire ma première communion ! Je n'en ai jamais eu, sauf en bois fait par mes frères ou en tissu fait par ma mère ou la bonne ; et puis, je ne pourrai la voir avant Pâques puisqu'on a pas de vacances de premier de l'an. Les autres élèves se sont attroupées près de moi, c'est le ballon qui les intéresse. Enfin on trouve un couteau et la ficelle est coupée et un beau jupon bleu avec une bande de velours de douze centimètres et trois petites autres bandes. Il était beau et avait deux poches, c'était pas trop pour mettre son livre de messe, ses gants, mouchoir et chapelet. Pourquoi fallait mettre une jupe noire sur une si belle chose ?

Enfin arrive Noël ! Nous avons bien nettoyé nos sabots et avec le nom, nous les avons mis dans la salle de travail. On nous a dit que c'est le petit Jésus qui régale, mais sont rares celles qui le croient, on a reçu des oranges, des gâteaux et les dissipées ont eu droit à un morceau de genêt par-dessus.

Les journées sans classe passent vite, et on se trouve aussi bien à l'école qu'à patauger dans la boue à la campagne. A la veille du premier de l'an, les sœurs viennent dans la salle d'étude, elles demandent aux filles qui ont besoin de permission pour aller souhaiter la bonne année à leurs parents du bourg de se lever. Moi je m'aperçois que j'attire tous les regards, je me demande pourquoi. Mère Aimée avec son grand sourire :

– Alors Marie, tu ne te lèves pas ? Etre la nièce du premier de la commune et ne pas savoir qu'il faut aller lui souhaiter la bonne année.

Ce qui fait rire les filles, les sœurs et même la bonne. Moi je ne souhaite la bonne année qu'à mes parents, grand-mère et marraine. Les filles que ça amuse, disent à mère Aimée : « il faudra n'est-ce pas, qu'elle l'embrasse ? » Ça c'était le comble ! Mon oncle qui avait sa longue barbe grise de la guerre de 70[48 bis], il y avait une qui appelait cette barbe-là *bouc'h*[49].

Le lendemain matin une bonne partie est allée boire leur café chez leurs parents. Vers midi, arrive vers l'école une bonne partie porteur de ce qui se dit au bourg : la seule nièce du maire refuse d'aller lui souhaiter la bonne année, même que si Marie Bec ne venait pas voir son oncle, mère Aimée aurait affaire à elle. C'était le bouquet ! J'en avais assez d'entendre les filles me casser les oreilles et maintenant c'est le bourg... Cette année de 1912, je commençais à la détester.

Lorsque l'heure de la promenade arriva, je pris la tête de la bande car il n'y a que deux chemins l'hiver. Avec les premières, je pris le haut du bourg, mais un coup de sifflet nous fit revenir sur nos pas, donc il n'y a rien à faire, il faut passer devant la maison de l'oncle. Il était sur le pas de la porte et causait avec deux messieurs et une voiture couverte, ce qui était signe d'opulence. Toute la bande d'écolières s'arrête, je regarde du côté des maîtresses et je vois Mlle Elisabeth qui s'avance vers moi. Je compris qu'il n'y a rien à faire, je me dirige vers la maison, il y a trois marches à monter, et entre lui et les deux visiteurs je lui souhaite bonne et heureuse année et le paradis à la fin de sa vie.

– Vous voyez, dit-il, que j'irai au paradis malgré le contraire que disent les journaux, surtout que c'est le bonnes sœurs qui le souhaitent.

[48 bis] Il avait fait la guerre de 70, il a été sept ans soldat, et alors il avait laissé un bouc quoi, et celui-là était devenu gris et puis long, il ne l'avait pas coupé depuis. Alors embrasser quelqu'un comme ça, et quelqu'un que je n'aimais pas trop encore. Je ne l'aimais pas beaucoup, je le voyais comme ça, mais il ne s'intéressait pas beaucoup à moi, et moi je ne m'intéressais pas à lui tellement non plus. Il était vieux aussi, il avait sept ans de plus que mon père. Et puis, il était occupé avec la politique, avec les affaires aussi quoi.

[49] *Bouc'h* : bouc.

Ce fut un rire général avec les gens qui se trouvaient là. Il alla à sa poche et machinalement me donna deux sous. Je reviens vers le groupe qui se mit en marche et ce fut une demande avec mes compagnes.

– Combien que vous avez eu ?[50]

Je leur dis « deux sous ».

Une fille plus têtue que les autres me dit de les faire voir, ce que je fis sans méfiance.

– Mais c'est une pièce mauvaise, Mac'harit ar Maréchal ne donne pas des noix pour des pièces comme cela.

Toutes les filles voulaient voir la pièce, mais moi je fis semblant de la jeter et la mis dans la poche de mon jupon.

Le lendemain, il y eut du changement, mon oncle qui avait fait voir une pièce à laquelle il tenait beaucoup, l'avait égarée et promettait un franc à qui la trouvait, les jours après, c'était deux francs. A Pâques, ma mère ramassant mon beau jupon pour l'été fit tomber la pièce, me demandant pourquoi cette pièce n'était pas dans mon porte-monnaie, je lui dis la raison. Mon frère François qui était là, me dit : « la rusée sœur que j'ai et dire que mes camarades du bourg ont eu les mains égratignées à chercher cette pièce ».

Ce fut le commencement de ma collection de pièces ; l'année suivante, le jour de ma deuxième communion à Elliant, à la procession, un pauvre attardé me jeta à la tête une autre pièce, ma coiffe avait dû l'intriguer. Je les mis toutes les deux dans une jolie boite.

Les deux premiers mois passèrent, mais avec mars je suis alitée. Cette fièvre est encore plus mauvaise, une petite à qui j'ai aidé à écrire, vient souvent près de mon lit, je lui dis qu'il m'arrivait d'avoir froid, mon couvre-lit tombait. Quelques instants après, je la vois venir avec une ficelle et elle attacha le couvre-pied, mais ça était son moindre souci. Lorsque je me sens assez forte, je me lève, mes compagnes ont pour moi un sourire, une bonne parole. La promenade de midi m'est interdite, ce jour, il y a beaucoup de vent, je m'abrite dans la grande classe. Les autres en promenade, celles de mon âge apprennent le catéchisme, le vent m'apporte leur voix et tout en apprenant le breton, on lit aussi le latin.

Le samedi, arrivent les filles du bourg, elles viennent dans leur classe. L'une d'elle me prend en partie, me dit d'une voix dure : « bientôt tu ne seras plus la nièce du maire ». Je lui fis remarquer qu'on ne change pas ses parents, « votre oncle ne sera plus maire après les votes ». Mais la réplique vient d'une autre : « si votre père était le dernier des

[50] Traduction littérale du breton. A Landeleau, on pratique le vouvoiement : « Pegement ho peus bet ? ».

conseillers, je me demande qui pourrait causer à une orgueilleuse de votre espèce ».

Le recteur va être changé, ils sont rares ceux qui le regrettent. Il va au Huelgoat, les jeunes disent : « il était trop sévère et ses sermons trop longs » ; et ce fut une fête qu'on fit au nouveau. Les jeunes gars à cheval, les autres à char à bancs allaient à sa rencontre, nous autres sur un talus. Il y avait aussi une dizaine de bicyclettes, cela nous amuse de voir tout le monde défiler.

A quelques temps de là, je vois des grandes filles qui vont à Châteauneuf, je leur dis qu'elles ont la chance, la sœur me dit que je peux aussi aller, puisque ma mère y sera à la gare. Je trouve ma mère qui me dit : « puisqu'on est en avance sur la réunion, on va passer chez le notaire », cela m'enchante de voir un notaire, j'en ai souvent entendu parler. Une belle barrière qu'on ouvre et un beau jardin avec toutes sortes d'arbustes ; Dans la salle d'entrée, un homme est aux écritures, un autre assis et on nous avance des chaises. La porte s'ouvre, et deux hommes sont là, ils discutent dur : « je vous dis, que dit le paysan, qu'avec les pierres qu'il faut tirer, charroyer, payer, mais il y aurait de quoi faire une maison ! » Le notaire a fait signe à l'autre et ferme la porte au nez. En premier, celui-ci se tourne vers nous : « Je me demande, dit-il, si ces gens trop instruits ne sont pas des fous, il me dit d'empierrer la route, mais qui travaillera mes terres ? Je dois donc laisser ma famille mourir de faim ».

Un dimanche matin, ma grande voisine du dortoir me met ma coiffe, arrivent les parents dont plusieurs hommes me regardent. « Ces deux filles ici s'entendent bien alors que leurs familles sont en train de se haïr », et chacun de dire son mot. Mère Aimée vient voir, et un des hommes lui demande si elle était un homme pour qui elle voterait ? Puisque les deux filles qui étaient là, l'une la nièce et l'autre devait être la fille du nouveau adjoint, quel partie elle prendrait ? Mon cousin qui est fils du maire et sa sœur qui est meunière ne ménagent pas leurs peines. Le premier qui est instituteur, est à Landeleau tous les dimanches et jeudis. Doué de la parole, il tient tête à toute la famille de sa mère qui est morte depuis plusieurs années, et Dieu sait si cette famille est nombreuse et avide d'honneur.

La mort du père de ma grande voisine du dortoir, à dix jours des élections jette un froid au pays. Il avait dû se dépenser de trop alors que personne ne le savait malade.

Arrive le jour du vote, après la messe on nous fit rentrer assez vite et la promenade se fit dans de petites routes. A la salle de travail où l'on se trouve, on entend les cris de « vive Le Page », et plus timides de « vive Le Bec ». La salle de vote est à l'école des garçons et l'instituteur a pris nettement le parti de Le Page.

Avant de se coucher, on joue dans la cour, la barrière a été fermée, soudain une bande de filles et de garçons s'agrippe à la barrière et m'appelle à tue-tête : « Marie, ton oncle est maire et Le Page par terre ».

Les belles journées sont là, et les promenades de jeudi plus longues, on va voir Meil Glaz qu'on a modernisé et surtout voir l'électricité qu'il y a nulle part ailleurs. On rentre au moulin dont il y a beaucoup d'espace et un meunier vient allumer la lumière et nous dire que le château est éclairé de la même manière. Au château les deux filles et leur institutrice viennent nous rejoindre.

On continue vers Pont-Triffen par une belle allée de lauriers qui surplombe la route et la belle prairie dont l'autre côté c'est l'Aulne. A Pont-Triffen, c'est la première fois que je vois un bateau, on prend la belle route départementale pour venir à Pont-Stang-Bihan. On a vu de coquettes maisons à Pont-Stang. Il y a trois très pittoresques : celle d'un cantonnier qui a été faite dans une ancienne carrière et dont les abords sont aussi hauts que la toiture, la maison du garde-barrière en tuiles rouges dont un des pignons est recouvert d'ardoises, et le bistrot qu'il faut descendre pour allez au rez-de-chaussée et aux étables. Quant au café et épicerie, il est dans la chambre dont la porte donne sur la route, on reste voir passer le train et voir la barrière s'abaisser.

C'est ma première communion* qui approche, on me dit que ma tante sœur m'a envoyé un colis. Ma couturière vient à l'école, elle me dit qu'elle doit faire une belle toilette à ma cousine et qu'il est temps qu'on m'achète mes beaux habits, mais que ma mère malade ne pourra se déplacer. Elle va trouver la sœur et celle-ci lui dit : « J'irai voir ».

Le jeudi suivant, je viens avec mère Aimée à la maison, ma mère se remet et est gaie. On cause toilette et c'est de savoir si on mettra du

* On faisait sa première communion quand on avait douze ans, enfin moi j'ai fait ma première communion en 1912, j'avais onze ans quoi. Et puis après, on faisait sa deuxième communion, après on faisait la troisième communion. Et si vous aviez été malade ou si vous n'aviez pas eu votre première, on faisait une quatrième, parce que on était confirmé que une fois tous les quatre ans quoi. Alors si on n'était pas confirmé pendant ces trois ans là, il fallait faire une autre, ça faisait quatre communions, c'était tous les ans quoi. De la première à la dernière, on apprenait un peu de catéchisme tout le temps quoi, puisqu'on apprenait le catéchisme pour faire sa première communion, après pour faire sa deuxième, on apprenait une autre partie et pour sa troisième alors, vous alliez aussi de temps en temps à l'église, on vous expliquait la religion. Ça correspondait à peu près jusqu'au certificat ; où celles qui allaient au certificat, mais beaucoup restaient à la maison pour alors. Sensément tout le monde devait faire les communions, mais y en avait qui ne faisait pas, une fois qu'ils avaient fait leur première communion, ils n'allaient plus, mais ceux qui étaient chez les sœurs, ceux-là étaient obligés de faire jusqu'au bout. Normalement, on ne pouvait pas communier avant sa première communion, mais moi j'avais fait une fois, un peu avant mes onze ans. Mais après ça a changé, on communiait, on allait au catéchisme à neuf ans, dix ans, après la guerre que ça a changé.

velours sur la jupe qui divise mes parents. Ma mère a dit non et mon père dit oui, on demande mon avis, la bonne dit que velours et perles sur une jupe la rendra lourde. Je ne sais quelle parti prendre, on demande aussi à mère Aimée qui représente l'opinion publique. Sa réponse vient vite : puisque l'autre école aura une si belle toilette, il faut que la sienne en aura aussi, et la couturière est aussi de cet avis. Et puisque Marie-Jeanne Le Bec*, au lieu d'acheter la toilette de sa fille chez sa tante l'a achetée chez Jean Caro, la mienne viendra aussi de la même maison, ça apprendra aux commerçants à être plus prudents aux votes.

On doit mettre ses beaux habits pour le pardon, et la fille de l'adjoint au maire de Spézet a aussi une jupe de velours, et les grandes filles s'amusent à savoir laquelle des toilettes est la plus belle.

Un dimanche matin, les grandes filles qui viennent de la basse-messe sont gaies, et nous disent que le recteur a perdu son pantalon au milieu de la messe*. La chose avait été si bizarre qu'une ribambelle de chansonnettes avait couru dans le pays. Mais quel n'avait pas été mon étonnement d'entendre soixante-cinq ans après, un chanteur de danse chanter une véritable *son*** à cet événement, alors qu'il n'était pas du canton ! C'est à peu près vers ce temps qu'on me fit voir un « son » qu'on avait fait pour la municipalité avant les élections de 1912.

Arrivent les grandes vacances, les paysans ont l'air préoccupé, les bandes de corbeaux qui ont couru le pays pendant les semailles ont fait beaucoup de dégâts, et la pluie qui tombe presque tous les jours rend

* Marie-Jeanne Le Bec, c'est ma cousine, la fille du maire, et elle avait une fille de mon âge. Mme Jaffré alors, était sa tante, son père s'était marié à une Jaffré, et cette tante-là avait voté pour Le Page, alors elles étaient fâchées. Ça jasait beaucoup çà, tout se savait, vous comprenez.

** Ça ç'avait été drôle oui, j'étais à l'école à Landeleau, quand ce malheureux curé avait perdu sa culotte. Je me rappelle, ma voisine de lit qui était une grande était venue dire ça à l'école, que le curé avait perdu sa culotte et que tout le monde avait commencé à rire. Et c'est il y a peut-être cinq ou six ans que j'ai vu la chanson. Ah oui alors, voilà comment on devient populaire. Et j'avais dit alors à Yves Diraison de Créac'h Guéguen, que vraiment s'il était un homme, puisqu'il était conseiller, d'arranger la tombe de celui-là, qui est au cimetière près de la mienne quoi. « Et bien, je dis, garde au moins la tombe de celui-là ».

Il est venu à Landeleau quand je faisais ma première communion, et c'est lui qui m'a marié aussi. On le mettait bébête à Landeleau, plus avancé, moi je l'aimais quand même comme il était. Il ne disait rien à personne, vous causiez et puis tout, il était assez familier avec vous, après vous le voyiez dans la rue, vous lui disiez bonjour, il ne vous reconnaissait pas, il était comme ça quoi.

Je ne sais pas si j'ai mis là, qu'il avait été au pardon de Lanzignac et qu'il avait demandé une crêpe pour sa bonne. Qu'est-ce que cette histoire-là avait fait rigolé, ça avait couru tout le pays !

la moisson difficile. Le grain battu, on met le sac qu'on doit envoyer au moulin deux ou trois jours près du feu, et on le mélange avec du grain de l'année précédente. Et après souper, mes grands frères l'envoient à dos au moulin où ils restent jusqu'à minuit à jouer aux cartes et à remonter le moral au meunier dont le moulin ne fait que s'encrasser.

Vers le milieu du mois, je vais voir la tante sœur et ma grand-mère. On me dit que j'irai à l'école avec elle, avec ma cousine Françoise Mével de deux ans mon aînée. J'ai un pincement au cœur car je me plais à Landeleau, et Elliant ce doit être loin. Et chez nous, les couturières ne font pas de sarraus noirs, dont il faut que je sois habillée. Enfin tout s'arrange, et un mois plus tard, on viendra nous prendre à Châteauneuf. On m'avait fait cadeau de toutes sortes de jolis bas, dont ceux de marraine, qui étaient d'une très jolie couleur violette et qui n'avait jamais été portés. Lorsque je vis mon frère Jean-Louis prendre le panier pour les envoyer chez le teinturier, je suis allée me cacher pour pleurer. A son retour, il nous dit que Masseiler ne comprend pas des écoles pareilles, des écolières qui devraient être gaies et pimpantes, on les habille en deuil.

Le jour du départ approche, Jean-Louis a vu son cousin Henri Le Bec qui lui a dit qu'il viendra me prendre avec Marguerite pour aller au pardon de Châteaulin, il est instituteur à Dinéault. Cela m'enchante de faire un voyage si long en train. Le matin de bonne heure, nous sommes une dizaine à monter dans un train bourré. A Châteaulin, on flâne autour des boutiques, moi je ne peux regarder ni chevaux de bois, ni montagnes russes sans avoir des nausées, donc comme d'habitude, je tourne le dos à ces engins et je regarde les toilettes. Je vois que j'attire beaucoup de regards à cause de mon costume.

A midi, on va à l'hôtel, mon cousin a beaucoup de compliments avec ses nièces. On se demande laquelle est la plus belle, moi petite et brune, Marguerite blonde et grande, et c'est la première fois que je mange des radis dont j'ai souvent entendu parler. Après-midi, nous sommes allés voir une dame du pays, on la dit riche, mais est séparée de son mari. Nous sommes montés dans une grande chambre, elle finissait de manger avec ses trois filles de notre âge. Les lits dans un bout de la chambre et la cuisine dans l'autre, les meubles sont vieux et je vis que c'est pas le pardon pour tout le monde. Après quoi, nous sommes allés nous photographier.

Le jour du départ, nous allons en char à bancs, dont Jean-Louis a pris les rênes et le fouet, car on a une jeune pouliche nerveuse, ma mère et moi n'étions pas trop rassurées. A notre arrivée à Châteauneuf, ma tante et une demoiselle nous attendaient. Nous sommes allées dîner dans un hôtel, rue des Fontainiés, ami de la famille à Françoise. Sa mère, son père et ma marraine nous rejoindront. On achète des bérets marin bleus marine, et c'est chez ce chapelier que je vois des poissons rouges à la devanture, et toutes sortes de chapeaux : ceux du Poher, de Dardoup, de Bidard, de Glazik[51].

Après le café, c'est le moment des adieux, ma tante prend ma main et me dit : « ne pleure pas ». Cela m'étonne, pleurer pour si peu, mais ma cousine et ma mère pleuraient à chaudes larmes. Nous montions dans une voiture couverte, c'est la première fois, le cocher était à l'avant, et nous quatre bien installées à l'intérieur. Et nous passions sur le pont où l'eau coulait au-dessous, alors que l'autre pont, c'était moi qui passait dessous en voiture et le train dessus.

Après, c'est les bois de Laz, le cocher marche à pieds en bordure de route, et le cheval sagement traîne la voiture. La côte est longue et dure, le bois est beau, on nous donne des châtaignes. Des charrettes et des chars à bancs nous croisent. Au haut de la côte, le cocher a pris sa place, son fouet claque et le cheval part au galop, la voiture fait beaucoup de bruit.

Jusqu'à l'Odet on n'a pas trouvé le temps long, mais quand on monte vers Coray, on commence à se fatiguer. On voit davantage de monde, et les costumes différents de ce qu'on a vu, surtout les enfants dont le corsage des *sae*[52] est long. La nuit commence à tomber.

Le lendemain matin, je regarde venir de la messe mes nouvelles amies, celles de ma table et même les plus grandes sont toutes en sarraus noirs ; leur chapeau, un genre de carton très lisse est aussi noir, il y a peut-être cinq ou six blancs. Ces chapeaux sont pratiques, la pluie glisse dessus et protègent aussi du soleil.

A la salle où on va boire le café, est grande. Nous sommes une quinzaine de grandes pensionnaires, cinq religieuses et pour nous servir, deux bonnes, une vieille et une jeune. Quant aux demi-pensionnaires, il y a plein un grand réfectoire. Le pensionnat qui est vieux et grand est près de l'église et presque au milieu du bourg ; pour aller en classe, on longe un peu la rue, il y a une autre cour et des bâtiments plus neufs.

On me mit dans la troisième classe avec ma cousine, mais aux premières compositions, alors qu'elle avait une des premières places, moi j'avais la dernière. Ma tante nous donna des leçons particulières et vite avec la sévérité, j'attrapais mon retard. Du travail manuel, on me fait

[51] Les divers groupes se définissaient entre autres par leurs modes vestimentaires. Nous avons déjà vu qu'au pays Poher correspond la région de Carhaix ; qu'au pays Bidard correspond la région de Pleyben. Le Dardoup regroupe quant à lui la zone de Châteauneuf, Plonévez-du-Faou et le Glazik, la zone de Quimper, Briec.

[52] *Sae* : Robe.

pas faire, alors que je vois les grandes broder de belles coiffes, mais le catéchisme, cette bête noire est là. Je sais aussi bien lire le breton que le français, mais apprendre ce breton fabriqué, je ne sais où c'est autre chose.

Le train, on cause tous les jours, Françoise a reçu de deux ouvriers qui travaillent sur la ligne, la visite. Ils lui ont dit que bientôt ses parents viendront la voir par le train. Ce train qui va de Rosporden à Plouescat est le bien venu, et tous les jours, on écoute passer le train. Enfin un beau jour, arrivent les parents de ma cousine et ma marraine, tout le monde leur fit une fête, même le bourg, les premiers visiteurs du train ! Mais les heures ont passé vite, il faut reprendre le train. Dans la soirée, il y a des chuchotements, ma tante nous dit : « allez jouer », et à la bonne : « prépare du pain et du cidre ». Dans la cour, la nouvelle est brutale, le train a encore déraillé, c'est pourquoi il a fallu ravitailler les parents.

Arrive Noël et huit jours de vacances, Marie-Françoise prend le train ; quant à moi, on me dit que mon père est malade et devant changer de train à Châteauneuf, il fera nuit avant mon arrivée. La supérieure qui doit garder la chambre me réclame pour jouer au loto.

Le lendemain, je vais à Quimper avec ma tante et la directrice et une autre demoiselle, et on prend encore la même voiture. On part de bonne heure, peu de choses sur la route qui me paraît longue, j'ai hâte de voir Quimper. Une auto nous a croisées par contre de voitures à cheval, on voit beaucoup près de la ville. A notre arrivée, la demoiselle est partie, nous trois allons acheter des jouets pour l'arbre de Noël. On entre dans un magasin qui a une belle devanture, mais par contre les jouets sont installés dans une pièce profonde, longue et peu éclairée, là j'ai le temps d'admirer tous les jouets.

Après quoi, on est allée à la cathédrale, j'avais jamais vu une pareille beauté, une petite naine, vieille tête, tricotait à la porte, on lui donnait deux sous. Il y avait beaucoup de visiteurs, autant qui allaient visiter que prier. Deux demoiselles sont venues nous rejoindre, alors nous commençons aussi à visiter. Notre tour fini, je suivis les demoiselles dans une crêperie où nous descendions par deux marches, il y avait beaucoup de monde, je m'aperçus que la crêperie n'était pas plus luxueuse que chez nous. Après quoi, nous sommes allées dans une maison d'école où on nous a reçues dans un parloir. Nous sommes allées à la préfecture, quelle grande salle ! Il y a plusieurs bureaux où une des demoiselles allait d'un bureau à l'autre. Il y a maintenant beaucoup de monde, de cavaliers, des bicyclettes, peu d'autos, beaucoup de voitures à cheval. On va à l'hôtel de l'Epée, la salle est belle, un homme balaie, il est venu nous causer et a embrassé une des demoiselles.

Ma tante et sa compagne nous ont retrouvées. On fait encore un tour, on regarde les devantures où l'on voit de beaux costumes brodés, de belles coiffes, des chapeaux. Il y a aussi quelque peu, genre Paris et mode, dont les jupes sont serrées par le bas ; quant aux chapeaux des femmes, ils sont larges et ne tiennent sur leur tête qu'à l'aide de longues épingles qui ont un des bouts en beau verre colorié et dont on ne peut approcher de peur d'être aveuglé. On a choisi aux galeries une ample provision pour moi, on m'a acheté un petit panier blanc pour mettre mouchoir, bourse et menus objets et une burette recouverte, genre paille avec une belle ficelle pour la mettre au côté.

A la rentrée, je suis heureuse de revoir mes amies et surtout ma cousine qui m'envoie des cadeaux de ma grand-mère et tantes. Une fille du bourg qui a un parent qui s'est installé comme bourrelier à Landeleau, me raconte que dans le pays on a pas le même bon Dieu*, là-bas, c'est Sant Thelo[53] et les morts, dont on met beaucoup de prières à l'église, et que si j'avais changé d'école c'était à cause de ma santé. Quelques jours après, on a une fête à l'école avec un sapin et tous les jouets attachés. On allait encore au catéchisme pour faire sa deuxième communion, ma tante est sévère et ne badine pas avec le travail en classe.

Arrive Pâques, ma tante nous envoie chez grand-mère en voiture puisque le train n'est pas encore solide. De bonne heure, les autres sont parties et le frère de Madeleine et deux cousins sont venus dîner à l'école pour rentrer à Quimperlé. On joue à cache-cache, et toute la maison, le jardin, et même la rue nous appartient, on saute par les fenêtres, on se cache jusqu'aux chambres des sœurs.

A notre arrivée à Châteauneuf, c'est la foire et on change de voiture. J'aurais voulu faire un tour voir si j'aurais trouvé quelqu'un, mais ma tante veille et nous envoie dans une salle en attendant la voiture. En montant la butte, le cheval va au pas et nous nous amusons à regarder le bois et le château de Kerjégu qui était en face, le château était très éclairé alors qu'il n'était pas encore sombre. Quelques coups de fouets et le cheval a pris le trot, on dépasse les charrettes, les piétons et les bêtes, et la nuit tombée, on descend à la dernière maison du bourg de Loqueffret où nos parents sont venus nous chercher, et on prend le chemin de Poulfoan.

[53] Cf. la présentation de Landeleau. Marie du reste, ne le conteste pas.

* « C'est vrai ce qu'elle disait, à Landeleau c'était pas le même bon Dieu, c'était Sant Telo le bon Dieu, d'ailleurs on ne parlait que de lui, jamais du bon Dieu. Je me rappelle, quand quelque chose arrivait de malheureux, on disait : “ Ma kement-se, Sant Telo n'eo ket permetet gantañ, à Landeleau c'était pas le même bon Dieu, c'était Sant Telo le bon Dieu, d'ailleurs on ne parlait que de lui, jamais du bon Dieu. Je me rappelle, quand quelque chose arrivait

Le lendemain, mes parents sont là, j'ai hâte de voir Menez-Banal. Tout le village me fait fête, j'ai mon chien Charlot, les chevaux dont il y a deux poulains et des petits veaux. Le départ est vite arrivé, on doit envoyer les beaux habits pour la deuxième communion et prendre le train.

A Châteauneuf, ma cousine m'attend, elle a mis ses beaux atours et comme elle est grande, on dirait une jeune fille. Dans le train, il y a des écoliers qui vont à Quimper et des soldats. Après avoir mis nos bagages, on sort en attendant le départ. Un soldat qui nous reluquait depuis quelques temps, vient nous causer demandant à Françoise son nom et la commune qu'elle habitait. Il parle aussi de lui-même, de sa famille et prend la main de Françoise en lui disant qu'il avait *daou c'hant skoed leve*[54], six cents francs de rente. Françoise se sauva dans le train comme s'il y avait des loups à ses trousses, ce qui me fit beaucoup rire.

Arrive la communion, on met les toilettes, il y a de belles, je suis la seule à avoir le costume du Poher. Fini le catéchisme d'ici les vacances, et commencent les belles promenades. On va visiter le château, le seul qui existe, le moulin sur la route de Saint-Yvi où il y du bambou et on s'amuse à faire des pistolets ; le soir après souper, on va à Notre-Dame de Bon Secours.

Mais je suis encore alitée dans une grande chambre, on m'a dit que c'est les oreillons. Je ne suis pas seule à être malade, mais il paraît que mon cas est plus grave, alors que les filles ici mangent toutes du pain très noir et grossier avec un couteau spécial pour le couper. Un jour, j'entends le biniou, je saute à la fenêtre, il y a une noce en face, les belles filles et les heureux !

Un soir qu'on est à table, du tapage dans la cuisine, on demande après Madeleine, son père est venu lui faire voir son auto et offre une promenade à qui veut. Toutes nous sommes contentes d'aller en auto mais on est beaucoup trop, et seules les institutrices ont eu l'honneur d'aller pour la première fois.

Un jour que les religieuses sont absentes, on me demande au salon. Un monsieur très distingué est là, il me demande si ma famille est de Loqueffret, il a séjourné quelques temps dans le pays, son oncle étant recteur. Je lui dis que j'étais de Landeleau et m'appelais Marie Le Bec. Il était stupéfait quand il sut que j'étais la nièce du maire. A leur retour, les religieuses mises au courant, trouvaient regrettables la méprise qu'on avait de me présenter à la place de ma cousine à ce monsieur qui était haut placé à l'évêché*.

* Je vois encore ce monsieur, un grand monsieur bien assis-là, il demandait après ma tante quoi, qui n'était pas là, et puis il disait qu'il avait été à Loqueffret, et il demandait après ma cousine, puisqu'il connaissait la famille. Comme les bonnes seulement étaient là, au lieu de dire à ma cousine d'aller, elles m'ont dit à moi, parce que j'étais plus éveillée qu'elle quoi, causant davantage et puis tout, ça avait fait du bruit en ce temps-là.

[54] Le *skoed* est une monnaie bretonne équivalent à 3 F.

Un jour, le directeur de l'école libre est venu nous photographier, j'aurais voulu que la tante vienne aussi, mais elle y mit une statue à sa place.

Arrivent les grandes vacances, on prend le train et on arrive à Châteauneuf, on a fait connaissance avec des écoliers de Plonévez. Ma cousine continue mais moi je vais changer de train et personne ne m'attend. Je suis allée à l'autre gare où j'ai su qu'un train doit partir vers Carhaix. Je vais prendre mon billet et demande Plonévez, mais le chef de gare ne fait que me dire d'aller prendre l'autre train et ne veut pas me donner ; cette gare-là ne mène qu'à la campagne. Finalement, il prend mes six sous et me donne un billet, une dame me dit : « Pourquoi vous n'avez pas causé breton et il aurait compris ? » A peine sortie, je vois mon jeune frère et la bonne, ils viennent d'arriver avec un autre train et on va faire des commissions en ville, et le train file. Il faut rentrer à pieds avec nos bagages, malgré les huit kilomètres j'ai trouvé la route courte, on m'a raconté toutes les histoires du village.

Ma mère ramasse du linge, moi qui est fatiguée, je rentre. Mon père est là, il vient d'avoir une angine et assis en face, un jeune homme de vingt-cinq ans, bien habillé à la mode de ville, mais pâle et l'air maladif, il me traite de petite cousine. Ils ont mis deux œufs dans une casserole d'eau chaude, au bout de quelques minutes on a retiré et ils boivent chacun le sien. Je leur dis qu'à l'école on me donne de l'huile de foie de morue et d'autres fortifiants et ils me répondirent : « Ont des remèdes ceux qui ont des sous pour les payer ».

Chann, notre voisine, est beaucoup plus aimable, son frère aîné et sa sœur sont mariés et ont quitté le village. Je lui parle du jeune malade, celui-là est d'une famille qui, il y a dix ans, était riche et méprisante et quand les parents ont mangé leurs derniers sous, les enfants sont allés en ville cacher leur misère et maintenant ils s'accrochent pour trouver des parents et des amis.

Mon frère Jean-Louis a passé le conseil de révision, il est de la classe 13 et cette classe sera la première à faire trois ans de service[55], ce qui fait qu'on cause pas mal de guerre. Mon cousin Henri s'est aussi fiancé à l'institutrice de Landeleau qui est nouvellement arrivée au pays. Alors l'interrogation des gens, irai-je à l'école laïque de mon cousin ou resterai-je avec ma tante ? Mais ma tante écrivit une lettre en nous disant qu'elle venait d'être nommée à Riec-sur-Belon et qu'elle viendrait me prendre au commencement de septembre, ce qui arrange mes

[55] La « loi des 3 ans » fut votée le 19 juillet 1913 par 358 voix contre 204 et porta le temps de service de 2 à 3 ans (depuis 1905, le service militaire était de 2 ans). Elle suscita un grand débat et souleva les passions dans les milieux politiques et syndicaux, qui ne s'apaisèrent qu'au moment de la déclaration de guerre.

parents, car mon frère étant garçon d'honneur avec son cousin, il était préférable que je parte avant la noce*.

A Riec, changement de décor, le couvent est presque plein bourg et à beaucoup de dépendances. La citerne est près de la porte d'entrée avec une grande statue de Jeanne d'Arc ; du côté ouest, un magnifique jardin avec du beau raisin de toute la façade de la maison, un grand néflier au milieu et des poires tout autour. Il y a aussi deux cours et un petit bois avec deux grands figuiers. Nous avons été reçues avec deux sœurs et sœur Marguerite originaire de Riec. Ici, les sœurs ont une ferme, il y a un domestique qui s'appelle Pierre, une bonne, un cheval, deux vaches et cochons. Le matin, nous allons soigner la basse-cour. Il nous arrivait aussi d'aller voir Pierre tirer des pommes de terre et j'étais étonnée de voir sa lenteur au travail. Dans l'après-midi, nous allons avec les sœurs faire des visites à la campagne, surtout chez les châtelains.

Un jour, on nous dit de bien soigner notre toilette, nous devions aller chez la marquise de Brémont d'Arz à Porte Neuve. Une de ses fermières, parente à sœur Marguerite alla avec nous faire les présentations. Ma cousine et moi, restions dans le parc, il était beau. Un monsieur qu'on appelait précepteur nous dit de rentrer, nous demande notre nom et voyant que j'étais de Landeleau, dit à la cuisinière qu'elle avait une visite. Ma surprise fut grande de voir cette dame avec la coiffe de mon pays, elle connaissait mes parents et me demande des nouvelles du château, du comte du Laz et c'était la première fois que je vis tirer l'eau d'un robinet se trouvant au-dessous de la fenêtre.

Après l'adoption de la loi *L'Humanité* (organe du parti socialiste) *La Bataille syndicaliste* (organe de la C.G.T.) dénonçaient le scandale et ne cachait pas leur espoir que « l'œuvre funeste et stupide des réacteurs conjurés » se retourneraient contre eux ».

Comment les Français sont entrés dans la guerre, p. 64, J.-J. Becker, éd. Presses de la Fondation.

* Mais j'ai été comme ça tout le temps. La famille de ma mère avait une religieuse, et la famille de mon père, il y avait Yves Le Bec là qui faisait de la politique et son fils Henri l'instituteur aussi.

Mais jusqu'à ce qu'Henri vienne à Landeleau comme instituteur, il y avait à peu près des bonnes relations entre le maire et les religieuses. Mais après là, il s'est marié à une institutrice et ils sont venus habiter Landeleau, moi j'ai été à l'école avec ma tante, alors ça n'allait pas. Il voulait, « puisque tous mes parents, qu'il dit quittent l'école laïque pour aller à Kergloff ». Alors il aurait voulu que moi qui était sa cousine, et qu'on se fréquentait beaucoup, qu'on me retire d'avec ma tante pour être mise dans son école, ce qu'on avait pas fait, et alors on s'est refroidi un peu quoi.

Je vous assure, ça c'est une affaire qui nous a tracassé pas mal, puisque les deux familles étaient opposées l'une de l'autre. Chez ma mère, ils étaient, enfin, ils étaient un peu vieux jeu et beaucoup plus naïfs que de l'autre côté, chez les Le Bec alors c'était le contraire, des gens qui avaient des relations, des idées et puis c'était pas la même mentalité.

On allait aussi voir la chapelle de Saint-Léger qui se trouve dans un site merveilleux, voir la famille de Sominihac à Belon, des filles de notre âge venaient jouer avec nous.

Mais cet heureux temps avait pris fin, il fallait rentrer en classe. Il y a quatre classes, peu de pensionnaires en grande pension, nous somme dix, dont une partie de Névez et Port Manec'h, filles de marins.

Un jour, ma tante me donne une lettre, elle vient de ma mère : « elle traite d'affaires, mais tu peux la lire ». Ma mère se plaignait d'avoir acheté à bon compte deux champs parmi les siens, mais il lui manquait mille francs pour finir de les payer. Elle avait cherché à emprunter parmi ses parents et amis, elle avait demandé chez deux notaires, impossible de trouver. Les notaires lui ont dit que les nobles ont vendu leurs terres et envoyé leur or en Russie où on leur donne un bon intérêt[55 bis]. Comment se fait-il que cinquante pièces d'or soient si rares ? J'ai bien vu mes parents prêter à des amis trois ou quatre pièces, mais je ne savais pas que c'était si dur d'en avoir. « Je vais écrire à ma supérieure d'Elliant qui vient d'avoir un héritage, elle ne me refusera pas », et c'était ma tante qui avait arrangé l'affaire.

Les filles sont gaies, pas de rapportage. Le catéchisme pour faire la troisième communion commence. Changement, le vicaire Pengam, a des grands tableaux et nous explique la religion, il nous fait aussi voir la lanterne magique[56], dont c'était un événement et un phono. Il nous cause aussi des découvertes dont nous verrons dans l'avenir, il nous dit d'avoir lu qu'une guerre doit venir et qu'elle sera terrible. Pauvre vicaire, trois ans après, il était complètement aveugle de cette guerre !

Tous les matins, je dois boire une cuillerée d'huile de foie de morue, qu'elle était mauvaise !

Ma tante a liquidé les bêtes et on ne s'occupe que de l'école qu'il faut remonter. Elle reçoit beaucoup de familles nobles : la marquise de Porte Neuve, et son jeune fils viennent tous les dimanches déjeuner et la famille de Kergoz qui mettent leur voiture et cheval dans la cour. La

[55 bis] Il s'agit de l'emprunt russe qui fut émis aux environs de 1890, sur l'Europe occidentale - Allemagne, Angleterre, France, Hollande - sous forme d'obligations. Il rapporterait des dividendes réguliers, garantis par la couronne impériale, à laquelle on attribuait – bien à tort –, une longévité sans faille.

Son succès fut considérable : en France, trois millions de Français y avaient souscrit !

En 1918, les bolcheviks interrompirent les remboursements, ce qui provoqua la ruine de nombreux épargnants, et l'intervention des Européens en Russie. (En 1996, le gouvernement russe décide le remboursement, voir actualité).

[56] Lanterne magique : nom donné aux diapositives. C'est de ce terme que viendrait le mot breton « termaji », qui signifie saltimbanque.

famille de Solminihac et ceux de Keryston, il y avait aussi beaucoup de vieilles demoiselles qui passaient et ainsi finit l'année 1913.

Au premier de l'an de 1914, je me trouve seule avec la bonne, les religieuses sont en visite et en retraite. Arrivent deux jeunes garçons avec un grand gâteau et demandent la supérieure, voyant qu'elle est absente, ils vont partir, je leurs dis de mettre leurs noms sur le gâteau, ce que l'un deux fit, mais nous ne connaissons pas ce nom. Arrivent un deuxième et troisième gâteau, et nous sûmes que c'était les boulangers qui envoyaient leurs étrennes.

Dans les deux premières classes, on est sévère et on travaille beaucoup, il faut qu'on ait du succès au certificat. Tous les jours à dix heures, je dois boire un œuf cru, c'est pas bon mais la santé est meilleure. On fait de belles promenades à Penn ar Moor où quand la mer n'est pas là, on trouve de petits crabes et coquillages, à Belon où il y a des parcs à huîtres. Un jour, en cours de promenade une auto ralentit à notre hauteur et nous pète des chansons, c'était Botrel, cela nous fit plaisir. A Keryston où il y a une école d'orphelinat, à Pont-Aven où on visite les belles villas neuves, on a vu celle de Botrel qui regarde le petit port et où un filet d'eau claire descend de la colline avec des petits bonhommes en terre et en pierre au bord.

Les vacances de Pâques arrivent, notre dernier jeudi se passe près de Porte Neuve où les sœurs sont en visite. Notre petit groupe s'amuse près du bois à reconnaître les noms des arbres et des fleurs et mon savoir était plus grand que toutes ces filles de marins. Vient une fille de l'école à passer, elle nous dit : « Descendez au port et vous verrez le plus beau bateau que vous n'avez vu ». Mathilde Griet dit : « Il faut que je vois ce bateau », mais mademoiselle Aline ne cède pas. Enfin, nous sommes trois à avoir le droit de descendre, on court parce que les sœurs vont finir leurs visites, on attrape des bûches car il y a beaucoup de pierres rondes sur la route. Les deux autres filles quand elles ont vu le bateau disent : « C'est sûrement le bateau d'un haut gradé ou d'un châtelain ». A notre arrivée, on donne le signal du retour, les sœurs nous demandent de causer du beau bateau, ce que les deux autres ne manquent pas, j'ai senti que les religieuses ont l'air préoccupé.

— Regarde, regarde l'autre bout de la route, trois marins viennent au bon pas, dont celui du milieu est tout noir.

C'est ma première fois que je vois un nègre ; voilà les maîtres du beau bateau, la marée va descendre, c'est pourquoi ils marchent vite. Un attroupement se fait auprès d'une fille, elle est catégorique : « Je vous dis que c'est signe de guerre », son cousin gradé dans l'armée a dit à ses parents qu'avant la fin de l'année il y aura guerre. Je pensais à mon frère qui faisait son service.

Voilà les vacances, je me trouve à Châteauneuf avec mon père et mon frère Hervé sont là. La gare a changé de nom, elle s'appelle Kerivarc'h où nous arrivons pendant que mon père bavarde avec un ami, moi j'écoute la dame de la gare qui disait à une voisine que ce gosse qui pataugeait dans la mare d'en face était un enfant sauvage, qu'il était là depuis ce matin, qu'elle était allée lui envoyer un morceau de pain qu'il avait refusé. En arrivant près de l'eau, ce garçon, le pantalon retroussé, piétinant et hennissant comme un cheval, vient nous trouver avec un beau sourire, et s'adressant à mon frère :

– Je savais que tu allais chercher ta sœur et je t'ai suivi, je t'ai vu monter dans le train.

– Mais tu n'as rien mangé depuis ?, lui demandai-je.

– Mais si, une femme a mis à cuire pour ses cochons une chaudronnée de pommes de terre et je me suis régalé et j'ai trouvé un nid, j'ai bu deux œufs.

Ce pauvre Jacques, le plus jeune de six enfants dont les autres sont placés comme *paotr-saout*[57], la mère qui est incapable de garder des sous, orpheline elle avait eu une bonne dot, vite dépensée.

A la maison, mes quatre frères sont là, dont Jean-Louis avec ses beaux habits militaires. Ma mère est heureuse, toute sa famille réunie, quelle joie pour elle ! C'était la dernière réunion complète de la famille. François me causa de la vente d'une belle pouliche qu'il avait à la foire de Carhaix avec Jean-Louis. Il l'avait vendue six cents francs alors qu'un journal de terre ne se vendait que cinq. Un jeune cantonnier en visite cause avec mon père, il s'intéresse à la vente du cheval et demande si c'est en or[58] qu'on a reçu le prix. « Non le marchand qui raflait les bêtes les payait tous en billets, il disait que le chef qui reçoit des journaux de Paris disait que ça sentait mauvais entre l'Allemagne ».

Lè jour du départ arrive, les vacances ont été gaies, j'ai été choyée comme une princesse.

[57] *Paotr-saout* : littéralement garçon de la vache. On appelait ainsi les personnes - souvent des enfants et adolescents qui gardaient les vaches.

Dans un sens plus général, ce terme désignait les domestiques de plus modeste condition.

[58] Cette tendance à conserver l'or se propage de plus en plus, au fur et à mesure que la guerre approche, à tel point que la monnaie de métal se raréfie rapidement. Face à cette situation, des mesures seront rendues publiques le 21 juillet. « Aujourd'hui les Bretons apprennent par leurs journaux que "en vue de remédier à la gêne momentanée des transactions, la Banque de France a décidé de remettre en circulation des billets de 20 francs et de 5 francs ». *Le Tocsin de la moisson*, R. Laouenan, éd. Coop Breizh.

A Châteauneuf, je retrouve ma cousine avec sa belle toilette à la mode bidard, on se promène près de la gare en attendant le départ. Il y a beaucoup de soldats, dont Marie-Françoise qui est grande pour son âge et timide, à la misère à se débarrasser. Dans le train, on va près des écoliers qui vont à Quimper, ceux-là nous racontent pas d'histoires.

Ah ce petit train qui va de Châteauneuf à Rosporden, il est lent et je suis malade toutes les fois que je le prends ! A Rosporden, on change encore de train, c'est celui qui va à Paris et on arrive à Quimperlé où je prends un quatrième train, celui qui mène à Riec. C'est ce train qui ressemble beaucoup à celui que j'ai pris à Kerivarc'h. A notre arrivée dans le train, le chef nous fit un grand sourire et dit : « regardez le beau costume et la belle fille, c'est une fille de mon pays », et il vint causer avec nous, je fus étonnée de voir combien il aimait Loqueffret.

Nous arrivons à Riec un peu avant la nuit, les sœurs et filles sont là à nous attendre. A peine sortie de la gare, je vois dans un champ beaucoup de monde. Je demande « qu'est-ce qu'ils font là ? »

– Ils jouent « football », me disent-elles. Cela m'étonne de voir du monde regarder jouer au ballon, à Elliant je voyais les écoliers jouer mais j'avais jamais vu du monde à les regarder.

En classe on nous fait beaucoup travailler, mais le printemps et les arbres fruitiers sont en fleurs, et nous sommes toutes heureuses de vivre. Un jeudi matin, je me trouve dans la chambre de ma tante, on doit faire une longue et belle promenade. Dans l'après-midi, dans le salon, on entend des voix hommes, ils disent que la guerre doit venir sans tarder et ma tante qui disait : « c'est pas possible, Dieu ne permettra pas. » A sa rentrée dans sa chambre, je voyais que ses yeux étaient mouillés et me disait : « priez, priez ». Les filles du bourg causaient de temps en temps de la guerre, mais la maîtresse qui voulait du succès au certificat, causait peu.

Enfin, les premiers jours de juillet, dix filles sont parties au certificat, dont l'une qui n'a pas l'âge compte aussi faire les devoirs. Nous sommes allées à leur rencontre, on a su qu'elles sont toutes reçues*.

Alors que nous sommes gaies, on s'aperçut que les maîtresses ont l'air sombre, elle disaient qu'à Pont-Aven, les gens étaient pessimistes.

Je me trouve en vacances, Marie-Anne n'est plus là, la jeune bonne actuelle s'appelle Catherine, elle a deux ou trois ans de plus que moi. Mes frères ne l'aiment pas, c'est une fille qu'il ne faut pas croire. A

* C'était un succès, car à Landeleau, deux ans plus tôt, en 1912, neuf filles avaient été présentées et une seule avait été reçue.

Chann qui a à peu près son âge, je demande si c'est une amie, elle me répond : « On ne fait pas une amie d'une jalouse ».

Les premiers jours à la maison passent vite. Un jour comme d'habitude, François a pris sa bolée de cidre et la meilleure place en face de la porte, et s'attaque à prendre les meilleures cuillerées de bouillie où le beurre est le plus dur. Il interpelle la voisine qui va et vient dans la cour :

– Eh, Marie-Jeanne, vous ne mangez pas ce midi ?

– J'attends mon homme qui n'a pas l'air de savoir l'heure.

Et elle rentre sur le pas de la porte, c'était une femme gaie et les rires ne tardèrent pas à remplir la maison. Arrive son mari :

– Finissez de rire et prenez vos mouchoirs pour pleurer, je viens de voir un jeune permissionnaire, et il a reçu l'ordre de rentrer immédiatement le facteur a dit : « Bientôt ce sera tout le monde de partir. »

C'était comme si on avait jeté un voile sur le village, on ne causait plus, on ne riait plus. Quand quelqu'un allait au bourg ou dans un village voisin, on s'attroupait autour de lui pour entendre les nouvelles.

Une grande noce devait avoir lieu à la fin juillet dans le quartier et je pensais à celle de Kerviou que j'avais vécue vers 1909, n'étant pas encore à l'école, où deux familles voisines mariaient leurs enfants. Cette grande noce étant chez la nouvelle mariée, dès le samedi une charrette passa, ramassant les chaudrons, cuillers, vaisselle, bancs, planches. Le dimanche, j'allais avec mon père et Hervé, et pendant que les hommes mettaient des planches sur les profonds sillons qu'on avait fait avec la charrue, on alla voir dépecer les bœufs qu'on avait tués et coupés les tripes ; on avait été encore le lendemain. Le mardi, jour du mariage, on nous a mis en face de la route où il y avait une haute perche avec au bout de la paille et des rubans ; et quand arriva la noce, on tira des coups de fusil et on mit le feu à la perche.

LA GUERRE ET SES MALHEURS

MENEZ-BANAL, JUILLET 1914

Nous sommes le dernier samedi de juillet 1914[59], depuis sept ou huit jours, je suis en vacances. Ô beau et bon moment, tout le monde me fête au village ! C'est que je viens de la côte du beau pays de Riec-sur-Belon. Deux fois par an, je viens à la maison, à Pâques et au mois d'août.

Ce samedi à midi, mon père a donné l'ordre d'aller couper la moisson ; « donc, Marie, tu vas aussi te mettre au travail, tu vas aider Hervé à garder les bêtes à Parc Wenn Bihan ». Le temps est beau, et courir les champs c'est toujours agréable, quand on va avoir treize ans et mon frère dix, le chien Charlot huit, c'est pas trois chevaux et huit bêtes à cornes qui me dérangeraient. Les hommes ont trouvé leurs faucilles et de toute part on entend le bruit du marteau frapper de petits coups répétés sur les faucilles, et les pierres les aiguiser. Dans le pâturage, il y avait des touffes d'ajonc et notre premier jeu, c'était de sauter pardessus. Une petite pluie fine s'est mise à tomber et comme nous n'avions ni parapluie, ni sac, on s'est abrité sous une souche, ce qui au bout d'un certain temps nous ennuie. Et si nous faisions un abri ? On s'est mis à casser des branchages et du genêt et de la fougère. Et coucou et me voilà, Yves saute d'un talus, « et comment il n'y a plus de gerbes à lier ? » Faut-il être jeune pour ne pas savoir qu'on ne coupe pas le blé mouillé ? Faire un abri alors qu'il ne pleut plus ? On va jouer à *mouchet-dall*[60], « qui a un mouchoir propre ? » Et c'est le mien qui va bander les yeux car c'est l'habitude de dire mouchoir de garçon, mouchoir de cochon. Yves, qui est le plus fort est mis à l'épreuve, nous faisions de notre mieux pour lui envoyer des taloches. Le jeu m'amusait

[59] Marie se trompe ; il s'agit du samedi 1er août.

[60] *Mouchet-dall* est l'équivalent de colin-maillard, encore appelé *mouchig-dall.*

beaucoup et pourtant n'ayant pas la ruse des garçons, c'est moi qui faisait les frais, habillée court alors que les autres avaient des pantalons, mes jambes, avec les épines et les bûches que j'attrapais, étaient couvertes de terre et de déchirures.

« Ecoute, mais écoute donc, ding ding ding ding, mais qu'est-ce qu'elle a la cloche de Lanzignac qui ne sonne que le jour du pardon ? Et cette sonnerie, ce doit être le feu à moins qu'un imbécile s'amuse avec elle. Et ding ding ding, si c'était le feu, elle aurait dû se taire, et si c'était des garçons qui s'amusaient, pour maintenant ceux de Lanzignac, les auraient mis à la raison. « Et ding ding ding, au haut du champ, une silhouette apparaît, on a vite reconnu, c'est Jean Rich. « Il nous dira pourquoi la cloche ne cesse de nous énerver, à moins que ?... » Yves ne finit pas sa phrase.

– Mais qu'est-ce donc les cloches ? Celle de Lanzignac sonne aussi, celle du bourg sonnent depuis plus d'une heure, si c'était le feu, le bourg aurait tout brûlé ! Jean, joue avec nous.

– Non, je rentre, j'ai sept kilomètres dans les jambes.

Le jeu recommence, mais l'ardeur est tombée, et toujours ce ding, ding, ding. Cette sonnerie est-elle la cause ? J'ai toujours le bandeau sur les yeux. Allons, un peu d'énergie, et qu'un autre me remplace, mais les galopades ont cessé, les rires et même les souffles. Quelque chose se passe, ont-ils changé d'endroit ? Enfin des pas, pas pressés, je me dirige vers le bruit et ma main accroche un tissu rude, c'est pas les chemises de mes frères. Et toujours ce ding, ding, ding, je décroche mon bandeau et c'est mon père, mon père qui est là. Mes deux frères sont un peu plus loin, regardent mais ne disent rien.

« Ah, *tad* tu es là ? »

Mais aucun son ne sort de sa bouche, et moi aussi je vis sa pâleur et l'angoisse sur sa figure.

« *Tad*, pourquoi la cloche de Lanzignac sonne-t-elle ? »

Il s'assit sur les talons et nous trois par terre et attendons qu'il parle.

Yves dit : « c'est la guerre, n'est-ce pas ? Je vais aller à travers champs, Lanzignac n'est pas loin. »

« Inutile, François est allé au bourg et il ne tardera pas. »

Et nous restons là, tous les quatre, immobiles, muets. Des pas précipités sur la route, c'est François, il s'avance sur nous.

« Ah, *tad*, c'est la guerre ! »

C'était comme on aurait donné un coup de masse à chacun de nous et tous les cinq, nous pensions à Jean-Louis, après un an de service il sera un des premiers à la guerre. Au bout d'un moment, François reprit :

« Lorsque je me trouvais auprès de Goadenn Kervaluek, Gabriel était là, il venait de Loch ar Vured où il rencontra Loïk Lannuzel qui venait coller un papier à la porte de la chapelle de Lanzignac et sonner la cloche. Et il lui donna l'ordre de le suivre et de renseigner tous ceux qui viendraient aux nouvelles.

Tout le monde est consterné. Les hommes, la plupart doivent partir sous huit jours car les Prussiens sont forts et il faudra les empêcher de venir en France. Au village tout le monde pleure et j'ai demandé auprès toi *tad*. La vieille Marie-Jeanne qui a vu la guerre de 70 nous prédit beaucoup de privations et de misère, et *mamm* ne fait que pleurer. »

A ces mots, moi qui aime tant ma mère et que je savais d'une santé fragile, je me précipite sur le chemin. Il faut que j'aille trouver ma mère. Mes pieds ne s'avancent pas, je les trouve lourds, la poitrine, le souffle, la gorge, la tête, mais qu'est-ce qu'ils ont donc ? La montée du chemin que j'ai descendu si légère il y a quelques heures, est-ce moi qui ne peut plus marcher ? Soixante-cinq ans plus tard, tout en gardant vivace le souvenir de ce moment pénible, la montée du chemin m'était plus facile.

Arrivée au village, tout est calme, les femmes sont rentrées chez elles, ma mère assise sur une chaise a les larmes aux yeux. Ne sachant que dire ni que faire, je prends un tabouret et m'assois près d'elle. Dans ma tête, il passait plein de questions : mon frère Jean-Louis quand viendra-t-il maintenant en permission ? Ma mère pourra-t-elle reprendre ses forces ? Est-ce qu'on tue beaucoup de monde à la guerre ?

« Marie, vite, vite. » C'est Catherine qui m'appelle. « J'ai beau les appeler, personne ne vient m'aider. »

Elle est là, à l'étable, au milieu des jeunes bêtes qui n'ont pas eu à manger et deux ont cassé leurs attaches. J'ai aidé Catherine à faire l'indispensable, et fatiguée, j'ai pris une crêpe et je me suis couchée.

Le lendemain, dimanche, quand je suis levée, François me dit : « habille-toi vite et va à la messe, passe par Kerbiquet et va lire le papier qu'on a collé, va aussi à la mairie, reste près de la porte et écoute ce qui se dit. Tu iras aussi au bureau de tabac, quant au vieux curé, il ne doit pas savoir plus que nous, puisque le vicaire n'est plus ». En partant mon père, me dit : « n'oublie pas le journal ».

A Kerbiquet, le patron est venu m'expliquer le terme de mobilisation générale et livret militaire. A la mairie, un homme énervé sort et me fait dégringoler sur les marches. « Toi, me dit-il, ta place n'est pas ici, mais à la maison à soigner les bêtes ». A un autre qui allait rentrer : « ne va pas là, le maire ne sait rien, un homme qui a fait la guerre de 70 et sept ans de service militaire, il ne veut pas causer, et puis maintenant c'est pas comme il y a quarante-cinq ans, il dit de lire son livret. »

A la mairie, le vieux tonton renseigne surtout les femmes, il y a une qui a son fils au Canada, une autre à Rouen, d'autres ont égaré leur livret militaire.

La cloche tinte, je rentre à l'église, à la messe des jeunes de mon âge et des vieux ; et au sermon, lorsqu'on nous dit de prier, on s'est mis tous à pleurer. Je passe après au bureau de tabac, mais rien d'intéressant. Je vais à la boutique de bonbons, Jeff ar Boureller[61] m'apprend que la sonnerie d'hier s'appelle le tocsin - quel nom barbare -, et que mon vieux tonton, quand il a reçu les papiers était comme fou, cherchant dans le bourg, des hommes pour porter l'ordre de mobilisation à la campagne, et sonner les cloches des chapelles, en pleine moisson c'était pas facile.

Je pris le chemin de la maison, en approchant du village, je vois venir en grande enjambées Jean Rich.

« Oh Jean, tu as trouvé un journal, prête-le moi. »

« Je t'en fais cadeau car il ne vaut pas les deux sous que j'ai payé. »

Ah, si on était devin, c'était la dernière fois que je causais à ce garçon de mon âge, sérieux, beau, intelligent.

« Alors Jean, tu restes avec nous au village ? »

« Non, mes trois frères doivent partir et mes parents sont vieux. »

« Mais ta sœur, comment fera-t-elle ? »

Mon chien vient à ma rencontre et pendant que je le caresse, Jean est déjà au village. On se précipite sur le journal et là, déception ! On a vendu le journal de l'autre dimanche qu'on a déjà lu. Un soldat rentre, Jean-Louis a-t-il eu une permission ? Je vais au train et avec rapidité quitte le village. Le frère de Marguerite qui a dix ans, est venu là et nous apprend que Guillaume II est encore plus terrible que Bismarck, que le train ne prend plus que des hommes, après les hommes ce sera les chevaux.

Mes frères sont dans le courtil derrière une touffe de noisetiers, de là ils voient ce qui se passe dans la vallée : ceux qui vont au bourg ou prendre le train ou qui vont au village voisin pour passer l'eau. Ils rappliquent à Poull ar C'hoaz Goak, dans la maison, des hommes qui sont de passage, tous rentrent et bientôt la maison est pleine. Il y en a qui

[61] *Ar boureller* : le bourrelier. Il était très courant de surnommer les gens selon le métier qu'ils exerçaient. Ainsi le boulanger de Collorec était surnommé Fanch Ar Bleud - François La Farine.

ont leur femme avec eux, ceux-là ne restent pas longtemps, Soaz Tromeur qui est venue avec son mari voir leurs parents et prendre le train. Il doit partir le premier jour, elle fait son possible pour le faire rentrer chez ses parents, mais son moral est bas et c'est pas drôle, il a été tué à la fin du mois.

Le lendemain matin, François déjeune en même temps que moi. Je lui demande comment ça s'est passé à la gare, je savais qu'il était allé voir, lui me fait signe et me montre ma mère et je compris.

La journée est belle et mon père donnant des faucilles aux autres me dit : « Et toi Marie qui va avoir tes treize ans, tu vas avec la vieille Marie-Jeanne lier les gerbes. » J'en ai liées pour m'amuser, mais rester toute la journée à lier, cela ne m'amuse guère. Et bientôt, sous ce soleil qui chauffe dur, mes mains sont en sang, on me dit que ça n'est que passager et que dans deux ou trois jours la peau sera durcie. J'ai aussi mal au dos et à la tête, et Catherine de rire et de me dire que c'est le métier qui rentre.

Le matin, vers les dix heures, on a un quart d'heure de répit, mon père l'occupe pour bourrer sa petite pipe en terre ; quant à moi et Yves, on s'allonge sur des gerbes et les autres aiguisent leurs faucilles. La Marie-Jeanne nous raconte ses misères de la guerre de 70 où elle devait pour empêcher ses bêtes de mourir, monter dans les arbres pour prendre le lierre souvent gelé ou mouillé par la tempête car l'hiver avait été dur. Dans l'après-midi, on avait encore un autre quart d'heure et c'était toujours Marie-Jeanne qui avait la parole ; elle nous dit que toujours après les guerres, on voyait danser trois *gwalenn*[62] qui venaient de châtier le monde : l'une c'était la guerre qu'on appelait *brezel*, la seconde *kernez*, c'était la famine, la troisième *vossen*, c'était l'épidémie, et verra qui vivra...

Vers le soir, on nous avertit que nos chevaux sont échappés et qu'ils se dirigent vers ceux de Kerviou. Yves veut aller les rentrer, mais François et Catherine me commandent d'aller, « ton travail n'est pas nécessaire, et prend un long bâton ». En me voyant arriver, le père Coquil qui marche difficilement et se trouve parmi ses bêtes, me demande où est ma bride :

[62] *Gwalenn* signifie fléau. Cette légende ou croyance s'est perpétuée : plus de deux siècles avant, le chanoine Moreau évoque ces fléaux (*Histoire de ce qui s'est passé en Bretagne durant les guerres de la Ligue* – déjà cité), la paix « fut suivie de tous les autres fléaux desquels Dieu par l'écriture menace son peuple endurci. La peste, la famine, les bêtes farouches dévorent les hommes ».

De son côté Anatole Le Braz désigne comme principaux pourvoyeurs de l'Ankou : 1 - la peste *(ar vosenn)*, 2 - la disette (*ar gernez*, c'est-à-dire la cherté). *La Légende de la mort chez les Bretons armoricains*. Paris, Librairie celtique.

« Alors, comment que tu rentres tes chevaux ? » Se ravisant, me dit :

– Plus loin, il y a une brèche, fais rentrer tes chevaux dans le chemin de ton village.

Cela m'étonne de voir ce vieux rentrer ses bêtes : « Mais où sont donc vos gars ? »

« Oh, ma petite, tu ne les entendras plus chanter, les deux aînés doivent partir ces jours-ci, le troisième est allé chez un neveu qui part demain et dont la femme attend un bébé, cela lui remontera le moral ; quant au plus jeune, il est seul à couper dans un champ d'avoine. »

Ses fils, des bons chanteurs égayaient de bon matin quand ils venaient prendre leur charretée de trèfle ou envoyer leurs bêtes au pâturage dans les villages voisins. Mes chevaux sont rentrés sans trop de difficulté, ma mère les a mis à l'écurie. Quant à moi, je me suis allongée sur un banc-coffre près d'un lit-clos en attendant le souper.

Le lendemain, la même journée recommence. Mon père est allé à Kerbiquet et à Lost ar Vern voir deux machines à couper les céréales, ce sont les premières dans le pays. Pendant le quart d'heure de répit, François raconte les scènes déchirantes qu'il a vues à la gare. Marie-Jeanne nous dit que sûrement Sant Telo protégera ses gars, ce à quoi Catherine dit qu'elle ne croit rien de ces choses, et je m'aperçus que de trois femmes que nous sommes là, il ne se trouve deux à avoir la même croyance. Mon père arrive, il a vu les machines celle de Kerbiquet qui est la plus grande et qui doit bien lier les gerbes avec la ficelle ne fait que la cochonnerie, tandis que la petite qui ne fait que couper quand les céréales ne sont pas trop hautes ni trop serrées fait d'assez bon travail, seulement pour lier les gerbes, c'est plus lent car il faut que les lieurs mettent des liens en-dessous, ce que les coupeurs font d'habitude. L'année prochaine, il achètera une ; et cinq à six jours pénibles de la sorte passent, mon corps commence à s'habituer, ce qui fait que je ne suis plus aussi fatiguée.

Commencent maintenant les charrois, mon père fait les tas, François charroie et décharge la charrette, quant aux deux autres, ils font les charrettes, moi je dois approcher les gerbes à mon père. Au commencement, c'est un jeu pour moi, le tour du tas n'est pas large et la charrette est tout près, mais petit à petit, on élargit le tout, on lui fait un gros ventre et quand arrive le fond de la charrette, le travail est pénible et la sueur coule de nos fronts. Et vers le soir, quand on rétrécit le tas, qu'on m'a donné une petite fourche et fait une mèche au bord de la meule, j'aurais donné volontiers ma place à un autre. Aux heures des repas, mes frères venaient sur le tas, ça les amusait d'être si haut et de voir les clochers, c'était surtout celui de Carhaix qui les intéressait et c'est alors que je m'aperçus combien ma vue était mauvaise. Après trois jours où on travaillait tard le soir, finissait la dure corvée.

Le lendemain, ma mère me dit d'aller avec Hervé au Liny, là il y a eu un bébé. Elle me donne une bouteille pour leur remettre. « Et dit à la fermière qu'on pourrait aller l'aider pour la moisson. » A notre arrivée, la batteuse ronflait, la cuisinière nous fit boire un café. Bientôt arrivait la patronne, mère de six enfants dont le père était parti. Elle nous dit que tous les jours elle allait au champ, pendant que la fille, âgée de onze ans, faisait le ménage.

A mon arrivée à la maison, ma mère me dit qu'une femme de Penn ar Ros est venue me demander d'aller à Carhaix prendre des remèdes. Cela ne me plaît guère, je ne connais pas Carhaix. Je ne pouvais faire autrement, cette femme est seule et l'une de ses deux filles malade. « Et tu as l'habitude du train, à Pont-Triffen tu trouveras un homme qui te dira où se trouve la pharmacie ». Je dois encore aller chez le vétérinaire et aux halles. A Pont-Triffen je trouve l'homme, celui-ci n'a pas fait de toilette, c'est un train de marchandises avec un wagon pour les voyageurs. En ville je suis mon guide, on va d'abord à la pharmacie, chez le vétérinaire, ici on ne cause que le français, ce qui fait dire à mon guide, « de quel pays vient ce sauvage ? » Après quoi, on va dans un atelier qu'on appelle *safari*[63], c'est ma première fois que je vois autant de machines. L'homme a pris une roue et à l'aide d'un bâton, porte sur son épaule. A la gare, une dame me donne un colis pour remettre à un boulanger du bourg.

Mes frères sont tous les jours aux charrois et aux battages. Ceux qui sont mobilisés, on leur charroie leur moisson le jour du battage, ce qui fait qu'il y a moins de travail. Ceux qui ont fait de bonnes meules de blé, dont c'est le cas chez nous, doivent attendre.

Le dernier dimanche d'août, on va battre chez nous. De bonne heure le matin, la batteuse est en place ; je me trouve parmi l'équipe, lorsqu'un homme me prend :

– Allons, vite, monte sur le tas.

– Mais c'est Yves qui fait ce travail.

– Mais il est près de la batteuse, un couteau à la main pour couper les liens.

– Il faut que j'aille mettre une culotte.

– Allons donc, les autres ont aussi deux cuisses comme toi.

Et sans plus de retard, me soulève et me colle contre le tas. Toute l'équipe a les yeux tournés vers moi et attend que je fasse tomber les gerbes. Mais la montée est dure et le tas est haut. Arrivée au sommet

[63] *Safari* : vient du nom breton *safar*, qui veut dire vacarme.

j'enfonce une de mes mains dans le tas pour garder l'équilibre et de l'autre, je fais tomber la gerbe qui servait de parapluie, et deux ou trois autres tombèrent ce qui me donna du courage. Et, arrangeant ma position, le travail commença, à mesure que les gerbes tombaient, le tas s'élargissait. Au bout d'un moment, une fille à peu près de ma taille est venue me rejoindre, on lui a mis une échelle, mais cette petite est venue pour s'amuser. Soudain, un garçon monte et les dégringolèrent par enchantement et causant à la fille, il la menace de suivre les gerbes si elle ne travaille pas. Au bout d'un moment, il me dit : « approche les gerbes, mais laisse moi faire, j'ai des dettes à payer à un camarade. » Et je le vis jeter sur la tête d'un travailleur, un énorme nombre de gerbes et celui-ci levant les yeux fit voir son poing. Je descendis voyant que mon travail n'était plus nécessaire, en mettant pieds à terre, je vis ma coiffe accrochée au tas, je ne m'étais pas rendue compte qu'en grimpant, j'avais perdu ma coiffe.

Deux grandes mains sur mes yeux, mais avant que j'ai pu deviner, elles m'ont lâchée et près des tarares, des femmes appellent : « Monal, Monal, aux sacs. » Il y a une dizaine de sacs remplis et bientôt aidé d'une femme, au troisième balancement, le sac est sur le dos. Et c'est ce jeune voisin que j'ai pas vu depuis longtemps, qui enverra tout le grain au grenier. Et pourtant, Dieu sait combien de fois je ne l'ai pas traité de fainéant ; il y a encore un an, il venait trouver mes frères au travail ou à l'heure des repas, alors la bonne ou les autres me disaient me dépêcher d'aller le faire partir, mais lui au lieu de se fâcher, m'appelait sa petite bonne amie. N'aimant pas le travail, il avait le surnom de Paotr fin[64].

Je suis allée aider ma mère, on fait un pot au feu et la soupe de crêpes dans les écuelles et la soupe au pain dans les soupières qu'on prend dans des assiettes après on s'assied pour manger les patates. Le dîner a été triste, le facteur a passé et Jean-Louis a écrit mais sa lettre est de fin juillet. Le facteur a raconté qu'il avait envoyé l'avis mortuaire dans une ferme le jour du battage, la mère a été tellement secouée qu'elle était tombée et il a dit qu'il y a encore un ou deux tués à Landeleau.

Les gens n'ont pas traîné et la batteuse ronfle de nouveau, je fais la vaisselle quand deux dames du bourg rentrent, elles font une quête pour les soldats. Elles restent stupéfaites devant le porteur de sacs : « Mais qui donc est ce jeune gars si élégant et si poli ? »

– Mais c'est Monal ar Paotr fin, le fils du riche voisin.

[64] *Paotr fin* : garçon malin.

Et elle de dire que les gens sont méchants de faire une mauvaise réputation à ce garçon.

A quatre heures, c'est la traditionnelle soupe au lait, les hommes se sont dépêchés pour prendre les écuelles, quant aux retardataires, il leur reste la soupe au pain, la soupe aux pauvres comme on l'appelle. Il y a une femme du coin qui a donné du café, mais n'a pas été apprécié. La conversation roule sur ces dames, « quêter pour les soldats, mais ce n'est donc pas assez de donner nos maris et nos fils ? »

L'heure du souper est arrivée, le travail a été rude, jeunes et vieux ont fait leur possible pour que ça tourne. Une femme d'une soixantaine d'année, surnommée Kegin[65], s'est mise au bout d'une table et en face d'elle, des jeunes gars. On dit qu'elle aime le cidre et ces jeunes ne manquent pas de lui remplir son verre, elle chante et récite les guerres d'Italie en chansons et tout le monde reprend le refrain :

Brezel bras an Itali
Spontañ a ra ma c'halon
Pa sonjañ henni[66]

Le patron de la batteuse est allé se coucher en emmenant avec lui des jeunes de quinze à dix-sept ans. Ils vont sur le tas de balle et demain à cinq heures, ils vont changer de place au manège et à la batteuse. Les autres aussi partent, sauf la chanteuse et une jeune fille qui est sa voisine et un boiteux qui fume sa pipe près du feu, la demi-douzaine de jeunes dont il y a mon frère François, qui avec un autre de son âge, Monal est ajourné, Pierre dix-neuf ans et deux autres plus jeunes. Sur la journée, ils n'ont parlé que de leur départ et maintenant ils tentent de se distraire.

La vieille a perdu sa coiffe, elle crie « au voleur », et on voit le chien rentrer à la maison avec la coiffe sur la tête. Combien de farces de la sorte ne lui a-t-on pas fait !

Le bonhomme de Pennaros dit à mon père de dire les grâces, c'est le pardon des Portes et c'est la guerre, donc il faut prier. Mon père commence la prière, nous nous mettons à genoux, mais l'autre bout de la maison c'est toujours la foire. Le vieux voisin qui est robuste a pris du bois, du fagot, et frappant par terre, dit à ces jeunes s'ils ne se taisent, ils vont avoir affaire à lui. Mais la réponse ne tarda pas : « Vous vous avez eu une vie heureuse comme tous les autres, mais nous, à la fin de la guerre, serons-nous des estropiés ou des squelettes ? » Hélas,

[65] *Kegin* : geai. On l'avait affublée de ce surnom, car cette personne avait la réputation de boire et de faire beaucoup de bruit.

[66] *Grande guerre d'Italie*
Mon cœur s'épouvante
Quand je pense à elle.

il disait la vérité... car la vie la plus longue, ça avait été celle de mon frère qui n'avait pas été de quatre ans, ayant été tué le 1er avril 1918. La Kegin est venue remettre sa coiffe, « et dire que j'ai fait rire ce monde, ils se souviendront de cette nuit car la vie est tragique, ma fille a été à Carhaix hier et les nouvelles sont très très mauvaises. » Cette femme que je croyais saoule était normale.

Les jeunes cherchent leur paletot et chapeau et s'apprêtent à partir. Monal qui a laissé son habit dans la chambre monte les escaliers, et quel bruit infernal ! Il descend les escaliers en roulant avec le *ribot*[67], ce qui nous fit tous rire. Catherine, qui est allée se coucher, a mis le *ribot* à l'entrée de la chambre de peur que quelqu'un aille la taquiner, et c'est moi qui est allée lui prendre son habit.

Arrive le jour du départ pour l'école, mon frère est venu avec moi à Châteauneuf, mais il faudra attendre trois heures, il cause avec le chef de gare et un autre, on lui dit qu'il fera nuit avant que j'arrive et que les wagons seront bourrés, et prenant la décision, il me dit : « rentrons, à Landeleau, il y a aussi des écoles ». Quelques jours après, ma tante écrit avec les heures des trains et me dit de dormir à l'école d'Elliant, qu'elle allait faire le nécessaire.

Je pris donc le train en direction de Rosporden, j'ai trouvé une place près d'une fenêtre, ce qui m'arrange car dans ce petit train, je suis toujours malade. Les retardataires sont debout, presque tous sont des hommes entre quarante et cinquante ans, je suis la seule femme dans le wagon. Le moral est bas, les hommes tristes. Vers la nuit, j'arrive à Elliant, comment sortir ? Je me démène mais on est tellement serré. Dehors j'entends des voix qui demande s'il n'y a pas une fille dans le train. Un homme prenant mes bagages, les font partir par la fenêtre, alors de dehors on entend : « laisse la fille partir. » Un homme prenant dans ma main, m'attire, je me trouve sur les marches où je dérange encore pour tomber dans les bras de Mlle Yvonne.

Le lendemain, on va prendre le train en char à bancs à la gare de Saint-Yvi qui est à une demie douzaine de kilomètres et on arrive à Quimperlé où je prends le petit train pour Riec. Ici comme ailleurs tout le monde est sombre.

Un jeudi, on s'apprête à aller en promenade, lorsqu'une sœur rentre précipitamment, boucle la porte et demande de l'aide pour mettre des pierres et du bois contre. Il y a une réfugiée qui court après les gens avec un grand couteau. A peine avons nous envoyé quelques pierres qu'on frappe à la porte et une voix qui n'a pas l'air contente demande qu'on lui ouvre. C'est la mère d'une pensionnaire, on lui dit

[67] *Ribot* : (masculin) baratte.

de rentrer son cheval et voiture à cause de la réfugiée. « Moi, nous dit-elle, qui ait donné de la literie et pas mal d'autres choses à ces gens, j'ai pas de temps à perdre, j'ai beaucoup de commissions à faire et j'ai un bon fouet, avant qu'elle m'approche, je l'aurais corrigée. »

Les demoiselles ont mis dans la salle, une carte de France et on fait avec des épingles, de petits drapeaux auxquels on change de place quand la ligne du front avance ou recule. Tous les samedis et jeudis on nous lit des journaux.

L'année 1914 s'achève, ma cousine est revenue à l'école, son frère aîné est aussi à la guerre et son père, on cause aussi qu'il partira. C'est le dernier jour de l'année et c'est à la cuisine où je passe la plus grande partie de mes vacances. Ce soir, on s'occupe spécialement du menu lorsque rentre un clochard, il demande un lit pour se coucher ou quatre sous pour boire un coup. Il ne veut pas sortir, les sœurs me donnent quatre sous pour lui, mais la bonne ne voit pas les choses de cette manière : « Si on lui donne, on ne pourra plus se débarrasser de lui. » Et l'empoignant après beaucoup de mal, elle le met dehors, mais une fois dans la cour, il a trouvé ses forces et la lutte est dure. Un beau clair de lune avec ça, pour moi c'était un vrai cirque.

Année 1915

On souhaite la bonne année, mais personne n'est dupe, tout le monde sait qu'elle sera mauvaise.

Un jour, je me trouve à la gare, un soldat habillé en bleu horizon dont une femme ne veut pas se séparer. Quelqu'un a dit près de moi : « Ah, cette maudite gare, c'est là que j'ai envoyé mon père pour la dernière fois. »

Ma cousine m'a écrit, elle ne viendra plus à l'école, son père est parti et son autre frère, probable ne sera pas là dans un an, elle ne pourra pas laisser sa mère seule. Il y a encore d'autres filles qui quittent l'école : Dans notre classe, nous sommes une quinzaine dont neuf doivent aller au certificat, les autres ont déjà été ; la maîtresse est restée malade mais on se débrouille.

Arrivent les vacances de Pâques, j'ai hâte de revoir la maison. Les trains sont bourrés, j'arrive à Châteauneuf, je vais voir dans l'autre gare à quelle heure j'aurai un train. Comme il faudra attendre, je prends la direction de la ville. Arrive en sens inverse, un homme habillé de drôles d'habits, il me demande de retourner à la gare. Oh mon Dieu, est-ce possible que c'est François ? C'est donc l'armée qui a fait de lui ce genre de vieux, lui qui n'a pas vingt ans, lui qui l'année passée était si gai et si débordant de jeunesse.

– Mais il n'y a pas de train.

– Mais si on en trouvera.

Et on grimpe dans un train de marchandises, à Kerivarc'h il saute et prend dans ma main pour en faire autant.

J'arrive à la maison, mais hélas ce n'est plus les vacances de l'année dernière. Ma mère, pâle et triste, fait des efforts pour me sourire. « Tu vas, Marie, nous rendre service. Pendant tes vacances, tu iras avec la vieille Marie-Jeanne aux messes d'enterrement des tués à la guerre, dont les parents ont attendu les beaux jours pour mettre les prières. »

Les messes d'enterrement avaient lieu à dix heures du matin, j'allais à toutes. Le dimanche, c'était les services des huitaines, il y avait encore les petits services sur semaine à sept heures, dont si on était proche voisin ou parent, on y allait. Un jour, je demandai à Chann pourquoi elle ne venait pas elle me répondit : « Ma place vide à l'église ne se remarque pas, tandis que celle de la nièce du maire saute à tous les yeux. » Je mis ma vieille compagne au courant de ce que me dit Chann. Elle me répondit que cette famille ayant peu d'amis et que leurs parents n'étaient pas de la paroisse et son frère n'ayant pas été soldat se faisait traiter d'embusqué et ne fréquentant personne. Quant à l'autre femme du village, elle était devenue drôle depuis que son mari était parti. Elle laissait ses bêtes courir, tant pis pour les champs de céréales ou de légumes. Certains jours, elle essayait de se rattraper, mais retombait dans sa neurasthénie, alors que la plupart des autres femmes avaient l'énergie des hommes et tenaient bien leur ferme et leur ménage.

Un jour que je me trouvais à un enterrement, je vis près de moi une tombe nouvellement faite avec le nom de Jean Rich, décédé à quinze ans. Oh non, ce n'est pas vrai, je demande à une voisine si c'était bien celui-là qui venait au village. « Mais oui, comment vous ne le saviez pas ? »

Mes tristes vacances sont passées avec un avant-goût de ce qui m'attend dans trois mois. A l'école, on travaille dur, il faut que tout le monde ait son certificat, car qui sait ce que nous réserve l'avenir.

Et ce jour de 2 juillet arrive, deux chars à ban sont venus nous prendre pour Pont-Aven où doit se passer le certificat. Je rentre dans la cour, le cœur battant fort, notre groupe est le dernier appelé en classe, qui est pleine, et on commence une dictée. Au bout d'un petit moment, je me trouve à l'aise alors qu'il y a sept ou huit surveillants. A midi, on va dans une crêperie et on fait une promenade au bourg. Des garçons de Riec sont venus voir, dont le frère de l'une de nous, ils nous taquinent ; arrivent aussi les filles de l'école publique et le groupe s'amuse et fait du tapage. Mademoiselle Joséphine vient nous mettre à l'ordre. La rédaction se fait sur la Belgique, moi qui ne sait presque rien sur ce pays malgré que je suis bonne en rédaction, je me trouve dans l'embarras. Avec la couture ça va vite et on se retrouve dans la cour, anxieuses.

Dans la cour, un grand silence, on nomme les reçues, nous sommes heureuses de voir qu'on est toutes reçues. Les surveillants qui nous faisaient peur, maintenant qu'on doit passer l'oral, on est à l'aise. Un monsieur manchot passe la géographie, j'ai peur qu'il me fait passer les départements avec leurs villes dont je me trompe souvent. Sachant que je suis de Landeleau, il me fait causer du maire, de l'instituteur, des communes environnantes et me demande si j'étais pas parent à Henri Le Bec, l'instituteur.

On rentre à l'école à pieds, arrivées près de Kerlaouen, on demande deux volontaires pour aller annoncer notre réussite à la famille de Kergoz. La plupart était fatiguée, je suis allée avec une amie pendant que les autres s'asseyaient. Arrivées au manoir, la châtelaine nous envoya sous un cerisier où il n'y avait qu'à lever les mains pour cueillir les beaux fruits.

Le lendemain, ma tante me dit : « Demain tu iras à Sainte-Anne d'Auray avec Mademoiselle Aline et une amie. » Je me trouve heureuse, l'année dernière j'ai été à Lorient voir l'oculiste, mais maintenant je vais plus loin. Et de bon matin, on prend le train et on arrive à Auray sans histoire ; là, il faut attendre, il y a un train de blessés en face de nous, des dames distribuent des boissons et des petits pains aux blessés, on a eu un serrement de cœur de voir tous ces malheureux. A Sainte-Anne, il y a beaucoup de pèlerins des environs, ils sont venus aux prières de la neuvaine. Nous avons passé un jour et deux nuits, avons visité le musée, le cloître et surtout les *ex-voto*[68], ce qui m'a beaucoup frappé de voir la reconnaissance des fidèles à Sainte-Anne.

Sur le chemin du retour, avant d'arriver à Lorient, on voit des soldats faire des manœuvres, on nous dit que c'est des exemptés, mais maintenant ils sont bons pour faire de la chair à canon. A Lorient, c'est surtout des marins, de tout jeunes, alors que l'année dernière, tout était joyeux et gai, je me rendais compte ce qu'avait fait un an de guerre.

Le lendemain, ma tante me dit : « dans trois jours c'est les vacances, tes parents n'ont pas de santé et la vie dure t'attend, aie courage et écris-moi souvent ». En allant prendre le train, je pensais à ces deux belles années que j'avais passées dans ce beau pays, et embrassant ma tante, elle me dit : « courage Marie et sois forte. » Pendant toute l'année j'avais pensé à ce jour et maintenant que j'étais dans le train, une angoisse me prit, quelle vie m'attend ? Je savais qu'elle serait mauvaise.

Lorsque le chef de gare nomma Châteauneuf, mon cœur s'est mis à battre très fort. Mon frère Hervé, et Catherine étaient là, ce qui me fit du bien. Il n'y a pas de train, il faut rentrer à pieds, on va en ville où Catherine achète des sacs et Hervé va prendre ses souliers. On va aussi à la pharmacie où un vieux revient servir de temps en temps, on va aussi chez le docteur Coquil qui, convalescent, fait encore quelques consultations, on trouve là un homme du coin qui doit rentrer avec nous. Au bout d'une demi-heure, on est sur la route, Hervé a mis sur son épaule une ficelle au bout de laquelle pendent les chaussures, une paire de chaque côté, moi j'ai une valise et un petit panier, Catherine a la grande valise. Il y a aussi deux femmes et deux hommes qui vont faire la même route que nous et nous aident à porter nos fardeaux, ce qui fait que les huit kilomètres ont été moins pénibles.

A la maison, c'est le dur travail, mon père fatigué, travaille peu mais il surveille et dirige. Je suis tous les jours aux champs, la moisson est

[68] R. Laouenan note que l'année précédente « 25 000 fidèles assistent à la grand messe.

« Toute la Bretagne catholique manifeste en force son attachement à la sainte devenue, par décision de Pie X, à partir de cette année et à l'occasion de la réforme du bréviaire, la patronne de la province : *patrona provinciae*. La faveur pontificale confère une solennité particulière au pardon de 1914. » *Le Tocsin de la moisson*, *op. cit.*

pénible parce qu'il y a encore moins de monde. Les vieux journaliers réclament quinze sous par jour parce que les dix livres de pain ont augmenté, mais les journaliers sont rares. On commence à donner des allocations aux femmes qui ont des enfants. Les pères de six enfants sont rentrés, ils modernisent leur ferme, font les marchands de chevaux.

Mais toutes les semaines, on entend causer des soldats tués, blessés ou qui ne donnent pas de nouvelles.

Après beaucoup de fatigue, la moisson est battue, reste le blé noir. Le manège qui nous servait est cassé, donc il faut prendre les fléaux pour le battre. Quant à moi, je dois faire les charrettes vu que j'ai pas l'habitude, ceux qui chargent me conseillent. Mon père a attrapé une forte angine. Deux ou trois jours après, ma mère me dit :

– On doit battre chez Marie-Jeanne, il faudra sans doute que tu ailles faire les charrettes.

J'ai dit :

– Non, cette femme qui m'a traitée l'autre jour de paresseuse, de bonne à rien et qui s'en prend à tout le monde.

Mais tout le village est d'accord, on ne peut laisser son blé noir pourrir. Arrive son vieux beau-père avec sa charrette, il la met en face de chez nous et attend. On me donne un grand chapeau, des gros bas pour ne pas abîmer mes jambes et les sabots d'Yves car il y a des ronces parmi. Le pauvre vieux fait son possible pour que notre travail soit bien fait.

Quand je finissais, Catherine allant au lavoir me dit que je devais aller chercher des remèdes à Kerprest, le médecin étant venu voir mon père. Quand je descendis de la charrette, je vis le docteur Coquil et sa fille qui étaient là, car on allait aussi bien à travers champs quand il y avait des raccourcis. J'étais honteuse de voir mon état, je connaissais cette fille qui était à l'école à Quimper et prenait le même train que moi. Je laissais mes grands sabots et roulant les jambes de mes gros bas, je me servais comme des espadrilles. J'aurais bien voulu aller au lavoir pour plonger ma tête, mais le médecin était pressé, il n'avait que deux jours sur dix pour voir ses malades. Lui en cours de route me faisait causer de ma vie à l'école et à la maison. Arrivés près de son auto où il y avait sa femme, il me donna les remèdes ; au cours de route, je pensais à la vie dorée de cette fille. Avant d'arriver au village, le *paotr saout* des Tromeur me demande d'où je viens et me demande si c'était les vipères qui avaient mis mes jambes dans cet état, cette garenne étant leur demeure, heureusement que le travail était fait avant que je l'ai su.

Deux ou trois jours après, on a reçu une lettre de Jean-Louis, il nous annonça qu'il venait d'avoir la croix de guerre, ses deux chevaux ayant été tués pendant la retraite, sous lui en Belgique ; il était artilleur. J'étais fière, mais mes parents n'avaient pas l'air d'apprécier la chose. Le dimanche suivant, le vieux tonton montant sur le muretin qui servait à donner les informations à la population, après avoir dit aux gens de donner leur or parce que la France avait besoin, il mit les gens au courant de la première décoration qui venait à Landeleau. Il le fit avec fougue vu que c'était son neveu et qu'il avait fait preuve de beaucoup de courage, ayant eu ses deux chevaux tués sous lui, et ayant pu regagner son unité. Un permissionnaire qui se trouvait là dit au maire : « dis qu'il a eu de la chance d'échapper à cette fournaise. » François a aussi écrit, il dit qu'il va s'approcher du front, il quitte la Roche-sur-Yon dans quelques jours.

Quelques permissionnaires arrivent du front, d'autres des hôpitaux. Jean-Louis doit aussi venir avant le premier de l'an, on donne six jours à ceux qui n'ont pas été depuis un an à la maison. Enfin arrive la carte où il dit qu'il sera à Landeleau au commencement de décembre et qu'il a de jolies bagues pour sa sœur. Les soldats fabriquaient des bagues en métal blanc et arrivaient à la maison avec leurs cadeaux très appréciés. Un dimanche, Yves vient de la messe et nous dit que Jean-Louis est au bourg, qu'il est allé dîner avec Henri Le Bec, tout le monde est heureux, après vingt mois qu'on l'a pas vu. Il a vieilli, il a une douzaine de bagues, mais trois seulement sont de ma taille, les autres sont trop grandes. Les six jours sont envolés, il a été voir grand-mère et les tantes à cheval, c'était un événement dans le quartier, un des premiers permissionnaires qui venait du front.

Les derniers jours de l'année, je suis allée avec Hervé à Loqueffret souhaiter la bonne année à grand-mère et mes trois tantes, mais là le moral est bas. Chez tante Louise dont le père, le fils aîné sont partis, c'est maintenant l'autre fils qui doit partir pour le 5 janvier. Restera seulement sa fille Marie-Françoise que je considérais comme ma sœur, ayant fait deux ans d'école chez tante sœur. Grand-mère me dit : « Toi qui es gaie, tache de remonter ton cousin. » Celui-ci, grand, fort, avait le caractère d'une fille, doux, timide ; Au lieu d'aller dire kenavo à ses parents, ses amis, restait à la maison.

Le soir du dernier jour de l'année 1915, ses camarades de la classe 17 vinrent lui dire kenavo, et parmi eux notre cousin qui venait voir grand-mère. Chez grand-mère, tout est gai, ma marraine ayant une migraine est allée au lit, alors c'est moi et ma cousine Anna, qui doit servir le café. Il y avait un vieux parent qui était venu souhaiter la bonne année et qui nous racontait des histoires, nous prédisait l'avenir en disant à ces deux jeunes conscrits que c'était des filles de notre âge qui feront leur affaire, ce qui mit Anna en colère et lui disant que ce n'est pas quand on apprend son catéchisme pour sa première communion qu'on vient causer de mariage ; et pourtant il disait vrai.

Année 1916

C'est à Loqueffret chez ma grand-mère que j'ai passé les premiers jours de cette année qui a été pour moi la plus mauvaise de ma vie.

Levée tôt ce premier de l'an, après avoir souhaité la bonne année à grand-mère et à mes tantes, je suis allée à la recherche de mon cousin qui est à l'écurie. Il donne le dernier coup de brosse à mon cheval, je lui souhaite tous les bons souhaits. Lui, prenant dans ma main, la serre et m'embrasse mais ma figure est mouillée de ses larmes, ce qui me fit perdre toute ma gaieté. Marie-Françoise est allée au bourg voir si aujourd'hui le facteur est venu, elle rentre avec les mains pleines de cartes et de lettres. Sachant que la classe 17 doit partir le 5, je décide de rentrer le 4 pour ne pas être coincée dans le train où il n'y a qu'un wagon pour les voyageurs et puis je ne tiens pas à être là pour le départ de Marie-Françoise.

Nous voilà dans le train, Hervé et moi, il est à moitié plein. Auprès de la porte, il y a un groupe de soldats habillés en bleu horizon et d'autres en pantalon rouge. On va près des vitres où il n'y a qu'un homme habillé en longue blouse noire, il fait semblant de dormir. Le train va vers Brasparts où une bonne partie des gens descend, il revient après à Lannedern et Plonévez où nous descendons, mais le seul soldat qui reste dans le train vient s'asseoir près de moi et me demande en plaisantant si je prenais le bateau pour rentrer, je lui répondis qu'habitant ce côté de l'Aulne, je n'avais nul besoin de bateau. S'adressant alors à l'homme de la blouse noire, il lui demande s'il y a encore beaucoup de chevaux au pays et combien ça se vendait, l'homme lui répondit qu'il ne savait pas.

– Alors, c'est des vaches que vous vous occupez ? Moi qui est parti depuis seize mois, je voudrais savoir le prix des bêtes.

Celui-ci lui répond qu'il ne savait rien.

– Le prix des veaux, vous ne savez pas non plus ?

– Non, cela il faut le demander à Guillaume.

D'un bond, le militaire se lève, prend l'autre par les épaules : « Sale embusqué, c'est toi qui me dis ça et tu mérites qu'on t'écrase la tête. » L'homme à la blouse est blanc comme un linge, les autres se sont approchés ils disent que le boucher de Plonévez s'appelle Guillaume et qu'il n'y a qu'une méprise. Avant qu'il s'est calmé, nous avons pu sortir du train, nous faisions nos 7 kilomètres dans une route défoncée.

A la maison, c'est le même train de vie. Il y a sur le vaisselier plusieurs lettres et cartes, ma mère ayant répondu aux premières, me dit de répondre aux autres. Je commence par celle de François et écrit, je la donne à lire à ma mère. « Mais Marie, tu lui a pas dit que Monal a été tué. » Cette nouvelle me donne un choc, ce garçon que je voyais toujours avec mes frères, qu'on disait être le plus rusé du pays, que j'avais traité si souvent de fainéant, et c'était le troisième tué de ceux qui s'amusaient avec la Kegin, le jour du battage, ma mère me demande si je regrette, « oh oui, nous aussi, malgré ses défauts, il était si gentil. »

Le mois de janvier n'est pas passé que je me trouve malade, pas d'appétit et un mal de dos qui jour et nuit me fait souffrir. Je suis allée à la foire, peut-être qu'un médecin y sera, mais aucun n'y sera. Une dame me dit d'aller voir chez le pharmacien, un vieux se trouve là et une jeune dame, il dit à celle-ci de me prendre une burette se trouvant en haut de l'étagère, celle-ci lui fait remarquer que ce médicament est pour la toux ; « mais il y a dedans du fortifiant et cela peut lui faire du bien », et s'adressant à moi : « Dis autour de chez vous qu'à partir de ce mois, je ne donnerai de remède qu'à ceux qui auront des burettes. » De retour à la maison, tout le monde me dit que ce remède ne fera pas grand bien. Catherine me dit qu'il y a deux ans, elle aussi a beaucoup souffert mais qu'elle n'est pas morte, qu'il faut prendre ça par le bon côté, mais par contre elle aimait bien mon sirop ainsi que Marie-Jeanne et sa petite fille qui toussait.

Arrivent les derniers jours de février, le temps est froid et je traîne toujours, mon père aussi ne se lève que vers les onze heures. Ce vendredi, il est allée comme d'habitude à l'écurie, Marie-Jeanne est venue l'appeler. « Mon frère, dit-elle, est ici, il a eu aussi une croix de guerre, viens boire un café avec lui. » La maison était froide et la conversation longue, en rentrant à la maison, il y avait encore un soldat et il s'est couché assez tard. Le lendemain, une forte fièvre l'a pris, pas de remèdes, pas de médecin. Yves est allé à cheval à Pont-Triffen voir si le téléphone du marchand de grains, le seul au pays, aurait pu faire quelque chose pour trouver un médecin, partout c'est la même chose, les hôpitaux sont remplis de soldats. Le samedi et le dimanche ont été pour nous des journées très pénibles, mais on espère toujours qu'après toutes ces démarches, un médecin arriverait.

Le dimanche, je me couche de bonne heure, fatiguée et malade, je ne fais que tourner et retourner dans mon lit. J'ai dû probablement dormir car il me semble entendre une voix faible m'appeler, j'essaye de reprendre conscience, mais le mal de dos, le froid me font beaucoup souffrir. Soudain, Catherine me secoue fortement : « vite habille-toi » ; Hervé a dû se lever, car il pleure et crie, alors j'ai compris que mon père était à ses derniers moments. Quand je suis descendue, ma mère debout sur le banc-coffre est comme une statue, Yves a une bougie à la main, le moment est très pénible de voir le dernier moment d'un père qu'on aime. Soudain, Yves donne la bougie à ma mère et sort et je me suis rendue compte que je n'avais plus de père. Le vieux Michel Tromeur rentre dans la maison, s'adressant à Catherine, il lui dit : « Fais à Hervé se remettre au lit, et à toi Marie, au coin du feu et sèche tes larmes et ne fais pas souffrir ta mère davantage. » Quant à lui, il s'est mis à faire du feu et dit à la bonne de mettre de l'eau sur le feu.

Catherine dit qu'elle va prévenir les gens, il lui dit que par un froid pareil d'attendre le matin. Bientôt arrivent Yves et Ewan Tromeur qui ont été chercher Jacques pour faire la dernière toilette. Ils ont marché dans les petites routes et son couverts de neige, alors ma mère vient près du feu et me fait retourner au lit. Le lendemain, Catherine m'envoie mon café et me dit de rester au lit jusqu'à midi. Quand je me suis levée et que j'ai vu une petite chapelle faite avec des draps blancs et mon père couché dedans avec une petite table sur laquelle deux bougies allumées, un crucifix, une assiette avec de l'eau bénite et un morceau de buis, je me suis effondrée sur un banc. Ma mère et mon frère sont venus me prendre, on me donne mon écuelle de soupe, il faut manger, je dois tenir pour ma mère et mes frères. Jacques est là, il doit aller prévenir nos parents de Loqueffret à cheval. Yves et Ewan vont au bourg faire les démarches mortuaires. Catherine est aussi au bourg, elle doit me trouver des habits noirs de deuil et des coiffes. Je me suis installée auprès de la petite chapelle, où les vieux du quartier viennent une dernière fois voir mon père. Quant à la vieille Marie-Jeanne, elle est allée prévenir ses sœurs et chercher un spécialiste pour les prières de la veillée, d'autres sont allés chercher des porteurs de croix et de *korf*[69], ce qui n'est pas une petite affaire vu que les hommes sont rares. Un vieux du bourg est là avec une grande hache, il casse du bois car le temps est froid. Quant au chien, il devient méchant de voir tout ce monde et plusieurs fois il faut que j'aille le calmer.

On soupe tôt et bientôt commencent à arriver les parents pour la veillée et la neige tombe aussi. Quant au chien il a fallu l'enfermer avec les bêtes, il est devenu si mauvais. Bientôt commencent les prières et les gens ne cessent d'arriver malgré la neige et les mauvais chemins. La maison étant grande, elle fut bientôt remplie. Deux hommes se relaient pour dire les grâces, dont l'un d'eux est militaire. Je vais de temps en temps me chauffer, un jeune gars est là avec les vieux, il réchauffe ses pieds qui n'ont pas de bas, il est habillé assez léger, n'ayant pas de mère, il doit souffrir du froid.

[69] *Korf* : corps. Il s'agit ici des personnes qui allaient porter le corps du défunt vers sa dernière demeure.

Le lendemain matin, je me trouve au lit à moitié déshabillée, j'ai pas su quand on m'a couchée. Et ce jour, 29 février 1916, mon père quittait pour toujours ce village de Menez-Banal où il était né par cette journée froide où la neige arrivait à la hauteur des sabots. L'église était pleine, après la cérémonie qui avait lieu le matin comme d'habitude, au cimetière les gens grelottaient.

Les jours suivants, mes deux frères ont eu chacun trois jours de permission. La semaine suivante, c'est les petits services et messes qui ont lieu à 7 heures du matin, ces services qu'on appelle *eizhved*[70]. Ce sont les parents et amis et les pauvres vieux du bourg auxquels on donne cinq sous, aux autres on paie un café. Le jour du dernier service, il neige, ma mère comme d'habitude va à cheval, nous autres à travers champs et chemins défoncés. Après les services, c'est une tempête de neige, je suis restée avec ma mère à attendre que ça cesse. Quand c'est un peu calmé, on prend la route, le premier kilomètre ça allait à peu près, mais quand il fallait descendre Pont-Traper, le cheval ne pouvait marcher, la neige collait à ses pieds. Un homme venant du bourg avec un sac sur le dos prit une pierre et me dit de bien regarder et soulevant les pieds les uns après les autres à coup de pierre faisait décrocher la neige. Pour moi c'était pénible et surtout j'avais peur pour ma mère et pas un être dehors, l'homme avait pris un autre chemin. Enfin on arrive près de Kerbiquet dans ce chemin couvert de bois, la neige colle moins. Je prends le raccourci par les champs, mais la tempête de neige reprend et m'aveugle. Avec mes deux mains, je garde mon parapluie, qui bientôt est mis hors d'usage, je cherche la brèche pour rentrer dans l'autre champ, mais tout est blanc, mes mains sont gelées et le courage commence à m'abandonner. Ma mère, dans la route, que devient-elle ? Je monte sur un tas de neige, ce doit être le talus et dégringole dans l'autre champ, ici c'est sous le grand hêtre que je dois prendre la route. Je fus soulagée quand je vis les traces du cheval, donc ma mère m'a devancée et cette avance, elle l'a gardée jusqu'à la maison car moi j'étais à bout de force.

Ma mère après être chauffée, s'est mise au lit, le dimanche suivant, c'est le grand service de huitaine qui a lieu à dix heures.

On est encore tous à l'église, où arrivent parents et paroissiens. Avant la fin de la messe, ma mère s'est trouvée mal, elle est sortie. Après la messe, parents et plusieurs voisins viennent dîner avec nous au restaurant, où ma mère s'est remise.

[70] *Eizhved* : service des huitaines. Des messes sont célébrées en la mémoire du défunt huit jours après son décès. Les proches et la famille versent de l'argent à cet effet.

Mais ce mieux n'a pas duré, car dès le lendemain, elle s'est remise au lit pour ne plus se relever. Nous nous sommes démenés pour chercher un médecin. Nous avons été voir à Châteauneuf, à Carhaix. Finalement, le docteur Coquil, entre quelques répits car il est aussi mobilisé, est venu. Il a donné un remède dans une bouteille et des queues de guignes noires, c'est tout ce qu'il a. Ma mère qui ne peut uriner, souffre beaucoup.

J'écris à ma marraine qui est veuve et grand-mère qui habite avec elle, j'écris aussi à tante sœur. Les amies de ma mère viennent la voir, je leur demande si cette maladie est longue et quand viendra la guérison, toutes m'encouragent et me remontent le moral. Grand-mère et marraine sont venues, mais au bout d'un jour grand-mère est aussi malade, il a fallu qu'Yves l'accompagne à la maison.

Le docteur est revenu comme il me l'avait promis, mais il n'était pas plus riche en médicaments. Ma marraine l'a accompagné quelques mètres. Maintenant que la santé est meilleure et le temps beau, pourquoi faut-il que c'est ma mère qui souffre ? Mais depuis que ma marraine est là, j'ai davantage d'énergie. Un soir, tirant du foin pour les bêtes, je vois arriver marraine les larmes aux yeux. Elle me dit qu'elle prie le bon Dieu pour qu'il prend ma mère le plus tôt possible. Et moi qui le priait si fermement pour sa guérison ! Le coup a été si dur que j'ai enfouie ma tête dans le foin, j'ai pleuré, crié, hurlé. Et c'est le chien en me léchant la main, qui me fit venir à la raison.

Maintenant je ne quitte plus ma mère, assise près d'elle, je surveille ses moindres gestes. Elle est très lucide et me donne des conseils. Elle accepte la mort qui ne doit plus tarder. Ô, que c'est pénible de vivre les derniers jours d'une mère chérie !

Catherine est au lavoir, il faut que j'aille l'aider pour porter le linge. Elles sont là, plusieurs jeunes, elles rient et sont gaies, cela me fit du mal.

Ma mère a fait venir le notaire et nous a mis comme tuteur le seul oncle en âge convenable, car les soldats ne sont pas acceptés et elle veut qu'on reste au village. « Toi Marie, garde la porte ouverte à tes frères. »

Deux jours après, elle a eu une crise et ayant eu un moment de mieux, elle prend ma main et m'attire. Je l'embrasse, elle dit à marraine de la mettre assise et en la soulevant, sa tête tombe. Marraine court dehors, crie, cherche du secours. Tout le village est là et pleure. Moi aussi j'ai tant redouté ce moment tragique, je vais près de mon frère Hervé, dont je sais que sa peine est grande, je lui cause et le console.

La mère Tromeur, la première, dit à Catherine et à moi de chercher les habits, elle allait faire la dernière toilette aidée des autres femmes.

Il fait presque nuit quand tout est fini. Le *paotr saout* des Tromeur a été prévenir une femme du coin pour dire les grâces.

Et commence encore une veillée mortuaire, la nuit est moins froide et moins lugubre que celle de mon père, et j'ai davantage d'énergie. Le lendemain, c'est encore les mêmes démarches aux femmes qui viennent pour la dernière visite. Ma marraine leur demande si on ne trouverait pas une vieille bonne pour pouvoir tenir la ferme, vue la situation dans laquelle on se trouve. Leurs réponses sont négatives. Mais la mère Tromeur avec sa voix sèche et dure dit à ma marraine : « Ici c'est une bonne qui travaille et qui peut aller aux travaux de champs comme Catherine, et non une âgée qui ne fera que la cuisine et commander. »

Vers le soir, les parents viennent à la veillée et parmi eux, une cousine de Loqueffret qui a fait quatre lieues pour voir ma mère une dernière fois. Et par une belle matinée de mars, ma mère nous quitte tous les trois.

Le vieux recteur a envoyé son jeune bedeau et un enfant de chœur pour réciter quelques prières. Au départ, mes deux frères auxquels on a envoyé des télégrammes immédiatement, ne verront pas leur mère comme ils n'ont pas vu leur père. Tristes et abattus, on arrive à la maison où une bonne soupe nous donne un peu d'énergie. Mes tantes sont là, la plus proche est à trois lieues ; Grand-mère est bien malade. Mon oncle est aussi, il a causé avec le notaire après l'enterrement, il lui a dit que les affaires de tutelle sont en ordre.

Arrivent la mère Tromeur et sa fille chez nous comme un coup de vent. Et s'adressant à Yves : « vite, vite, prend tes sous, ces messieurs arrivent. » Et elles prennent leurs bancs, leurs chaises, leurs bols et tout ce qu'elle a prêté ces jours. Et avant qu'on est revenu de notre surprise, on voit dans la cour trois messieurs qui se dirigent vers la maison.

Nous sommes stupéfaits, mon oncle qui a reconnu le juge de paix, son greffier, leur montre un papier comme quoi il est tuteur, ce qui leur a fait perdre un peu de leur assurance. Mais vu qu'il n'y a aucun de mes frères soldats présents, ils vont mettre ce que nous appelons *ar ziell*[71]. Cela consiste à mettre un genre de ruban sur les portes des armoires, et à mettre un cachet de cire à chaque bout. Et les cinq armoires suivent le même sort. Quant aux autres choses, ils ont dit qu'ils viendront voir plus tard.

Dans la cour où les gens sont rassemblés après leurs départs, nous les entendons crier leur indignation. Catherine qui était rentrée pendant l'opération, voyant qu'on ne pouvait pas ouvrir les armoires, elle avait ameuté tout le village. La famille Tromeur criait son mépris pour

[71] *Siell* : sceau, cachet. Mutation du s en z.

ces gens de ville qui venaient par un jour pareil faire des tracasseries à un village qui n'avait déjà que trop. Quant à Catherine, elle était hors d'elle, parce qu'elle avait ramassé tous les habits qui traînaient dans les armoires. Quel fouillis quand elles seront ouvertes ! Devant ces messieurs, le petit *paotr saout* avait ameuté les chiens sur eux, mais ils n'aboyaient même plus. Quant à Marie-Jeanne, elle disait qu'on aurait dû leur jeter de la boue. La vieille Marie-Jeanne dit « il vaut mieux se résigner, car ils ont le bâton de commandement. »

Dans la maison, après cette épreuve, nous sommes à plat. Ma marraine me dit qu'elle va rentrer à la maison soigner grand-mère qui est bien mal. Elle amènera Hervé, mais sera là pour le service dans dix jours, tout m'est égal, je n'aspire qu'au calme, soigner ma migraine et boucher les oreilles.

Le lendemain, quand je me suis réveillée, il fait clair. Je descends de la maison où la porte est grande ouverte et inondée de soleil, mais vide de tout être humain. J'appelle, mais personne ne répond. Je vais voir dans les crèches les bêtes, les bêtes ont eu à manger. Je me dirige vers la grange des Tromeur ou j'entends causer, c'est *le paotr saout* qui raconte à Chann que je ne fais que pleurer alors que j'ai une grande maison et du pain à manger, et que lui a autant de raisons d'être triste, car mon père était son parrain. Cela me fit mal, et je retournai à la maison où le chien me devança avec ses pattes salies de terre. La charrette étant restée embourbée il y a quatre ou cinq jours, on a été la prendre. Ce fut pour moi un soulagement, et alors prenant mon écuellée de soupe qu'on avait mise près du feu, j'eus le courage de la manger.

Je me suis mise à faire la vaisselle et à préparer le dîner. Un peu avant midi, je vois dans la cour ma tante sœur et une dame qui lui remet sa valise et part. Je me trouve au milieu de la maison, incapable de bouger, et à sa rentrée je lui dis :

– Pourquoi n'êtes-vous pas venue hier ?

– Ma pauvre Marie, le règlement nous interdit. C'est que nous avons fait le vœu d'être toute à Dieu, et si je suis ici aujourd'hui c'est que votre oncle m'a envoyé un télégramme administratif certifiant que ma présence à Landeleau était indispensable. »

Je lui appris que grand-mère était très mal. Après avoir passé deux jours, elle est allée voir sa mère. Le soir après son départ, Jean-Louis arrive. Nous lui demandons où reste François. Il nous répondit : « dans l'enfer où se trouve son secteur, ne compte pas trop sur sa permission. » Puis, il s'indigne sur les scellés qu'on a mis dans la maison, et il est allé voir le juge de paix et le notaire. Et, apprenant que grand-mère est aussi très mal, il est allé la voir et s'entretenir avec l'oncle. A son retour, il me dit d'aller le dimanche après les services à Loqueffret voir grand-mère qui ne fait que demander après moi.

Sa permission de trois jours a passé, nous l'avons si peu vu et François n'est pas encore arrivé. Les travaux de la ferme sont en retard, Yves essaye de se dépêcher parmi.

Arrive le dimanche, la famille est là pour le service. Marraine me dit que grand-mère va mieux et j'ai pas besoin d'aller la voir d'ici une quinzaine de jours.

Hervé est retourné à l'école et c'est François qui nous tracasse, et nous donne pas de ses nouvelles. Le notaire a envoyé un mot dire qu'il viendra avec le juge à la fin de la semaine. Ma cousine de Landeleau est revenue là un soir, travaillant le jour à moudre, sa bonne faisant les travaux de la ferme. Là où il y avait quatre hommes, il n'y a plus aucun.

Je vais causer à Henri, peut-être pourra-t-il venir dans la soirée après sa classe voir comment ça se passe avec ses messieurs. Henri étant instituteur, secrétaire de mairie, et réquisitionné le dimanche pour passer dans les communes environnantes pour remonter le moral et faire des démarches à ceux qui se trouvaient dans l'embarras, n'ayant qu'une main valide mais doué de la parole. Il avait beaucoup de succès. Ces messieurs sont revenus avec le notaire, les scellés sont retirés et les armoires ouvertes. Le notaire, c'est les papiers et titres de propriété qui l'intéressent. Vers le soir, le cousin Henri est arrivé, après quelques paroles pour voir si tout est en ordre, il raconte à ces gens comment il a été pris en partie par une femme dont son père a réquisitionné deux charrettes de grain qui allaient au magasin. Au lieu de son père, c'est sur lui qu'elle est tombée, le traitant de voleur puisqu'au magasin, on payait comptant et plus cher. Ce malin marchand, on se demande comment il fait !

Il y a foire à Châteauneuf, Yves me dit d'aller acheter des brides. Timide et n'ayant pas l'habitude de pareille sortie, il me fait comprendre qu'il ne peut travailler et faire les courses. A la gare, je trouve une fille un peu plus âgée que moi, une effrontée, je vais la trouver, à nous deux je ferai mes affaires. On va d'abord voir le marchand de harnais ; après avoir fait le choix, je demande le prix, ma compagne lui dit qu'il est cher, d'autres clients arrivent. Elle demande du rabais, ce à quoi celui-ci lui répond qu'elle est venue à la foire avec le porte-monnaie vide, ce qui fait rire. Je prends deux brides et lui donne mes sous, il ne prend que le prix d'une et me reprend l'autre. Je cherche mon amie, elle a filé sans que je me suis rendue compte.

Je suis allée voir dans la boutique des cordes, une femme qui avait les bras assez longs, prend la corde et des bouts des doigts à l'autre bout, mesure sa part, car ici on ne connaît pas le mètre. Un homme arrive, je lui dis de mesurer dix gourdes[72], mais le marchand ne donne pas plus de huit au même.

Je retourne au train, j'ai une demi-heure à attendre. Une femme âgée est là, elle vient me donner un bout de journal, elle ne sait pas lire mais sait le français ; « Lis-le moi. » C'est une revue pour les gens de ville, elle traite de l'économie, dit de semer beaucoup de légumes et surtout des patates, d'élever des volailles et lapins, car la guerre n'est pas à la veille de finir et l'hiver prochain sera dur.

A la maison, beaucoup de problèmes se posent, quand c'est question économique, je demande l'avis de Chann, si c'est question de gens ou d'usage, c'est la vieille Marie-Jeanne.

Jean-Louis vient d'écrire, il dit que François est blessé assez sérieusement mais qu'il s'en tirera. Ce fut un soulagement puisqu'il n'est pas tué.

Un jour, je vois arriver Marguerite, elle est bizarre, je lui demande quand elle retourne à l'école.

– Je viens du bourg, le facteur m'a donné un papier pour remettre à Job Bras et c'est l'avis de décès de son fils Soaig. J'ai pas voulu le remettre au père, car lui ne sait pas lire, je l'ai remis à son jeune fils. Et puis, il y avait écrit le mot inhumer, je ne sais pas ce que cela signifie.

– Moi non plus, je ne sais pas, mais j'ai un dictionnaire.

On cherche, c'est mettre en terre. Est-il possible que ce jeune qui a à peine dix-huit ans soit mort à l'hôpital ? Quelques temps à peine, je vois arriver le père et sans mot me donne le papier. « Lis-moi tout, car chez moi on ne comprend pas tout. On sait lire, mais causant breton, beaucoup de mots français nous échappent. »

Il y a une grande foire, la mère Tromeur me dit d'aller vendre mes deux coqs qui font du dégât dans son champ, ce qui fait dire à Catherine : « Cette femme ne perdrait pas un liard avec les autres. » Elle vient aussi vendre ses poules, ce qui m'arrange.

On arrive toutes les deux à la place des poules, les marchands sont là, mais n'achètent pas avant une heure. Il faut que les gens de la ville fassent leurs achats, les volailles vont être chères car il n'y a pas beaucoup. Auprès de nous, il y a un jeune marchand assis, il a l'air fatigué. Une heure sonnée, il se précipite sur mes coqs, me dit que je suis beaucoup trop cher, demande du rabais, m'offre un prix et prend mes coqs. Il va alors marchander avec un vieux et n'ayant pas fait affaire, il lui jette ses bêtes. Le vieux le traite d'abruti et lui dit que sa place devrait être en face des boches, mais nous avions vu sa plaque d'immatriculation.

[72] Gourde : mesure approximative correspondant à la longueur des deux bras tendus.

Quelques temps après, montant la rue, je vis ce jeune marchand allongé sur une caisse, sa jambe exposée au soleil et n'avait pas de mollet.

Quelques jours après, marraine est arrivée ; ce fut pour moi une joie et un soulagement. Et François a écrit, il nous dit que souffrant beaucoup, mais va mieux ; et grand-mère, elle aussi se rétablit. Marraine nous dit d'économiser, car dans six mois on aura à payer les droits de succession qui s'élèveront à une bonne somme.

Maintenant, nous allons recevoir une allocation de guerre, 75 francs par mois. Nous étions une des cinq familles de la commune, qui n'ayant pas les parents ou épouse, avaient 45 francs et 25 par enfant.

Les lettres et cartes commencent à arriver à mon nom. Ce sont mes frères, cousins et quelques voisins. Il y a un qui me demande l'adresse de François et me demande de lui envoyer des nouvelles du pays, car il n'a plus personne à lui écrire de Landeleau. « Une fois par mois, cela me ferait plaisir », ce que je lui promis. Il était de la bande qui s'amusait le jour du battage.

Yves doit bientôt passer le conseil de révision, il me dit qu'il vient de régler les dernières dépenses qu'on a eues avec la mort de nos parents. Une commerçante trop pressée d'avoir ses sous, lui avait dit qu'on lui devait 5 francs, ce qui fit le mettre en boule contre elle. Restent encore le fossoyeur qu'on n'a pas trouvé et le vieux recteur, « ces deux-là, Marie, c'est ton affaire. »

Au premier enterrement, je pars tôt, je trouve le fossoyeur qui attend, il a dit qu'il a fait la première maçonnerie et dans quatre mois, il fera la seconde. Et d'ici là, il ne prend rien, mais d'ici là, d'aller commander une dalle dont la tombe de ma mère a besoin et me dit de me trouver à la porte du cimetière tôt après l'enterrement, et il demandera pour moi une dalle avec une dame qui avait une inoccupée. Je vais après trouver le vieux recteur, il n'a pas encore fait son compte, il a été tellement occupé ces mois.

Dans le village, on travaille dur, sauf Marie-Jeanne qui va vers le découragement. Son mobilier périclite, ne paye plus son loyer, son caractère s'aigrit, alors que les autres femmes de mobilisés se tirent bien d'affaire.

Yves est allé passer le conseil de révision. A la mairie on lui a donné des certificats, ce qui l'a fait ajourner. En arrivant à la maison, il est heureux, et demande à manger, « j'ai tellement jeûné ces jours. »

Arrive le mois de juin, le temps est beau, François a eu quinze jours de convalescence et Jean-Louis, six jours. François boite et marche avec une canne. Ma cousine Françoise m'écrit et me demande si j'ai des nouvelles de son jeune frère qui n'a pas écrit depuis le mois d'avril et n'a pas eu de permission avant d'aller au front. Ce qui fait dire à mes frères : « pauvre gars, on ne le reverra plus. » Cela me fit beaucoup mal, il était si affectueux !

Catherine, qui avait comme gage, 120 francs l'an, reste de nouveau un an avec 200 francs, ce qui nous arrange car les domestiques sont de plus en plus rares.

On a reçu un papier comme quoi on doit envoyer à la réquisition une bête grasse et comme on n'a pas, on a envoyé une vache. D'autres femmes sont venues demander l'aide, ce qui n'est pas une petite affaire.

Arrive la moisson, on m'aiguise une faucille, la plus légère, et tous les jours avec Yves et Catherine, j'apprends à couper les céréales. Le métier est dur, le soleil chaud, la fatigue et le mal de dos font parties du lot. Arrivent après les charrois et les battages.

Pendant que les autres font les charrois, je vais aux battages. Le métier est aussi dur, on doit tourner la secoueuse de paille, dont les femmes doivent se relayer. Quand les charrois sont finis, j'ai quelque répit et bientôt la moisson est finie.

Mais reste encore celle de Marie-Jeanne, elle va charroyer. Ne trouvant pas de monde, elle vient m'implorer d'aller faire les charrettes, c'est un métier que j'ai peu fait. A force de prier, j'ai cédé, mon frère avec son cheval et charrette fait les charrois. Moi dans la charrette, ayant Yann Steven et un jeune instituteur pour me donner les gerbes. Yann, doué d'une force herculéenne et bête comme ses sabots et ayant bu un verre de trop ; quant à l'autre jeune, fils unique, n'ayant jamais travaillé à la campagne. Les premières charrettes étaient pénibles, et aux recommandations que je leurs faisais, on me répondait que ce n'était pas une poupée qui apprendrait à un homme de 50 ans à travailler. Quand la charrette était pleine et qu'il fallait venir par terre, c'était toujours Yann qui me prenait, il me serrait trop dur la poitrine et me faisait souffrir. Je disais à Yann de laisser le jeune me prendre, mais celui-ci est-ce par fierté, ou pour quelle raison ? Ne fit rien. Je pris le parti de descendre avec la corde, qui, trop courte me fit tomber. Quand c'était mon cheval, je lui causais, et descendais sur son dos, je sautais à terre.

Enfin la moisson finie, maintenant c'est les pommes de terre. Soaz Tromeur est venue au village, et malgré qu'elle est veuve avec deux enfants, elle est gaie et débrouillarde. Elle me dit qu'elle va prendre la ferme Plantec du Cleuziou qui appartient à ses beaux-parents. Ce fermier qu'on disait avoir usé une paire de galoches neuves à chercher une ferme plus grande que la sienne, car les fermes malgré la guerre sont rares.

Jean Guern est venu en permission, il est découragé par l'état de sa femme et de sa ferme. Un soir, rentrant d'une course, Ewan entendant son chien grogner, croyant avoir affaire à une bête échappée, l'ameute. Ce fut un tapage où on causait d'embusqué et toutes sortes d'injures. On va voir, les Tromeur ont fermé leur porte, mais les injures continuent. Finalement, Soaz sort de sa maison et gifle Jean, celui-ci tirant sa coiffe, lui tire sur les cheveux. Quatre ans après me trouvant au bourg chez Soaz, alors qu'elle me versait du café, elle court à sa porte et appelle :

– Jean, que tu es fier de passer à ma porte sans me dire bonjour, alors que j'ai du bon café.

Il rentre et me voyant, s'est mis à rire.

– Tu te rappelle, Marie, le soir où on s'est battus tous les deux et la voilà maintenant belle-sœur.

On nous a réquisitionné un porc, mon frère s'est arrangé avec un voisin, celui-là va envoyer le porc à la gare de Châteauneuf. Quant à moi, j'irai avec lui voir les pesées et prendre les billets, ce qui fait qu'il est libre de rentrer de suite. Là-bas, il faut attendre, tous les porcs réquisitionnés de Landeleau sont là. Un jeune à peu près de mon âge vient me causer, c'est un vantard, il sait tourner la terre, charroyer avec deux chevaux. Un homme lui dit : « *fri-louz*[73], tu ne vois pas que ta charrette est sur la ligne et le train va passer. »

Le train arrive tout doucement, un soldat nous fait signe, il doit être de Landeleau. A sa descente, il vient vers nous, mais personne ne le connaît, moi je l'ai reconnu, il est du bourg de Plonévez et prenait le même train que moi pour aller à l'école à Quimper.

– Que tu es belle Marie !

Parmi les chevaux et les cochons, ce doit être la moquerie, mais ça m'est égal. Il me dit qu'il vient en permission 12 jours, qu'il sort de l'hôpital et qu'il cherche une charrette pour rentrer à la maison, mais aucune de ces charrettes ne prend son chemin. Il n'a pas de train, on lui dit qu'une femme qui est à la forge avec cheval, pourrait le lui donner pour faire quatre kilomètres, mais il ne sait pas monter à cheval.

Je suis allée faire mes commissions avant de prendre le train. Catherine m'a dit de prendre du pain car on cause qu'il y aura des bons de pain et qu'on ne donnera pas à la campagne. Je suis allée à la boulangerie, en face de la pompe. La patronne est là en pleurs, elle qui d'habitude avait le sourire. Je reste là hébétée, ne sachant que faire. Une dame arrive, prend un pain et me dit de me servir, mais j'ai pas de monnaie.

– Donne toujours ce que t'as, ici c'est pas les sous qui manquent.

[73] *Fri-louz* : nez sale. Quolibet communément employé pour ridiculiser quelqu'un.

Et j'appris que cette veuve venait d'apprendre la mort de son unique fils, qui avait fait de brillantes études d'avocat[74]. Ayant été emprisonné à Châteaulin pendant quelques jours avec une bande de jeunes pour avoir promené le drapeau breton, il aimait à dire qu'il n'avait pas son pareil pour défendre ses clients.

Enfin l'année, cette maudite année finie, mais on a encore réquisitionné du foin, une charrette chez nous et deux chez les Tromeur. Les tués du front ont diminué, c'est que maintenant, il y a beaucoup de tranchées.

[74] Châteauneuf était réputé pendant la première moitié du siècle, comme étant un fief autonomiste. Le congrès de l'Union Régionale Bretonne s'y tient le 26 août 1910, y participèrent les docteurs Coquil et Le Gall, de la commune. Par ailleurs, de nombreux jeunes gens, parmi lesquels des jeunes nobles, étudiants à Rennes : de Laporte, Delisle, de Reux, militaient activement en tant qu'autonomistes bretons.

Année 1917

1917 arrive avec la gelée, le temps est beau et sec. Mais arrive le mois de février, une petite pluie glacée tombe le matin, alors que la nuit il gèle et bientôt tout le pays est une véritable patinoire. Les toitures et les arbres ont des cloches qui brillent au soleil, quand il y a, et on entend causer des bêtes et des chevaux qui ont des pattes brisées. Et bientôt, toutes les bêtes doivent rester à l'étable, le puits ne donne plus assez d'eau pour ces bêtes. Il faut aller à la fontaine, ce qui est pénible de monter la côte avec des seaux d'eau. La fontaine aussi s'est tarie, le vieux Michel a creusé deux autres dans sa prairie ; mais sur le *vinojenn*, on ne peut plus marcher en sabots et on fabrique avec des ficelles et des *pilhoù* des chaussons avec lesquels on reste debout.

Quand arrive mars, les légumes et le foin sont presque épuisés et on entend dire que dans certains villages, les bêtes meurent de soif ou de faim. Chez nous, on passe son temps entre la corvée d'eau et chercher l'ajonc. Catherine refuse d'aller à l'ajonc si je vais pas, donc on me prépare une faucille et un bois fourchu avec lequel je garde l'ajonc et de l'autre main je coupe. Le métier pour moi est pénible. Outre le froid et les piquants, il y a encore le caractère de Catherine, quand elle est de bonne humeur elle chante et m'apprend des *son(ioù)* et des *gwerz(ioù)*[75], mais c'est pas tous les jours.

Quant à Yves, il fait des fardeaux et avec une fourche, les porte à la maison où le soir on le broie. Comme j'ai pas beaucoup de force pour tourner la broyeuse, c'est moi qui doit le mettre dedans, toujours armée de ma faucille et de ma petite fourche en bois.

Je viens de Plonévez, où on cause du maire de Landeleau, qui a été à une réunion au canton, où le préfet la présidait, qui après avoir causé de patriotisme, demandait aux maires de réquisitionner du foin. Celui de Landeleau se disant être le plus vieux, causerait en dernier. Donc, son tour arrivé, il dit qu'il ne donnerait rien et qu'il préférerait voir les chevaux crever au front que dans sa commune, il était le seul maire à refuser.

Le temps qui reste toujours aussi froid. Pour trouver de la litière, il faut ratisser les talus pour avoir des feuilles mortes et la mousse. Beaucoup, c'est le bois à feu qui manque. Enfin arrive le mois d'avril et le temps plus doux. On a envoyé les bêtes dans les prairies où elles trouvent l'herbe séchée. Et c'est aussi le mois où on réquisitionne un de nos chevaux. Maintenant, il faut finir de dresser un jeune cheval noir qu'on appelle Per et qui n'est pas facile au travail, alors que beau-

[75] Les *sonioù* sont des chansons gaies et entraînantes, chants de fête et d'amour. A l'inverse, les *gwerzioù* sont des chansons plus lentes, des complaintes ou des ballades.

coup de courses se font à cheval. Les marchandises deviennent toutes rares, sauf la levure qu'on trouve pour le pain.

Marie-Jeanne doit, à la Saint-Michel, quitter le village. Malade, elle va dans une petite ferme.

Nous sommes aux derniers mois de l'année 17. Un cousin de Plonévez est venu nous voir, il est dans la cour avec Hervé, qui a un camarade de son âge. Ils rient et ont l'air de s'amuser à mes dépens. Je leur demande la raison, ils me montrent une très belle carte, mais me donnent une enveloppe avec une carte de guerre, qui d'habitude vient sans timbre et sans enveloppe avec l'adresse de l'expéditeur et du destinataire. Au milieu des drapeaux et la correspondance au dos, j'ai reconnu l'écriture de celui qui m'avait demandé de lui donner des nouvelles du pays. Sur sa carte, à peu près les mêmes choses, mais il y a un billet dans l'enveloppe et sur lequel il est écrit : « Mademoiselle, mon camarade a été tué avec un éclat d'obus, pendant qu'il écrivait ces deux cartes, comme sur la vôtre il y a l'adresse, je vous les expédie toutes les deux, faites parvenir l'autre à sa fiancée. »

Ignorant tout de sa famille qui n'habitait pas le pays, ainsi que de sa fiancée, cela me fit un choc. C'était le cinquième de la bande qui s'amusait le jour du battage, il ne restait plus que mon frère François en vie.

Mon cousin vint vers moi avec la belle carte, je lui dis que je ne voulais pas la voir.

– Elle est si poétique, je vais Marie vous la lire. Là-bas, on viendra de la guerre finie, finie. C'est là qu'on vivra une paix bénie.

Je lui dis aussi de lire la carte :

– Mais cette carte ne vous est pas destinée, c'est à une nommée Louise.

Je lui donne le billet à lire et il reste là aussi démoralisé que moi. Deux soldats passent sur la route, et apercevant un autre dans la cour, viennent voir. En se retirant, l'un d'eux lui dit :

– Mais il y a des Bretons dans le 1er. Je viens d'être versé là-dedans, mon régiment ayant été dissout.

– Comment ? Vous faisiez partie du régiment qui a marché sur Paris ? Raconte-nous cela.

– Oh, c'est simple. Nous étions depuis plusieurs jours en première ligne où il n'y avait qu'attaques et contre-attaques. Ni relève, ni ravitaillement. Un jour, on s'aperçut que nous étions presque encerclés. Alors profitant d'une tempête, on a rampé jusqu'à nos lignes. Quand nous avons vu les manquants, on s'est dit : ça ne peut pas durer. Et, prenant la route de Paris, on s'est mis en marche, les généraux venaient nous dire de retourner à nos postes, mais nous étions bien décidés et nos rangs grossissaient. Arrivés près de Paris, un général africain vint nous dire : « regardez mes nègres, si vous faites un pas de plus, je donne l'ordre de tirer. » Alors on a compris.

Le soir, Yves et lui sont allés au moulin Glédic, on sait que là c'est la gaieté, le père étant dans un dépôt et la bonne âgée et une des plus laides, n'a pas son pareil pour faire rire.

Le lendemain en partant, il me dit qu'il m'écrira et à Marguerite, de jolies cartes, les filles de Landeleau n'étant pas aussi naïves que les autres.

Mon frère François vient en perm de 15 jours. Il doit aller à Salonique. Au premier repas de soupe aux crêpes voyant qu'il n'y a que quatre écuelles, il me demande pourquoi je mange dans un bol.

– Depuis longtemps, on ne trouve plus d'écuelle.

– J'irai chercher au bourg, et tu verras que je trouverai.

En effet il a trouvé une rouge.

– Et tu sais Marie, ne le casse pas d'ici que je te payerai un autre.

Je ne l'ai pas cassée, car à ce jour de 1980, elle est sur mon vaisselier avec un bol, reçu de ma mère le jour de mes dix ans.

Sa permission finie, il va dans le midi, le moral est bas. « D'ici un an, je ne vous reverrai pas, car c'est loin et si on sera là tous les cinq... »

Que de problèmes j'ai à résoudre ! Deux puisatiers sont venus faire des coups de mine et me promettent de l'eau dans quelques jours. Mais les jours passent et l'eau tarde à venir.

La mère de Marguerite m'a dit : « ménage ta moisson, de peur qu'à la fin du printemps, il t'en manquera. » Je leur ai dit de me donner leurs bons de pain.

Il y a des toitures à arranger, il faut trouver des ouvriers. Catherine fait la difficile ; elle me dit qu'ailleurs on tue des veaux et que la pension est bonne, c'est pas du *kig sal*. Je me demande comment on peut tuer des veaux, alors que pour envoyer une petite génisse à la foire, il faut un billet de la mairie.

Un autre fermier est venu au village, il est père de six enfants[76]. La ferme a été vite louée. Un voisin était venu voir si la ferme allait être libre et le lendemain, il vient avec un parent s'accorder du prix.

[76] Les pères de 6 enfants, dans un premier temps versés dans l'armée territoriale (ce qui leur évita les 1res lignes) furent démobilisés avant la fin de la guerre. Beaucoup d'entre eux agrandirent alors substantiellement leur patrimoine, et seront maintes fois houspillés par leurs concitoyens, car devenus « nouveaux riches ».

Année 1918

Elle est venue avec trop peu de tout. On ne cause que guerre, restrictions, et nouveaux riches. Soaz Tromeur me dit de lui prêter mon char à bancs et avec son cheval attelé, on va à Carhaix. Moi je vais chercher une cafetière et Soaz une machine à coudre. J'ai déjà cherché à Châteauneuf, mais à Carhaix j'ai pas eu plus de succès. Par contre, Soaz a trouvé une superbe machine, et pendant que je surveillais le cheval et qu'elle aidait autour de sa machine, je fus traitée de nouveau riche qui achetait n'importe quoi.

Soaz est allée habiter sa petite ferme au Cleuziou, moi et Catherine, nous allons deux fois par semaine après, souper chez elle. Chann a une très belle et longue chevelure et pour la peigner, il faut un grand feu, et c'est Soaz qui s'en occupe. « Vivement la guerre finie, et qu'on vende ces cheveux. »

Marie-Jeanne est morte, elle n'est pas au Liny que depuis quelques mois, une jeune est venue nous prévenir. Catherine et moi, on décide d'aller avec elle à la veillée, celle-là connaissait les *vinojenn*, on traversa les landes, les champs, et ruisseaux et rivières sans prêter attention. Mais au milieu de la nuit, pour revenir, c'était autre chose. Arrivées près de Meil Lerrant, on ne trouvait pas le pont fait de trois troncs d'arbre, mais on entendait l'eau avec un bruit infernal au fond de la rivière. Cela avait pour moi une bonne leçon.

J'ai reçu une lettre de François, il est au Salonique « te rappelles-tu, Marie, qu'au mois de février l'année dernière, quand je suis venu en perm, il a fallu que tu ébouillantes tous mes habits, tellement il y avait des poux que la chanson appelle les totos ? Ici heureusement, on n'a pas ça, je trouve des pièces pour ta collection. Quant à Jean-Louis il doit venir en permission. »

Par une nuit claire et calme de fin du mois de janvier, Catherine et moi qui dormions dans la grande chambre, avons entendu un grand cri d'oiseau, un en face de chacune des trois fenêtres. Ce cri, c'était la première fois que je l'entendais, quel donc peut-être cet oiseau ? « C'est le *lapous an ankou*[77], me dit la bonne, et je ne reste plus ici, car l'une de nous doit mourir ». Car Yves dormant en bas n'avait rien entendu. Mais moi, je ne croyais pas à ces choses, et pourtant deux mois après...

[77] *Lapous an ankou* : oiseau de la mort. Cet oiseau (très souvent l'épervier : *ar sparfell*) est une des nombreuses interventions, annonçant une mort prochaine. Mais la personne à qui se manifeste ce signe ou « intersigne » est rarement celle que la mort menace. « L'oiseau de la mort *(ar sparfell)*, voltige autour de la maison et frappe à la vitre quand vient la mort ». Anatole Le Bras, p. 6, *La Légende de la mort chez les Bretons armoricains*, Librairie celtique, 1945.

Je viens de recevoir des cartes de mes deux frères et de mes deux cousins. L'un d'eux me dit que sa mère reste toujours chagrinée après la mort de son jeune frère dont sa vie à la guerre a été si courte. Quant à l'autre, qui devait devenir mon époux, il m'a envoyé une belle carte en m'écrivant : « Je suis dans une section d'attaque mitrailleur, c'est dur mais quand l'attaque est finie comme c'est le cas, on a la bonne vie pendant trois ou quatre jours. »

Le four qui servait à griller l'avoine pour faire la bouillie a fait son temps et ceux qui envoient leur avoine à griller au bourg, disent qu'un repas de bouillie avec le travail et ce qu'on garde de la farine, revient trop cher.

J'ai accompagné Chann qui va à Spézet chercher des socques. On a pris le bateau un dimanche matin à Ros ar Gaouën[78] mais j'étais pas trop rassurée quand il fallait aider l'éclusière à mettre ses deux vaches sur le bateau avant de nous embarquer. Elle nous disait qu'il n'y a pas de danger. En effet, les bêtes sont restées sages, mais nous ont bousculées dans le bateau quand il est arrivé dans les beaux pâturages. On fait nos affaires, et on va en visite chez une parente à Chann. Là, la jeune dame qui nous a reçues vers onze heures et demie n'a pas l'air de nous apprécier. Quant à sa mère, elle est au lit, elle est rentrée ce matin de Pont de Buis[79] où elle a travaillé pendant la nuit.

« Reste manger une soupe avec nous, dit-elle à sa fille, car cela me fait plaisir d'avoir des nouvelles de Landeleau. » Quand on s'est attablé et que Chann a sorti son bol de beurre et ses crêpes, il fallait voir la gaieté et la reconnaissance de ces deux femmes. Et on a passé un bon dimanche.

Catherine s'est gagée pour le 1er mai à Kastell Gall. A aucun prix, elle ne restera au village depuis qu'elle a entendu cet oiseau de malheur, alors qu'elle ne croit ni à Dieu ni au diable.*

[78] L'Aulne sépare Landeleau de Spézet, distante l'une de l'autre d'une dizaine de kilomètres. Il existait une route mais c'était plus long.

[79] Il s'agit de la poudrerie de Pont de Buis, qui engageait ponctuellement du personnel de manutention.

* Je garde un mauvais souvenir de celle-là. Et pourtant, combien de chansons en breton que celle-là, qui était illettrée, ne m'a pas apprises. Et puis, elle croyait aux disconteuses, et des choses comme ça, elle était un peu naïve.

Après alors, elle est allée à Kergloff, et elle s'est fait faire un enfant et elle n'avait personne pour lui ouvrir la porte. Elle n'avait que des tantes au bourg de Landeleau et qui avaient de quoi faire. Et puis alors, elle est allée à Châteaulin après chez une tante ou une arrière-tante et depuis je n'ai pas entendu causer d'elle. J'ai entendu dire qu'elle cousait des sacs pour un marchand de blé de Châteaulin ; celle-là était douée de ses mains.

C'était un déshonneur de ce temps-là, d'avoir un enfant comme ça. Et puis il fallait aller bonne et laisser son enfant avec quelqu'un, quand on avait une mère, ça allait encore... Ces choses-là arrivaient de temps en temps ; il y en avait aussi comme celle-là. On lui avait dit pourtant, avec sa tante, quand elle partait de chez nous :

Les restrictions se font sentir, on cause qu'on viendra voir les greniers.

Pâques approche, je commence à faire provision de couleurs pour colorier les œufs. Je sais qu'il n'y aura pas de jeunes gens pour venir en chercher[80], mais quand on a seize ans et demi et qu'on a l'habitude de voir. Et puis, mon jeune frère Hervé a des amis et en les régalant, je ferai des heureux. Et le Jeudi Saint, quand j'entendis les cloches aller à Rome, j'ai commencé à cuire une partie dans la balle de blé noir qu'on donnait aux cochons et qui donnait une belle couleur jaune, une autre partie dans des épluchures d'oignon, les autres sont teints à l'encre violette et la dernière partie à l'encre rouge.

Le dimanche, c'est un jour qu'on passe aux offices religieux. Quant au lundi, c'est la journée des visites. Vers le soir, vient au village Soaig Lo, cet infirme a bu un petit coup et il est gai, et réclame ses œufs à toutes les filles. Bientôt tout le village est dans la cour, et chacun raconte son histoire qui finit toujours par des rires.

La semaine se passe, le dimanche après-midi, je vois Ewan qui a été à la messe et cause avec mon frère qui essuie ses yeux. Je vais voir qu'est-ce qu'il y a, mais Ewan se sauve. Yves me dit qu'on vient de lui dire que François a eu un malheur, d'aller voir au bourg où une de ses amies a reçu une lettre de son copain.

Mon frère est allé aux nouvelles, et pendant ce temps, angoissée, je ne pouvais tenir en place. Une heure et demie après, Yves est là, il me donne la lettre et la tête sur la table pleure. Et j'apprends que mon frère a été tué alors que le secteur était calme, qu'il était sentinelle et c'est un crapouillot, une sorte de petit obus qu'on avait lancé sur lui le lundi de Pâques dans la soirée et qu'il n'a pas souffert. Voilà le troisième en deux ans que la famille perd, et je pense à cet oiseau de malheur qui a effrayé Catherine. François avait toujours dormi dans cette chambre, d'où il surveillait les oiseaux et me montrait les nids.

– Tu as tort Catherine, d'aller à Kastell Gall, tu sais que toutes les bonnes qui vont dans ce village-là, elles partent toute avec un gosse.

Là, il y avait beaucoup de domestiques. Ça c'était deux grosses fermes, et les domestiques étaient « m'enfoutistes ». C'est juste à la limite de Landeleau-Kergloff, quand on va faire la Troménie on passe par là.

Là, il y avait toujours une bande de jeunes : deux, trois bonnes et puis trois, quatre domestiques. De ce temps-là, il y avait des domestiques, puisqu'il fallait tout faire à la main. Mais, là-bas les patronnes n'étaient pas des plus sérieuses non plus. Y'avait une veuve là, une veuve joyeuse aussi, alors c'était pas drôle. Tout le monde le savait, tout le monde riait et puis c'était comme ça.

[80] La coutume exigeait que les jeunes filles préparassent des œufs (de poules) à l'intention des garçons, ainsi que nous l'explique Marie : « C'était faire un affront à un jeune de ne pas lui donner deux œufs. On les cuisait, quand ils avaient les poches pleines, ils allaient chez un voisin, manger tous les œufs. C'était les filles qui faisaient ça. »

Deux jours après, il faut que j'aille envoyer Hervé à la confirmation à Spézet. Je dois aller en char à bancs, Marguerite et son frère viennent aussi, ainsi que les deux filles du village. Six, c'est complet, et combien d'autres il a fallu refuser car les chars à bancs sont rares. Cela me faisait mal de voir ces enfants avec leurs parents faire ces longs kilomètres à pieds. En revenant, une boucle de harnais s'est détachée et perdue. On voudrait la remplacer par une ficelle, mais nous ne sommes que des enfants et n'avons pas la force dans nos mains. Il y a eu des dames à nous aider, mais sans succès. Enfin, arrive un homme avec trois garçons, il fait l'affaire en disant : « C'est la troisième voiture que j'arrange sans avoir une place pour mon fils. »

Mon frère vient d'un enterrement, il me dit : « Dimanche il faut que tu ailles à Lerrant Vihan, une dame de Liny m'a dit qu'elle avait entendu cet hiver Maryvonne dire qu'elle se plaisait plus, mais qu'elle s'est arrangée pour y rester. Cette personne m'a dit qu'elle va lui causer. »

Le jour venu, je prends la route, mais après Rest Derrien, je ne connais pas le *vinojenn*. Je vais le demander à un garçon qui surveille ses bêtes, il est heureux de trouver quelqu'un à causer. Il me donna même des conseils. Il y a là le père, la mère et la fille mariée, ils sont étonnés de me voir. Arrive Maryvonne, elle demande l'avis de tous et reste indécise. Que vont dire ses proches voisins, qui sont proches parents à sa patronne ? « Je n'irai pas à moins de 425 francs* l'an. » Ce que j'accepte finalement.

Sa sœur lui dit : « Il faut dire oui ou non. »

La décision est pénible et finalement le oui tombe. Ô quel soulagement pour moi, depuis deux mois qu'on cherche, mais Maryvonne, la sueur perle aussi à son front.

Je suis allée au bourg acheter des habits de deuil, mais impossible de trouver. Ma cousine m'a donné un beau tissu mérinos[81] qu'elle avait en réserve pour faire une jupe, et m'a dit de faire avec ma jupe de première communion une cape qu'on porte pour faire deuil avec le velours et une espèce de voile. Il était un des plus beaux et je le prêtais à tout le quartier.

Maryvonne est arrivée avec sa sœur. Elle vont voir les bêtas dans les crèches, bavardent avec ceux du village. Pendant ce temps, je fais le dîner ; elles rentrent :

* C'était beaucoup de ce temps-là, surtout pour une femme, ça c'était les gages d'un homme avant la guerre 14, d'un domestique pas des plus intelligents ni des plus capables. Puisque l'autre bonne n'avait que 200, mais elle ne savait pas faire grand-chose et elle était jeune, et il fallait lui apprendre à faire des crêpes, à faire du pain et des trucs comme ça.

[81] Mérinos : étoffe faite de la laine de mouton, de race espagnole.

– Qu'est-ce que ça sent bon chez vous ! Ça embaume tout le village.

– Je m'excuse d'être obligée de faire des patates à dîner, n'ayant plus de farine d'avoine.

– Mais c'est la mode maintenant. Chez mon ancienne patronne, on fait la soupe, mais ça n'a pas beaucoup de saveur, toujours la soupe au *kig sal*[82]. Elle est bien tombée, car ici on fait la soupe au lait et la *soubenn-rouz*[83]. Quant au *kig sal*, on coupe trois tranches, qu'on met au fond du chaudron et qu'on laisse rôtir doucement pour donner de la saveur aux patates. Elle me dit qu'elle ne fait pas les courses, donc il faudra que j'aille envoyer la pâte au four et aller au moulin à Meil Glédig ; il n'y a plus de tamis pour le blé, donc il faut aller à Meil Nevez, et qu'elle préfère travailler aux champs. Et je m'aperçois que c'est pas une bonne, mais une amie. Maryvonne est tous les jours aux champs, moi j'ai davantage de temps de m'occuper de la maison.

Des habits neufs, on ne trouve plus, surtout pour les travailleurs. Un jour, je vois arriver un monsieur, il demande à voir le grenier. Nous n'avons pas pris de précautions, et il réquisitionne un tas de blé qui n'était pas de première qualité. L'autre tas n'était pas grand et c'est celui-là qui devait suffire. Le blé a été bien payé et tout le monde a des billets, peu de pièces d'argent et pas d'or. Par contre les nouveaux riches trafiquent, ont de beaux mobiliers, de bonnes bêtes.

Un jour, Chann me dit : « demain on va à la foire à Saint-Herbot, viens avec nous. »

C'était pas du refus. Ce lieu avait tellement de renommée, et puis on envoyait les crins de queues des vaches pour que le saint les protège[84].

[82] *Kig sal* : lard, littéralement viande salée.

[83] *Soubenn rouz* : soupe roussie faite avec des oignons passés au beurre.

[84] *Prière à saint Herbot :*

Aotrou sant Herbot benniget	*Monsieur saint Herbot béni*
A greiz va c'hlaon me ho ped	*Du fond du cœur je vous prie*
Da skuillañ ho penediksion	*de répandre votre bénédiction*
War al lez a c'horan	*sur le lait que je trais*
Evit ma savo kalz dien	*pour que la crème s'y lève abondante*
Da gontantiñ va bouc'hizien	*afin de contenter mes bourgeois*
ha da vloaz m'ar bezan en buhez	*Et dans un an si je suis en vie*
Ma a bromet d'eoc'h eul leue	*Je vous promets un veau*

in *Plonévez-du-Faou*, chanoine Pérennes, Imp. Bretonne, 1942 (p. 32).

Le hameau de Saint-Herbot est situé dans la commune de Plonévez-du-Faou, à une dizaine de kilomètres au nord du bourg, entre Loqueffret et Huelgoat. « La très belle chapelle élevée du XIVe au XVIe siècle, en l'honneur du patron du village, en a remplacé une autre, détruite pendant la guerre de succession de Bretagne (...)

Une tour carrée, de haute allure, domine un vaisseau à cinq travées, orné de verrières du XVIe siècle. Sur la face nord, un superbe escalier extérieur, permet d'accéder au sanctuaire.

On prend les *vinojenn*. L'autre femme qui était avec nous les connaissait et savait tous les raccourcis. On passe à côté du bourg de Collorec. On prend une nouvelle route qui va au Magor, la route est empierrée, mais pas roulée, et on est une vingtaine à marcher sur les côtés. Arrivés au Magor, la route s'arrête et quel beau tableau de voir de la butte sur au moins un kilomètre, dans les prairies parmi les foins et les fleurs, les gens marcher les uns après les autres et traverser le ruisseau sur deux planches.

On est arrivé quand la messe commençait et assis dans le placître, on se trouvait heureux parmi ces gens avec toutes sortes de costumes, surtout des léonards. Plus loin, dans un champ et une petite route, c'était les chevaux et les bêtes à cornes qui étaient à vendre. Quant aux chars à bancs et chevaux des cavaliers, ils étaient dans un grand verger. Que de monde, alors que l'église était remplie !

Chann est allée chercher du pain. Elle revient avec une tourte de pain très blanc, ici le boulanger a su faire provision. A peine commencé, je vois venir une ancienne amie d'école. Elle est venue avec sa mère.

– Vous êtes Marie, la seule amie que je vois parmi cette foule. Comme je compte monter dans la tour, vous m'accompagnerez n'est-ce pas ?

A peine fini on monte dans la tour. Les premières marches, ça allait, une bande de jeunes nous précédait. Mais les marches étaient interminables et il faisait noir. Il y avait de temps en temps, des petites chambres, mais elles étaient dangereuses, les planches étaient pourries. Nous sommes arrivées, on est là une trentaine, on disait qu'au haut du clocher, une charrette pouvait tourner. C'était vrai, et le cou d'œil était beau, mais il faut aller voir les *taranoù*[85]. Je demande au monsieur qui seul, observe le pays, où se trouvent ces fameux *taranoù*. Il n'est pas du

---

Le chœur est séparé de la nef par un chancel de bois sculpté que surmonte une crucifixion et contre lequel s'appuient deux tables de pierre. Sur celle de gauche, les paysans viennent déposer, en hommage à saint Herbot, protecteur des bêtes à cornes, une poignée de crins arrachés à la queue de leurs vaches. Sur celles de droites, ils offrent des mottes de beurre, le jour du pardon, fixé le vendredi qui précède la fête de la Trinité.

(...) L'enclos sacré, dans lequel est édifiée la chapelle, contient en outre un ossuaire de 1458, du type appelé reliquaire d'attache, bâti contre le porche sud, et un joli calvaire groupant au sommet d'un seul fût les trois croix, et en plus des personnages habituels, une statue du saint patron. »

On retrouve dans ce culte de saint Herbot (auquel on attribue en outre la puissance de faire lever le beurre), ce syncrétisme religieux, dont font preuve les Bretons en maintes occasions. Les anciens cultes n'ont pas totalement disparus, mais se sont intimement mêlés à la religion chrétienne. Cette osmose a engendré en Bretagne, une pratique religieuse riche et originale.

[85] *Taranoù* : chute d'eau, rapides (se dit toujours au pluriel).

pays, mais croit savoir que Rusquek se trouve à l'ouest. « Regarde tout ce monde qui prend un *vinojenn* pour monter ce bois. » On descend, une grosse voix menace de nous enfermer. Et moi qui comptais donner un coup d'œil à ces petites chambres, où j'avais vu quelques drôles de statues. Deux garçons se sont mis de côté pour nous laisser passer et demandent s'il y a du monde là-haut.

– Descendez vite, on ferme à clef. Celui qui a les clefs rouspète, il y a des planches pourries et on peut avoir des accidents.

Après quoi, on cherche la route de Rusquek où il y a quelques années, la dame qu'on appelait sorcière guérissait les malades par des plantes, elle était renommée dans tout le pays. C'était le beau vase qui se trouvait là, sous les grands chênes, comment avait-on pu faire un tel monument ?[86] Combien d'années de travail pour faire cette merveille ? On continue et on arrive aux *taranoù*, des grandes pierres à la tête arrondie et entre elles, une eau qui scintillait et descendait comme des perles blanches, c'était si beau ! Nous nous sommes promenées sur les grandes pierres, nous disant qu'on reviendra encore à notre retour. En descendant le bois, un orage nous surprit, les autres promeneurs nous disaient : « mettez-vous à l'abri ». Mais ils avaient pris les meilleures touffes d'arbre. A mon retour, mes deux compagnes me traitent d'étourdie ; « tu as oublié que la maison est loin. » Ce qui ne nous empêche pas d'aller voir le cirque où il y a des lions et une jeune de mon âge qui marche sur une corde.

Les vêpres sont terminées, j'ai peu prié mais par contre j'ai donné les crins des queues de mes bêtes à saint Herbot, et des sous à tous ces infirmes qui sont nombreux. Sur le chemin du retour, la fatigue, j'essaie de crâner, mais mes deux compagnes ne sont pas dupes. Sur une butte à Collorec : « Regarde Marie, les cimes de tes sapins. »

– Est-il possible que ces arbres se voient de si loin ?

– Tout l'heure, quand on arrivera à Menez-Kernal, on les reverra.

Une dame fait avec nous un bout de chemin. Elle connaît bien ma famille et me fait des gentillesses. Moi ce que j'attends, c'est un banc pour m'asseoir, car la terre est mouillée et un verre d'eau, mais l'invitation pour voir sa maison ne vient pas. A Menez-Kernal, je découvre mes beaux et grands sapins et je suis contente que mon père ait planté ces arbres. Que le village est beau ! Mais loin, s'il faut compter tous les pas qu'on doit faire.

Le lendemain, la fatigue qui est aussi pénible. Je m'apprête à me coucher lorsque dans la cour, des voix. J'ouvre la fenêtre, Ewan est là

[86] Le château du Rusquek est situé dans la paroisse de Loqueffret. Il est tombé en ruines au XIXe siècle. On peut toujours y admirer une très belle vasque monolithe armoriée – malheureusement aujourd'hui détériorée.

avec un jeune : « Vite Marie, un cheval s'est enlisé ». Les hommes ont des pioches, des pelles et des planches ; Maryvonne a des cordes et la sangle. Yves est toujours au champ. Le cheval est dans une drôle de position, tout le devant enfoncé. On pioche, on essaye de mettre la sangle sous le poitrail, mais c'est pas facile. Les hommes aussi s'enfoncent, on met des fagots. On me dit de me mettre à genoux, vu que je suis légère et d'essayer de prendre la boucle. J'enfonce donc mon bras, et je sens la boucle, encore un effort. « Marie, retire-toi, tu es en grand danger, retire-toi ». C'est Yves qui arrive, mais j'ai la boucle, et pendant que les autres soulèvent la bête, je me rends compte du danger que j'ai couru, si la bête avait bougé. Enfin, la voilà sauvée. Ses sauveurs ont tous été éclaboussés, ce qui me fit beaucoup rire. Le jeune cavalier dont on a mis son cheval sur la voie charretière, arrive à l'autre route, de là il crie : « Merci », et dit bonsoir. « Voilà, dit Yves, quelqu'un qui pourra se vanter d'avoir rencontré le lutin de Poull ar C'hoaz Goak ». Et j'appris que ce jeune a eu en 1917, ses pieds gelés au front et qu'il traîne depuis entre les hôpitaux.

En passant dans son pré où il y a de petits tas de foin, Ewan se laisse tomber. « Je vais dormir ici, car je suis trop sâle pour rentrer. » Yves fait comme lui ; le rossignol chante dans l'arbre. J'aurais voulu faire la même chose, mais je suis une fille.

Un jour, je vois Maryvonne rentrer à la maison avec une brassée de foin.

– Je vais mettre ce foin dans ma paillasse et envoyer toute ma literie au lavoir pour voir si on peut se débarrasser des puces.

Ces petites bêtes, quand on se couchait, vous forçaient à gratter d'ici qu'elles étaient gorgées. Quant à moi, je mis des planches au fond de mon lit, un drap plié en deux, un autre et un couvre-lit en coton. Coucher sur des planches ne me gênait pas. On brosse la chambre, on lave le chat et le chien, qui a de longs poils blancs. Et on dit que c'est le chien qui a le plus, mais il reste les volailles qu'on ne peut laver. Mais une quinzaine de jours après, les puces réapparaissent.

On cause que dans certaines maisons, il n'y a plus de pain et les meuniers se plaignent des gens qui viennent demander de la farine. Nous regardons notre provision et on s'aperçoit que notre réserve n'est pas grande, on fait davantage de crêpes et de pommes de terre.

Les cartes que je reçois du front sont assez pessimistes. Yves doit passer encore le conseil de révision, Jean-Louis craint fort que cette fois, il partira. Quant aux tués et disparus, on a tellement l'habitude qu'on ne s'étonne plus, cette guerre doit être éternelle...

Les courses, c'est maintenant mon lot toutes les semaines. J'envoie la pâte au bourg, à dos de cheval, et vais prendre le pain. De même, je vais aussi au moulin de Glédic pour le blé noir et la mangeaille des bêtes. Quant au blé qu'il faut envoyer à Meil Nevez, dont le domestique est un drôle de voisin ; il s'est fâché tout rouge de mon frère, parce qu'il n'est pas venu assez vite lui donner à boire quand il passait. Je dois donc aller trouver Goazig avec le blé dans le char à bancs. La mère de Marie Le Roy me dit : « et rappelle-lui la peur qu'il a fait à ma fille et à toi au mois de mars. »

Ah, ce mois de mars, où je devais aller à un enterrement le lendemain à Plonévez ! Et j'étais seule avec mon frère. Il me fallait donc trouver une journalière pour faire la pâte à pain, traire les vaches et s'occuper des bêtes. Ma petite voisine, de trois ans plus jeune que moi, m'accompagne, il gèle avec un vent fort et froid ; on doit faire, à travers champs deux forts kilomètres. A notre arrivée, la maison avec un bon feu, le père gai, il vient de faire une course. L'accueil est chaleureux et on reste plus long qu'on y pense, et il faut boire chaud avant de partir : et une cuillerée de lambic et une autre de miel dans un verre d'eau chaude.

– Et courez, et vous serez vite arrivées dans les champs de Lerrant qui donnent sur le nord.

Le vent est plus dur et le froid plus vif. En approchant du talus, on entend un bruit insolite, qu'est-ce donc ? Et un autre, c'est dans le champ qu'on doit prendre. Je monte sur le talus, Marie fait de même.

– Regarde là, au milieu du champ, cet espèce de je ne sais quoi et qui émet ce cri, et ne cesse pas.

– Oh, dit Marie, c'est le *teuz*[87], et je ne descends pas.

Mais il faut rentrer ; et je pense à sa mère qui m'a dit :

« Il faut pas qu'elle attrape le *sifern*[88], car elle pourra le passer à toute la maisonnée.

– Mais enfin, il faut avoir une raison. Descends !

– Non, il a bougé et j'ai vu son pied de poulain.

(Quand les figurines du diable avec ses cornes avaient toujours des pieds de poulain).

Quant à moi je pense à saint Thélau, et je promis de faire la Troménie. Et si c'est un être humain pareil comme à Job ar Guillou qui est mort au *kabanchoù*[89] par une nuit de tempête. Je dis à ma compagne de prendre dans ma main, elle le fait sans méfiance. Mais au lieu de

[87] *Teuz* : fantôme.

[88] *Sifern* : rhume de cerveau.

[89] *Kabanchoù* : terme très ancien (toujours au pluriel), qui désigne deux petits monticules faits de pierres et de terre, permettant de passer les rivières ; sorte de gué (explication fournie par M. et Mme Trévidic de Carhaix.

monter sur le talus, je la fais dégringoler dans le champ. Elle a froid et tremble.

Je crie « *lutun, lutun*[90], que fais-tu là ? »

Un cri plus fort vient jusqu'à nous et c'est un cri humain. Je me dirige jusqu'à la masse et une voix assez faible me dit : « Marie Ar Beg, au nom du ciel aide-moi. »

Comment cette masse me connaît-elle ? Et bientôt moi aussi je reconnais Kaou le meunier qui vient tous les quinze jours à la maison, en goûtant le bon cidre chez ses clients. Décrire l'état où il se trouve ? Non. Je prends dans sa main et je dis à Marie de prendre dans l'autre. On le lève, mais son pantalon gelé n'a pas décroché de la terre, et il ne sent pas la rose. Il fait quelques pas, lâche sa main et il tombe comme une masse sur le dos. Alors Marie, qui a l'habitude de ses jeunes frères me dit qu'il faut relever son pantalon. Et à nous deux, avec les épingles de sûreté que nous avons dans nos châles, nous accrochons son pantalon à son *chupenn*[91], et continuons tous trois vers le haut des champs.

Arrivés à la petite route qui est très abritée, mais dont les ornières et les trous de glace nous permettent pas de marcher à trois, on l'abrite et on va à Rest Derrien demander du secours. Les deux chiens aboient de toutes leurs forces. Je frappe à la porte, la grosse voix du patron demande : « qui est là ? » Je me nomme.

« Comment est-il que vous soyez là à cette heure de la nuit par un temps pareil ? Si je me lève, je prends le fouet pour vous faire coucher. »

Ma compagne vient d'être mordue par le chien et pleure. Nous prenons la route de la maison, accompagnées des chiens. Je me couche, mais le sommeil ne vient pas. Ce Kaou Goasig pourra-t-il tenir jusqu'au matin ? Il est le seul meunier du coin et à jeun, c'est un homme agréable et travailleur.

A Plonévez, une parente me demande si je suis malade, il paraît que je suis aussi pâle que la morte.

Au retour, je passe près de la chaumière de Kaou. Sa fille me dit qu'il est au lit, je lui demande comment il s'est tiré. « J'ai fait la petite route à quatre pattes, et à Rest Derrien je suis rentré dans la crèche et là réchauffé, de bon matin je suis venu au lit. Mais Marie ne souffle de cela à personne où je ne moudrai plus de grain. » Arrivée à la maison, c'est la mère de Marie Le Roy qui me tombe sur le dos, heureusement que son mari est là et la calme.

[90] *Lutun* : lutin.

[91] *Chupenn* : veston, veste.

Deux jours après, je vois venir au village Jean B... Comme d'habitude, il est très bien mis : sabots bien cirés, des bas bleus, pantalon *potok*[92] gris et gilet d'été en velours côtelé noir avec manches et dos en coton, et chapeau de paille avec un large ruban en velours qui tombe dans le dos. Je vais lui causer, car je suis inquiète. Si ses voisins ont causé, lui qui est doué d'une telle imagination, quelles histoires il ne va pas raconter ! Même, il pourrait me faire une *son* qu'on chanterait dans les danses.

– Que vous êtes beau, Jean !

– Mais, c'est dimanche.

– Et de neuf ?

– C'est un mystère qui plane sur notre village. L'autre soir, vers onze heures, les chiens aboient pendant une heure et hier, le patron de Kervalen est venu aux nouvelles. Vers ces heures, dans les champs de Lerrant, une espèce de bête qui avait une drôle d'allure, elle marchait doucement, elle n'avait pas froid, alors que lui gelait à soigner son cheval, elle s'est dirigée vers le village où les chiens ont fait du tapage. Le vieux Diraison, sait quelque chose, il ne veut pas causer ; quant à Charles, il dit avoir bien fermé la porte sur sa crèche et l'a trouvée grande ouverte le matin.

Enfin, j'étais soulagée.

Le facteur vient de passer et me donne une poignée de cartes et de lettres. Pauvre frère, tu ne m'écriras plus. Mais maintenant, ce sera Yves qui a passé le conseil de révision et partira ; on dit après la moisson, car le pays manque de paysans. Les nouvelles de Jean-Louis sont bonnes, ainsi que mon cousin de Loqueffret.

Une carte et une lettre de Poissy, c'est mon cousin de Plonévez[93]. Sur la carte, il m'écrit qu'il est gazé, cette carte écrite il y a près d'un mois. Sur la lettre, il me dit qu'il attend une réponse, il sait qu'Yves doit partir. « Mais maintenant avec Clémenceau, la guerre finira, je l'ai vu, alors que je me trouvais allongé au bord de la route attendant d'être ramassé, sortir d'une auto, capote et calot militaire, secouer un général et lui dire : "que je ne te trouve plus à trois kilomètres de moi." Alors que les obus tombaient autour de nous. »

L'autre carte, c'est d'un soldat qui vient en permission, il me dit d'aller à la foire pour faire plus ample connaissance. Je ne l'ai vu qu'une fois quand il est venu me rendre les cartes que j'avais écrites à son frère tué.

[92] Pantalon *potok* : ne connaît pas d'équivalent en français. C'était un tissu très épais, de couleur marron que l'usure rendait blanc et qui avait la réputation d'embellir en vieillissant. (Explications fournies par M. et Mme Trévidic de Carhaix).

[93] Le cousin en question deviendra l'époux de Marie.

Arrive le mois de juillet, il y a un coup dur avec le foin. On ne mange du pain que le jour de grands travaux, autrement c'est des crêpes et des pommes de terre au *kig sal*. Hervé, qui est en vacances trouve son compte, mais pas Maryvonne qui doit faire les crêpes. Très peu de sucre et pas de café, mais on a semé une espèce de plante, que personne ne sait le nom ; elle a un mètre de hauteur, une petite fleur, nous l'avons appelée café. Comme il n'y a ni vin et peu de cidre, on fabrique avec du vinaigre et un produit qu'on trouve dans le commerce de la piquette, quand on peut avoir un peu de sucre.

Maintenant que les travaux battent leur plein, je dois aller tous les matins aider mon frère à prendre une charretée de trèfles. Pendant qu'il coupe, moi je mets dans la charrette, après je râtelle pendant qu'il finit d'enfourcher. On fait une hécatombe de grenouilles et de grosses limaces rouges, et pendant ce temps, Maryvonne soigne les bêtes. Le plus dur, c'est de faire les courses avec le jeune cheval, l'autre est tous les jours attelé.

Un jour venant avec mon pain du bourg, descendant Pont-Traper, j'entends la clochette d'un enterrement. Je descends de mon cheval. Jamais je ne pourrai croiser le convoi dans une pareille route avec une telle bête. J'essaie de lui faire rebrousser chemin, mais il a vu la bête qui monte la côte. Avec toutes mes forces, je cherche à le maîtriser et voyant une brèche dans le large talus, je le fais monter. Je mets la corde à faire deux tours autour d'une plante et agrippée à sa crinière, je laisse passer l'enterrement, mais beaucoup de gens ont peur.

Un autre jour, venant de Meil-Glédic, je croise une femme, qui me dit : « Les chevaux de Kerviou sont dans le *roz*[94], près de l'eau, maîtrise bien ton cheval. » Etant toujours sur le dos des chevaux, je me mets un pied de chaque côté, j'arrange solidement mon sac de farine. En arrivant près de l'eau, le cheval monte le *roz* et me fait tomber sur un buisson, ainsi que mon sac. J'ai les pieds dans l'eau, mais le sac n'est pas mouillé. Là-haut, ça crie, ça rue. Pourvu qu'ils ne cassent pas les pattes. Quand j'ai pu me dépêtrer je monte voir : deux juments et leurs poulains sont là, tout ça crie, et les ruades et les coups de dents ne manquent pas.

De l'aide, je ne vois nulle part. Rien qu'un petit *paotr-saout* qui accourt, remplissant mes poches de pierres, et crie sur les chevaux. J'ai pu les éloigner à coups de pierre et le mien étant plus calme. Et aidée du *paotr-saout* pour remettre le sac, sans d'autres aventures, j'arrive à la maison.

[94] *Roz* : terrain en pente, recouvert de fougère ou de bruyère.

Tante sœur a écrit, elle vient passer quelques jours chez sa mère, elle serait heureuse de nous voir. Donc le dimanche, de bonne heure, en char à bancs, on prend la route de Loqueffret.

Après dîner, on va voir la tourbière de Reundu, de Poulfoan on monte au plus haut de la montagne et on arrive au Franquizic. C'est le village le plus démuni de tout, quatre petites maisons avec quatre petits jardins entourés de pierres. Une jeune à peu près de l'âge de ma cousine, nous fait visiter les jardins où on a fait ramasser toute la terre qui se trouve sur ce plateau de pierres, quelques moutons plus loin et c'est tout. De là, on commence à descendre à la tourbière. C'est une vaste étendue de terre noire dans laquelle on trouve des arbres qui ne poussent pas, il y a des grands tas de cette terre en petits carrés qui sèchent. On a fait une rallonge au train parce que tout ça est expédié, il y a même des nègres qui travaillent là.

Notre moisson est une des premières à être ramassée, sauf un champ de blé d'été, qui n'est pas mûr. Que c'est bon de manger du pain à volonté.

Arrive le pardon des Portes, on est décidé d'aller en char à bancs, car Yves doit partir au régiment bientôt. Au pardon peu de monde, une surprise, notre cousin de Plonévez est en permission.

« Je croyais trouver le pardon comme il était auparavant. Et dire que l'année dernière, je l'ai passé à pleurer et dans la boue jusqu'à la ceinture. L'ennemi avait dévié une rivière sur nous et nous étions paralysés dans nos tranchées. »

Aujourd'hui, il est heureux, il fait un stage de téléphoniste et apprend l'alphabet morse. Deux autres soldats viennent nous dire bonjour, ce sont d'anciens voisins à Maryvonne. Ils ont espoir qu'avec le ministre actuel, la guerre finira.

« Alors, leur dit Maryvonne, vous n'irez plus au séminaire ? Il y a tant de tués qu'il faut les remplacer.

– Oui, mais je suis sans situation et l'instruction ne sert pas à grand-chose.

– Mais vous vous marierez ?

– Avec qui ? Avec une sans le sou, comme moi ? si je savais trouver une comme votre patronne, alors oui ! »

On finit de ramasser les dernières récoltes. Nous sommes aux premiers jours de septembre, c'est un dimanche. On finit de battre chez les Tromeur et comme le soleil n'est pas encore couché, on décide d'aller lever les gerbes qui restent dans notre champ en face du village. D'autres jeunes viennent avec nous, on a pour une demi-heure.

On m'appelle, une dame de Rest Derrien est là, elle cherche du monde pour battre. La nuit est si belle et assises près de la porte, tout en me racontant les nouvelles car elle a été à la messe, on est égayé par les jeunes qui s'amusent au champ. Là, il y a du renfort, Marguerite et sa bonne du Meil Glédic ont augmenté le nombre. On reconnaît Louise, de sa grosse voix elle demande après moi. Et bientôt, toutes sortes de paroles désobligeantes sur notre compte sont lancées pour faire rire. On me dit que j'ai pas besoin de faire tant de gentillesse à ma future belle-mère, pour avoir un lourdeau pareil. Et combien de paroles désobligeantes pour cette femme qui reste toujours aussi souriante ! Quant à moi, je bouillonne de colère et une fois libre, j'arrive au champ. Mon énervement les étonne. On ne s'était pas rendu compte qu'on pouvait les entendre. Maryvonne tache d'apaiser les choses, en me demandant de raconter les nouvelles qu'elle m'avait racontées.

– Et bien, il y a des bonnes et des mauvaises. Il y a une nouvelle maladie que les médecins ne connaissent pas. Il y a beaucoup qui meurent, surtout les vieilles filles comme toi Louise. Alors toutes les fois que tu passeras chez nous, je viens faire le revenant pour te faire prendre un bain dans la rivière.

– La vie est assez triste comme ça, ne la noircis pas.

– Elle ne dit que la vérité ! dit une voix près de la barrière, c'est la sœur de la bonne et son mari. Même c'est plus mauvais, car il y a deux malades l'autre bout de la commune ».

Et tous, assis sur des gerbes, on est triste, angoissées. Et je pense à ce que dit la vieille Marie-Jeanne, qu'à la fin des guerres, on voit danser les trois *gwalenn*, *ar brezel*, *ar gernez*[95] qui est la famine, *ar vossen* qui est l'épidémie. Et à partir de cette nuit, on ne quitte plus le village que pour aller au pain.

Hervé, qui est retourné en pension depuis une semaine revient à la maison, malade.

Je suis allée au pain, le jeune boulanger qui est ancien marin, me dit qu'il va au lit, cette drôle de grippe le fait souffrir. « Ar grip », ce nom qu'on donne au peigne qui nous sert pour nous peigner, et dont il n'y a aucun remède. Les hôpitaux sont bondés.

Quelques jours plus tard, je suis alitée, j'ai une forte fièvre et une forte migraine. Yves est allé voir le médecin qui lui a dit qu'il ne se dérange pas.

– Tous les malades ont la grippe et aucun remède, donne-leur du rhum. »

Hervé accepte bien la boisson, mais moi non. Mon frère se lève et on dit que c'est grâce au rhum, alors j'accepte aussi.

[95] *Kernez*, notons la mutation du K en G, après l'article, *kernez* étant féminin.

Un jour, vers le soir, Yves est venu m'envoyer un bol de lait, il a les larmes aux yeux. Habillé en dimanche il me dit qu'il sera de retour que dans deux heures. Je lui ai demandé la raison, il est parti. A Hervé qui vient de rentrer, je lui demande où est Yves, il me dit qu'il est allé à l'enterrement de Louise Meil Glédic[96] qui est morte ce matin et dont la mairie a donné ordre de ne pas faire de veillée avec les morts.

On fait mon lit de temps en temps. Je tâche de rester debout, mais cette fois je suis tombée. Je me crois saoule et à partir de ce moment je ne bois plus de rhum. Mais quand j'essaie de me tenir debout, la même chose m'arrive.

Un matin, avant déjeuner, la maison reste vide, je me demande la raison. Dans la cour, peu de bruit. Les gens ne causent plus. Enfin Hervé est là, je lui demande où est Yves.

– Pourquoi n'est-il pas venu me faire mon lit ?

– Yves a mis deux fourchées de paille à l'écurie et est allongé dessus, il dit qu'il n'a pas besoin de dîner. Je vais te faire une omelette, j'espère que tu mangeras un peu.

Pauvre Hervé ! Deux malades et toutes les bêtes sur son compte, alors qu'il n'a que 14 ans. Un ou deux jours après, il me dit : « Je ne te comprends pas Marie, rester trois semaines au lit, alors que deux jours m'ont suffit ». A partir de ce moment, je me suis dit : « il faut que je me lève. »

Le lendemain, vers les 10 heures, je me trouvais assise près de mon lit à vouloir m'habiller. Je me suis traînée jusqu'à l'escalier, mais là je ne peux rester debout et c'est assise que j'ai descendu. Mais il faut les remonter, car la faiblesse m'empêche de rester dehors. Lorsque je m'aperçus que des tisons fumaient dans l'âtre près du fauteuil de bois, il n'y a pas non à dire, il faut que j'aille les retirer. Et, prenant le balai de genêt qui était desséché et aidé de celui-là, j'ai pu arriver près de l'âtre. Moi qui vais avoir dix-sept ans à la fin du mois, c'est dire dans quel état la grippe m'a mise !

Le lendemain, je me suis levée vers la même heure et j'ai ouvert la fenêtre de ma chambre, et bientôt, la plupart de ceux du village sont

[96] Il était fort courant d'appeler les femmes par le nom du village où elles résidaient. Cela est vraisemblablement dû au fait que l'éventail des noms et des prénoms était restreint. Il était donc plus facile de les identifier de cette façon, surtout dans un milieu rural où l'endogamie se pratiquait énormément. De même, les femmes mariées conservent leur nom de jeune fille : « La femme bretonne ne perd jamais l'usage du nom de famille qu'elle a reçu à la naissance et qui est le sien, alors qu'ailleurs la femme devient par son mariage uniquement connue sous le nom de son mari. Elle continue ici d'exister par elle-même et non par référence à son mari, l'usage de son nom signale son existence, sa "capacité" (sens juridique), sa responsabilité ». A. Audibert, *Le Matriarcat breton*, p. 67, coll. PUF.

venus me féliciter. Le lendemain, Maryvonne est arrivée. Elle n'a été alitée qu'une huitaine de jours, mais sachant que j'étais très mal, elle préférait rester à la maison. La venue de la bonne m'a beaucoup soulagée et, petit à petit, la vie recommence. La grippe a passé dans le coin, en faisant trois morts, mais elle est encore plus mauvaise à l'autre bout de la commune.

On vient de distribuer du pétrole, chaque ménage a eu un litre et on ne sait quand il y aura d'autre. Chez Le Roy, on tire des légumes. On est les premiers jours de novembre. Après qu'ils ont soupé, les deux filles et leur cousin qui attend aussi son papier pour partir pour faire son service, dont on dit que c'est la grippe qui a retardé car il n'y a ni permissionnaires, ni recrutement. Ils viennent chez nous, ils veulent s'amuser. Je leur dis que je vais éteindre la lumière, car le peu de pétrole, je le garde pour soigner les gens et les bêtes en cas de maladie.

Il partent et reviennent en nous disant que la maison des Tromeur est éclairée, donc la bonne et moi les suivons. Chez nos voisins, il y a un pot de pommes de terre sur le feu pour les cochons pour le lendemain, et il faut plus de deux heures pour cuire ce grand pot. La mère fait du feu, et de temps en temps, met au feu du genêt sec qui éclaire. Ewan fait des papiers, Chann cherche dans ses papiers la dernière lettre d'un ancien commis qui n'écrit plus.

– Pauvre soldat, dit le vieux Michel qui fume sa pipe moitié tabac et *butun marmous*[97], on ne le verra plus au village, et dire qu'il n'a aucun parent pour le pleurer.

Ewan et Maryvonne font leur possible pour changer de moins tristes conversations, lorsqu'ils se disent : « Marie tu sais la chanson qu'on a fait à Job avec ses deux voisins, chante-là, je parie qu'il ne la sait pas. »

Comme il est d'accord je commence, il est pris en dérision mais pas trop méchant, c'est pas de même pour ses patrons. On cause sur l'esprit inventif de ces deux jeunes qui n'ont que 18 ans.

Et voilà qu'on entend crier. Moi je me précipite à la porte, car Yves est à souper chez une femme dont le mari est au front, et où il a passé la journée avec son père autour du fumier. Qu'est-ce qu'il peut lui arriver ?

– Ecoute, écoute les cloches !

Et cette nuit un peu sombre, on entend les cloches carillonner de partout, du nord, du sud, de l'est et de l'ouest. Et je vis ces deux se serrant la main et se dire : « quelle chance nous avons, nous ne serons pas tués. C'est nous les heureux de la terre et c'est avec joie que nous rem-

[97] *Butun marmous* : *butun* : tabac - *marmous* : singe. Succédané de tabac, constitué à partir de plants sauvages, que l'on égrenait et que l'on mélangeait au tabac, devenu denrée rare.

plaçons les autres. Mais comment se fait-il que la guerre soit finie tout d'un coup ? »

On avait bien entendu dire que l'Allemagne ne pouvait plus tenir, mais la France était aussi tombée bien bas. Et nous autres, à la campagne, on sentait la pauvreté, on vous donnait des billets de banque, mais les choses qu'on pouvait avoir avec, étaient peu de chose.

Je pensais à mes deux frères, dont le plus jeune ne reviendra pas. Etre tué à 22 ans alors qu'il avait fait Verdun où il avait été blessé et être tué en Salonique. Et Jean-Louis, dont il va y avoir six ans qu'il est parti, pour lui ce sera la joie...

Le lendemain, je suis allée envoyer la pâte au four de bon matin. Et surtout, pour être renseignée, mais au bourg, il n'y a pas de téléphone. Il y a un à Pont-Triffen, celui du marchand de grains, et lui nous dit que les Allemands ont demandé de parlementer mais que la guerre n'est pas finie. Le facteur, qui vient de Châteauneuf, nous dit à peu près la même chose, mais il y a espoir qu'elle ne tardera plus.

Quelques jours après, par une belle après-midi, je suis allée chercher l'eau potable pour mon café dans la prairie, lorsque le carillon recommence. Je saute de joie et mon seau avec, j'ai envie de crier à ces bêtes qui pâturent : « cette fois, c'est du vrai ! » Cette joie, je ne peux la partager car la plupart des gens du village sont allés à la foire ou à l'école.

Quand vers le soir, les gens rentrent, ils sont tous heureux. Ils ont bavardé assez et se mettent à leurs occupations. Un des écoliers me dit : « il y a fête ce soir au bourg et on vous dit d'y aller. » Une petite voisine est venue me chercher et toutes les deux on est parties.

C'était Jean Flute et ses jeunes ouvriers qui avaient allumé un feu de joie et défilaient au son du clairon. Ce Jean Flute, qu'on ne prenait pas au sérieux, était réformé de la guerre, se disait sourd, mais certains jours entendait très bien. C'était un homme intelligent, il avait fait une chanson sur la guerre, moitié français - moitié breton[98].

Il avait installé une scierie pour couper le bois et pris huit à dix jeunes pour travailler et abattre les arbres. Son commerce marchait bien mais il jouait des tours à ses clients.

Un jour qu'on lui réglait le prix d'une charrette, et dont le client lui demandait un reçu, chose rare qui n'était pas courante, il demanda à celui-ci de lui dicter le reçu. Mais quelle surprise, son fils lui fit remar-

[98] Ce Jean Flute, de son vrai nom François Le Borgne, était un véritable phénomène. Une prétendue surdité lui avait permis de quitter prématurément les champs de bataille. La liste de ses diverses forfanteries – dont certaines très burlesques – était fort longue et connue de tous, notamment des gendarmes qui lui rendaient souvent visite.

quer que son reçu était nul ! Une autre fois, une commerçante ayant acheté une chambre à coucher avec armoire à glace, dont celle-ci avait été abîmée, elle demanda à Jean Flute de l'arranger, ce qu'il fit. Mais le prix était plus cher, mais il lui proposa de le laisser dormir avec elle dans sa belle chambre et ce serait gratuit, ce dont ses jeunes commis avaient ébruité à la campagne, et qui faisait rire tout le monde.

Mais ce soir, il se dépensait avec ses jeunes ouvriers, et bientôt la danse commença, mais n'avait pas de succès. Je fus demandée par plusieurs, mais j'avais mes habits noirs et ne voulait pas danser, lorsque le vieux Laouig prit dans ma main, la serra fort et me dit :

– On est pareil tous les deux, la guerre nous a tué nos parents, car votre père qui avait mon âge aurait toujours été là s'il y aurait eu des médecins et des remèdes ; et mes deux fils, dont le plus jeune a été tué il y a à peine deux mois.

La grippe fait encore du ravage. La nuit de Noël, il y a eu trois morts à veiller dont plusieurs orphelins.

L'APRÈS-GUERRE

Arrive 1919, les pépères commencent à venir à la maison, ainsi que ceux des dépôts[99] et les blessés, mais on ne se rend pas compte car ils sortent peu.

Un dimanche de février où Jean-Louis a eu quelques jours, après une matinée de pluie, il est allé à un enterrement à Plonévez. Je me trouve seule à faire le travail, lorsque je vois venir un ami qui depuis dix-huit mois m'écrit de jolies cartes du front. Ô quelle joie ! Bientôt il sera à la maison pour de bon ; arrive un autre, je ne le connais pas, il est de Châteauneuf et veut voir mon frère, et un troisième. Ils m'aident à ramasser mes bêtes et pendant qu'ils bavardent et s'amusent, moi c'est le souper qui me préoccupe, car le trop peu est toujours là, et ces hommes ont marché huit à dix kilomètres donc ils ont de l'appétit.

Yves est rentré et on se met à table. Et je vois ma soupe, mes saucisses et mon pain disparaître, restent quelques pommes de terre et Jean-Louis n'est pas arrivé. Enfin le voilà, et il n'est pas seul, notre cousin est aussi et tous les deux, ils ont faim. J'essaie de faire quelque chose, je ramasse tous les œufs et fais une omelette. Mais j'ai pas de

[99] Les pépères en question avaient « pour mission de coopérer au maintien de l'ordre et de participer aux mesures de sécurité générale en temps de guerre ». Ils succédaient aux gardes civiles dont l'existence éphémère ne dura que du 31 juillet au 21 octobre 1914. Alors que dans un premier temps cette structure était étendue à toutes les communes, elle fut par la suite basée aux chefs-lieux de canton.

Cf. le témoignage de Marie à propos « des pépères et ceux des dépôts ». « C'était les vieux qu'on avait ramassé pour faire la police à Quimper et ailleurs, derrière le front et autour de Paris, mettre de l'ordre. »

Ceux des dépôts « ils n'étaient pas bons pour le front, alors ils travaillaient au Moulin Blanc, à Brest, ou à Pont de Buis dans les poudreries. On les reconnaissait parce qu'ils avaient les mains et la figure jaune. »

pain, il y a des crêpes, elles sont moisies par ce temps humide. Mon frère prend le tas qui n'est pas grand et toutes disparaissent alors que moi, j'aurais manger une ou deux encore. Après quoi, je puise dans ma réserve et je fais un café véritable, avec du sucre à la place de la saccharine.

« Toi Marie, tu es la perle des femmes et je suis fier d'être ton cousin. »

Je n'aime pas les compliments. Etant jeune, mon frère François m'a appris à me méfier d'eux, ils sont souvent des flatteries.

Après quoi, ils prennent place autour de la table et celui qu'on appelle Jobig dit qu'il est venu voir s'il ne trouvait pas de travail. Il est fils d'une journalière et ses frères comme lui, seront sans travail ; alors qu'ils étaient joyeux, cette question les fait réfléchir. Moi je suis restée près de la table, et assise près de celui qui m'a écrit de si jolies cartes, on cause. Lui me dit qu'il doit prendre la ferme de son père et qu'il serait heureux de m'avoir avec lui, je n'ai que dix-sept ans et cette question m'a surprise. Maintenant, les autres parlent des jeunes filles qu'ils connaissent et des noces qu'il y aura ; mais toujours revient la situation qu'ils vont avoir, car les femmes et les vieux ont bien tenu et à l'heure actuelle, s'accrochent.

Tous les dimanches, j'ai des surprises. Aujourd'hui, alors qu'il y a une petite pluie, je vois venir un homme que je ne connais pas. Il a plus de trente ans, il m'appelle « petite cousine ». Ce qui me frappe, c'est ses souliers dernier cri, bien astiqués, alors qu'il n'y a que boue partout, son costume en très beau drap à la mode du Poher, sa chemise, on dirait qu'elle sort de chez le marchand. Il s'assied, on bavarde et j'appris qu'il vient de rentrer cette semaine. Il ne tarde pas et va dire bonjour aux autres, une fois sorti, je demande qui il est. Tout le village le connaît, c'est Yann Feul Vat, le mari de la *drochenn*[100] de Pennaroz, qui ne veut pas travailler et vit de la location de ses terres. Je les avais revus vingt ans après, à une foire à Carhaix où ils étaient marchands de petits cochons. Je suis allée leur dire bonjour, lui me reconnaissant, m'a dit : « Ah ! Bec, vous êtes restée et moi je suis tombé ». Son habillement laissait voir sa pauvreté et en me disant kenavo, il avait les larmes aux yeux.

Un jour que je reviens du moulin, assise sur le dos de mon cheval noir qu'on appelle Per, je vois marcher devant moi une vieille dame. Sa coiffe et les deux bandes de velours de ses manches me font voir

[100] *Drochenn* : mot familier qui désigne une personne demeurée, sotte. Au masculin : *droch*. Quant au surnom du mari, il doit lui venir de son allure décrite par Marie, car *Feul* en breton signifie : fringant, élégant, et *mat* : bon (mutation m/v).

qu'elle habite l'autre côté de l'Aulne. Elle pose son panier, reste m'attendre.

« Belle cavalière, vous allez prendre mon panier et me dire où se trouve Menez-Banal ?

– Mais d'où venez-vous ?

– J'habite ce côté-ci de Carhaix, à une demi-lieue de marche de l'église.

– Mais comment avez-vous traversé la grande rivière et trouvé le pays ?

– Moi, j'ai l'habitude des voyages. Dans mon jeune âge, j'allais filer le lin et la laine dans les châteaux sur la côte. Pour traverser Ster-Aon[101], on m'a prêté un cheval et la *paotr-saout* lui jetait des pierres dans l'eau, il aurait ri s'il avait pu me faire tomber. »

Le soir, la fille Le Roy me dit : « Viens chez nous, la vieille tante sait beaucoup d'histoire. » Elle nous causa des châteaux, et des *son(ioù)* et *gwerz(ioù)* qu'elle chantait ou récitait. On serait rester jusqu'au matin tant ses récits étaient agréables à écouter. Il y avait aussi à Landeleau des femmes qui allaient à Sant Diboan[102] pour les morts et à Rumengol, mais aucune n'avait le talent de celle-ci.

[101] Ster-Aon : *ster* signifie rivière, *aon* s'écrit en fait *avon* (mais le v ne se prononce pas), que l'on traduit par aven en français. C'est par ce nom que l'on désignait l'Aulne autrefois. On désignait aussi cette même rivière par un autre nom : *Ster-Blom*, la rivière de plomb ; en raison du fait qu'elle traversait les mines de plomb de Poullaouen.

[102] Sant Diboan : *diboan* est dérivé du verbe breton *diboaniañ* qui signifie soulager les souffrances. « Un pardon a lieu le deuxième dimanche d'août à Plévin, dans les Côtes d'Armor. Sant Diboan est invoqué pour soulager les souffrances des malades. A cet effet, les chemises des défunts de l'année qui sont vendues aux enchères le jour du pardon, sont posées sur le lit des moribonds. Cette coutume, autrefois très répandue, existe encore de nos jours dans certains bourgs. » *Dictionnaire des saints bretons*, p. 108, éd. Tchou, 1979.

Rumengol : une mention particulière doit être accordée au pardon de Rumengol. Dans un ouvrage, *En Bretagne*, publié en 1867, Emile Souvestre nous fait une description pittoresque, qui n'a encore rien de désuète en 1919.

« Les deux pèlerinages les plus célèbres du Finistère sont ceux de Saint-Jean-du-Doigt et de Rumengol. Saint-Jean-du-Doigt guérit les maux d'yeux ; Notre-Dame de Rumengol ou de Remed-Ol est, comme son nom l'indique, la vierge de tout remède. Ce dernier pardon est surtout remarquable par la multitude des mendiants qu'il attire. Trois ou quatre cents de ces gens à besace s'y rendent habituellement chaque année. Le soir, quand les tentes sont repliées, que les sonnes sont partis, et que l'on a entendu les dernières cadences des hauts-bois se perdre dans les bruyères, lorsque la nuit et le silence ont repris possession de la plaine que foulait peu auparavant une foule bruyante, les mendiants se réunissent en groupe autour de feux de joie qu'ils allument. Alors, c'est un spectacle dont aucune parole ne peut rendre la fantastique magie que celui de ces trois cents déguenillés assis autour de leur foyer en plein vent. On dirait un campement de bohémiens du Moyen Age. »

Cité dans *Archives de Bretagne*, J. Borge et N. Viasnoff, éd. Balland.

Un jour que je viens de chez grand-mère, à ma sortie du train, j'entends le biniou : une noce, elles sont encore rares. Je regarde la danse qui tire à sa fin, ici à Plonévez, je connais peu de monde, lorsque un gars de Landeleau vient me demander à danser, avec beaucoup de peine, je l'ai reconnu. Il va chanter et m'avoue que c'est sa belle-sœur qui lui a dit de venir me demander, mais une chose m'étonne, une fois dans la danse, elle vient aussi après moi. Les chanteurs ont l'habitude d'aller boire et comme je ne suis pas de noce, il me propose d'aller prendre ma part de fête. Et on s'installe à une petite table, sa belle-sœur ne le quitte pas, et ils m'apprennent qu'ils se sont fiancés ce matin. Quelle surprise ! Lui, un beau gars, elle, mère de deux enfants, six ou sept ans plus âgée.

A mon arrivée à la maison, je fis part de la nouvelle, et chacun du village de commenter l'affaire[103]. Maryvonne de dire : « Si les veuves se marient, nous les jeunes resterons pour compte. Quant aux hommes, un ménage de plus à chercher des fermes, alors qu'elles sont rares. »

Je n'aime pas traire les vaches, j'ai souvent des crampes aux doigts et j'attrape aussi des coups de pieds. Donc, pendant la traite, je vais vider l'écurie, on jette le fumier par la fenêtre.

Un soir pendant mon travail, j'entends des rires qui ne finissent pas. Je ne peux pas voir ce qui se passe dans l'autre cour, donc j'active mon travail, car je suis curieuse. J'ai le dos tourné à la porte, je me sens soudain prise dans un étau, et un pouce sous le menton me soulève presque de terre, et une bouche sur la mienne me coupe la respiration. Quelle brute ! Il va me passer dans l'autre monde. J'ai toujours ma fourche dans ma main mais je ne peux m'en servir, mes chevaux rentrent et il se sauve sur le pas de la porte. Il cause avec mon frère et je vois un espèce d'hercule habillé en marron et qui lui dit : « ce costume, j'ai mis cinq ans pour le payer ».

[103] Ce type de réaction - bien qu'ici elle ne soit pas aussi excessive - corrobore le témoignage de Y. Brekilien (*La Vie quotidienne des paysans bretons au XIXe siècle*), repris par Agnès Audibert (*Le Matriarcat breton*, coll. PUF, p. 56) « Un code très strict règle les rapports sociaux, qui s'il est transgressé entraîne pour son auteur la réprobation ou la mise à l'écart de la communauté villageoise, les mesures punitives vont du bannissement au charivari. Ainsi lorsqu'un mariage apparaissait choquant, un veuf avec une trop jeune fille ou un garçon avec une femme de plusieurs années son aînée, le voisinage exprimait son mécontentement par un tapage injurieux. Car les rapports entre époux sont réglementés, à chacun dans le ménage sa place et son rôle ». Dans le contexte particulier de l'immédiate après guerre, ce genre de situation n'était pas rare, les hommes étant moins nombreux. Les jeunes filles comme Maryvonne pouvaient à juste titre craindre la concurrence des veuves.

Le facteur arrive. D'habitude il ne quitte pas le bourg, c'est les écoliers et les gens de passage qui le remplacent. Après m'avoir donné quelques lettres, il me dit :

– Toi, ma petite, tu as la chance d'être sage, une de tes amies et voisines est à ses derniers moments, et trois petits dont le dernier n'a pas deux mois.

Comment, Anna allait mourir ? Elle n'a pas vingt ans, est belle et aimable.

Deux jours après je suis à sa veillée, quelques femmes près de la porte. On dirait qu'elles nous attendent, elles chuchotent et l'une d'elles me dit :

– Marie, tu vas dire les grâces.

– Mais je ne sais pas !

– Ton père les disait et si tu manques, nous serons indulgents.

La maison est pleine, on me passe une chaise près de la petite chapelle en drap blanc où repose la morte. Et de toutes parts, j'entends :

– Marie, aie courage, allez-y.

Le vieux Michel de sa grosse voix me dit : « pas de manières et dis-nous quelques prières.

Je fais donc un signe de croix, et tous les gens m'imitent. Je commence avec une oraison en breton que je sais très bien, et Michel me dit « plus fort. » Après, c'est l'angélus et un cantique à la vierge, et Michel de me dire « tu vas trop vite. » Maintenant, c'est le de profundis où j'ai des hésitations, alors on dit un pater. C'est les litanies de la vierge, toujours en latin, et les gens répondent « o pater nobis ». Et c'est un cantique des trépassés, mais quand j'ai des hésitations, je dis des pater. Enfin, après une demi-heure j'ai fini. On vient me dire d'annoncer l'heure de l'enterrement, mais c'est mon vieux voisin qui le fait. Je vais donc la première jeter l'eau bénite, alors je regarde la morte et une fille si belle, ce n'est plus qu'un squelette.

J'avais encore une amie de mon âge celle-là, qui s'appelait Pauline, dont se trouvant enceinte de son domestique, après trois mois de mariage, la grippe l'avait emportée.

Yves et Le Roy ont été à la foire, acheter chacun une génisse à sevrer. La nôtre est une blanche, je l'aimais beaucoup et je l'ai bien soignée. Ces deux génisses furent vendues prêtes à vêler, celle de Le Roy le même prix qu'il l'avait payée, veau à sevrer, et la nôtre 8 francs plus cher.

Mon frère est parti faire son service militaire, Jean-Louis n'est pas encore là.

Une loi vient d'être votée et qui fait causer tout le monde. Les mobilisés ont droit de rester dans leur ferme un an de plus. Et des fermes, on n'en trouve plus, les gros fermiers étaient tous propriétaires d'une ou deux petites fermes, dans lesquelles ils installaient leurs enfants nouvellement mariés.

Un dimanche allant à la messe, je me trouve en retard. En passant devant la mairie, j'entends des éclats de voix. Je m'approche, et la mère d'une amie d'école me reconnaît. Elle dit à mon oncle : « donne-moi la ferme de tes neveux, ils ont l'instruction, savent le français, ils se débrouilleront dans "Lost ar Gaserole" », nom qu'elle donnait à Lot-et-Garonne. Ils ont dépassé le nombre de vingt, ceux qui demandent de partir dans le midi ; d'autres de leurs propres moyens, sont allés en Normandie ; deux sont allés près de Rennes ; d'autres ne voulant pas quitter, ont acheté des *penn-ti(es)*[104], mis des cheminées sur des crèches et fait des fenêtres ; d'autres tirent des pierres pour bâtir.

Un jour on nous avertit qu'il y a des engrais à Pont-Triffen. Hervé est là, il attelle ses chevaux et va en prendre. Je l'accompagne. Le soir approche quand on se trouve à Leign ar Peulven[105], il faut serrer les freins qui sont deux morceaux de bois avec du fer qui donnent sur les roues. Je dois à l'aide d'une espèce de bûche, à moitié accroupie sur le dessous de la charrette, tenir ce machin en place. Enfin, on arrive à Pont-Traper tous les deux épuisés, Hervé à tenir ses chevaux pour qu'ils freinent leur marche.

Mais le plus dur est encore à faire, il faut monter la butte qui est raide avec des pierres en boule qui se trouvent sur toutes les routes à pic. Le jeune cheval qui se trouve le premier et qui après quelques tirades refuse de tirer, ce qui fait reculer le limonier et la charrette. La charge est trop lourde et pas d'autres villages tout près, et l'engrais en vrac ne peut être déchargé. Hervé allonge les chaînes et prenant un manche de fouet, il va entre les chevaux et me dit de prendre dans la tête du jeune cheval. Moi je lui crie : « Ne faites pas celà, tu vas être piétiné ». Mais les coups font leur effet et moi, tirant sur la corde, galopant et trébuchant avec une angoisse énorme de voir mon frère écrasé par les chevaux. Et lorsqu'au haut de butte, je vis mon frère sortir de l'attelage et mettre une pierre à chaque roue et dire « ho » à se che-

[104] « Le *penn-ti* est à l'origine une habitation réservée aux journaliers agricoles. Elle était comprise dans le contrat annuel d'embauche. Le *penn-ti* se limitait à l'habitation humaine. Un petit jardin *(liorzh)* y était accolé (...) Parfois le terrain pouvait aller jusqu'à un hectare. Les *penn-ti* ont été abandonné après 1920, quand les fermiers ont récupéré leurs terres, les prix des produits agricoles s'améliorant et la mécanisation s'amorçant. Beaucoup se sont écroulés. Ce qu'on connaît habituellement sous le nom de *penn-ti* (orthographié penty), ce sont les bâtiments de petites fermes (moins de 10 ha), qui ont été viables jusqu'en 1950-1960. Les terres sont annexées par des exploitations plus grandes ; les bâtiments se vendent aux citadins comme résidences secondaires ou principales ». Patrick Hervé, *Maisons rurales en Bretagne*, p. 48, *op. cité*.

[105] *Leign ar Peulven* : *leign* : sommet - *Peulven* : menhir.

vaux, je serais bien mise à genoux pour remercier le ciel, malgré mes pieds et mes mains endoloris, et la bouche de mon cheval en sang.

Quelques jours après, le fils Quéré de Liny vient me dire d'aller avec lui, car les maçons sont arrivés et vont commencer à refaire le pignon de la grande crèche. Cela ne me plaît guère, car j'ai encore le souvenir où un envoyé du cantonnier m'a remis 20 francs en me réclamant 1 franc pour je ne sais quoi, alors qu'il a mangé avec nous, je lui fit remarquer que 20 francs pour les pierres d'une carrière, c'était se moquer des gens. J'eus des reproches de mon oncle, qui était propriétaire de la moitié de la ferme, de mon frère qui me dit que j'aurais dû refuser, et du père de ce jeune qui me dit : » avec quel argent j'irai clore le tour de la carrière ? » La leçon a été dure.

Me voilà, trois maçons et le fermier, me causer du temps que va durer les réparations ; pour alors, Jean-Louis sera là. Cette grande crèche, avec ses nombres de pierres me fit penser à mes ancêtres, dont les maçons disent que sûrement ces pierres avaient passé dans quatre sortes de mains pour être mises en place. Après quoi on cause des mesures de maçonnerie, de la toise, du *troatad*[106]. Je leur dis de me parler en mètre carré, on me dit que ça est fait et écrit dans les livres pour brouiller les Bretons.

Enfin Jean-Louis est arrivé, avec costume marron, et une première chose : c'est l'habillement, l'habit Clémenceau[107] va à la foire, à la messe, mais pas aux cérémonies. Les tailleurs sont débordés et le tissu manque. Il me dit qu'il va s'habiller à la mode de ville, ce qui ne me plaît guère de le voir avec un paletot et pantalon *toul-beurc'h*.

Hervé a été mis à l'école des frères à Châteauneuf, quand notre cousin a quitté l'école de Landeleau. C'était nos tantes qui voulaient ça, pour moi c'était un surplus de souci.

Il fallait prendre le train de bonne heure le matin, pour le ravitailler et aller le dimanche pour ne pas tomber sur les heures de classe. C'est là que j'ai vu pour la première fois une école avec l'électricité.

[106] Toise : ancienne mesure de longueur valant 1,949 mètres. *Troatad* : pied, c'est également une ancienne mesure de longueur, d'environ 33 cm.

Comme on peut s'en apercevoir, le système métrique – en vigueur depuis 1837 (loi appliquée à partir du 1er janvier 1840) – n'est pas encore entré dans les usages. « Son sort, comme celui du franc germinal introduit en 1803, resta incertain pendant plusieurs générations ». *La Fin des terroirs*, E. Weber, éd. Fayard (1983).

[107] Habit Clémenceau : il était offert au soldat à la démobilisation, Jacques Meyer le commente ainsi : « Il faut d'ailleurs reconnaître qu'ils n'avaient pas été gâtés pour leur retour : en plus d'un mince pécule, ils ne bénéficièrent que du fameux complet Abrami, taillé – fort mal – dans le drap kaki de la troupe, ou d'une indemnité de 55 francs, en plus de leur casque, enjolivé d'une visière supplémentaire en laiton. » *La Vie quotidienne des soldats pendant la Grande Guerre*, p. 365, Hachette, 1967.

Un matin, où le vent et la pluie me surprirent dans la route qui monte à pic, et dont par une petite barrière, on rentre dans une garenne, mon pain tombe dans un ruisseau boueux qui dégringole du haut, que faire ? Je cours après mon pain, mais je ne peux l'envoyer à mon frère. Arrivée en ville, je me fais suppliante et demande à madame Dubois de me donner un peu de pain pour mon frère. Cette boulangère me regarde avec sympathie et après m'avoir donné du pain me dit : « que j'aurais été heureuse de t'avoir pour fille ! »

Maryvonne doit nous quitter au 1er mai. C'est ce jour où il y a la foire des gages[108] à Landeleau, que les domestiques quittent. Cela me fit beaucoup de peine, les gages ont augmenté, et Jean-Louis dit : « Moi qui n'ait pas travaillé depuis six ans, je vais me mettre à la tâche. »

On sort beaucoup, on va aux pardons, aux foires où on danse, aux noces. Notre cousin de Loqueffret vient souvent nous voir. Quant aux jeunes de 18, 19, 20, 21, ils sont toujours sous les drapeaux.

Vient le pardon de Landeleau, je suis nommée pour la statue de la sainte Vierge. Il faut que je fasse un costume, car je n'ai que des habits de deuil. Ma tante sœur me dit qu'elle va me peinturer de la soie pour mon tablier, et de velours pour mon costume, mais de mérinos on n'en trouve pas. Pour le *rokelen*[109], je le fais tout en velours et mets aussi un large velours[110] sur ma jupe. Quant à la couturière, et mes amies du bourg, il faut que je sois la plus belle, parce que depuis que je suis sortie de l'école, je n'ai porté que des habits noirs. Et une amie de Kervaluek, qui porte aussi la même statue, elle est venue au pays que depuis deux ans, et n'a pas froid aux yeux. Elle clame partout que mon costume sera le plus beau, si bien que beaucoup de mes jeunes amies sont jalouses.

Arrive le pardon, et le matin à huit heures et demie, on est à l'église pour porter la statue à Lannac'h[111]. On revient à la maison pendant

[108] Foire aux gages : Cette foire se déroulait tous les ans, les domestiques quittant leur place, s'y rendaient afin d'offrir leurs services à de nouveaux patrons : ils « se gageaient ». Une fois terminées les tractations, place était aux réjouissances et à la danse.

[109] *Rokelen* : corsage du costume de Landeleau.

[110] Ce large velours s'il embellit incontestablement le costume de Marie, signifie également que sa famille jouit d'une situation confortable. Par la nature du costume (et ses petits détails), on pouvait évaluer le degré de richesse de celui ou celle qui le portait.

[111] Anatole Le Braz dans un ouvrage déjà cité, *Les Saints bretons*, a recueilli les usages relatifs au « tour des reliques ». Le reliquaire est placé sur le brancard : une douzaine d'hommes se relaient pour le porter. C'est un grand honneur d'être choisi pour cet office. Aussi le brigue-t-on longtemps à l'avance. Il en est qui, pour l'obtenir, font au saint des offrandes de deux cents francs et plus. Jadis même, on mettait à l'enchère, la corvée sacrée. La procession, au sortir du bourg, se dirige vers la chapelle du Lannac'h par le chemin qui mène vers Collorec. C'est la première station : on y chante

que la procession continue vers Saint-Laurent. Quelle foule ! On n'a jamais vu autant.

L'après-midi, alors que je mets mes habits, Augustine est là :

« On va rester toutes les deux aujourd'hui. Pour un jour, tu peux, Marie rester avec moi. »

A Lannac'h, on voit les premiers troméniens ; beaucoup de ceux qui ont fait la guerre, en corps de chemise, pieds nus. Il y en a qui ont un cierge.

« Regarde qui arrive. »

Et on voit un jeune gars du bourg, n'ayant qu'une chemise et un pantalon, tête baissée, un cierge et un chapelet aux mains, passer. C'était le plus voyou du bourg, mais blessé de guerre, le voilà.

Voila la procession qui monte, avec ses tambours et ses clairons, et les porteurs d'enseignes prennent le devant. Après les vêpres, je trouve mes deux cousins, ils me félicitent de ma toilette. Mes frères sont là et on est heureux parmi cette foule, le premier pardon après guerre !

Après on se promène. Je vois Maryvonne qui me dit.

« T'aurais pas dû faire de si beaux habits, les mères des jeunes filles disent que tu as mis un prix fou dans cette toilette peinturée. »

Je pensais en moi-même : comme on se trompe ! Un jeune soldat avec ses galons et ses décorations, du bourg de Collorec vient me causer. Il connaît les grandes manières et s'enquit de qui a pu me faire la peinture de mon costume. Maryvonne, qui n'est pas loin, lui dit :

« Cela ne vous regarde pas et Marie qui est paysanne, c'est un travailleur qu'elle aura. »

Il ne manque pas davantage pour qu'il se retire.

Mes amis viennent me causer, quelques-uns me proposent d'aller prendre un verre qu'on boit dans les chambres, dans la soirée. Mon cousin de Plonévez qui s'amuse beaucoup, il a trouvé un copain de la marine, alors que lui aussi est en soldat, avec des habits retaillés, chose rare. Il me propose d'aller prendre un verre « car j'ai à te causer ». Nous voilà dans une chambre, elle est pleine, enfin on a trouvé quatre places. Et là, ils nous racontent comment ils ont fait marcher la mère d'une fille de Tréoffen, qui voulait que ce soit sa fille qui ait la plus

---

le cantique de la vierge. A partir de là, on s'engage à travers champs et landes, par des sentiers, de mauvais chemins ruraux. A l'arbre de saint Theleau, nouvelle halte, avec arrêt d'une demi-heure et sermon. La troisième et la quatrième station se font au Penity de Saint-Laurent, sur la route de Collorec à Carhaix où se dit la messe et à la chapelle Saint Roch, où l'on entame la *gwerz* de ce saint. On revient alors à Landeleau. Le parcours total peut être évalué à cinq lieues environ.

Il en est pour le tour des reliques comme pour la Troménie. Si on ne l'a pas fait de son vivant, on le revient faire après sa mort, avec son cercueil sur les épaules, et l'on avance chaque jour de la longueur du cercueil. »

Le pardon de Saint-Theleau se célèbre le jour de la Pentecôte.

belle toilette. Ah, ces nouveaux riches, qui sont si orgueilleux et dont les malins savent si bien les flatter !

Nous sommes au mois de juin les binages et les travaux pressent. Il y a une foire à Landeleau, qui avec la guerre a presque disparu, mais on veut lui donner vie. Je décide d'aller faire un tour, les chanteurs des environs ont tous dit qu'ils viendront.

Vers deux heures, je me change, je mets ma jolie coiffe brodée, lorsque j'entends un *iouaden*[112]. Ce doit être des faucheurs qui vont au foin. Et un autre *iouaden*, mais cette fois dans la cour. Je regarde et vois au milieu de la cour, un costaud avec une grosse tête rouge, coiffé d'un chapeau à la mode de Plonévez et habillé du même costume. Cet homme, je ne l'ai jamais vu, mais je le connais, mon frère nous a si souvent causé de cet homme, qui ayant fait la guerre avec lui, servait de boute-en-train à tous ses camarades quand le moral était au plus bas, qu'on avait un frère ou ami disparu ou tué, c'était lui qui remontait le moral. Il rentre, me demande où est mon frère, je lui dis qu'il est au champ, je lui donne un verre de cidre et on part à la foire.

En arrivant au Cleuziou, il laisse encore un *iouaden*, ce qui ne m'arrange pas, et un deuxième et un troisième. Je lui dis que les gens vont sortir de leurs maisons, et il me dit qu'il y a de la place de regards sur nous. Tout le village rit et les jeunes me disent que j'ai trouvé un beau cavalier. En arrivant à Kerbiquet, on voit du monde dans les champs et le même manège. Tous sont gais, les hommes tirent leur chapeau et les femmes nous font signe de leurs mains en nous souhaitant bonne foire. La route a été gaie en sa compagnie et on arrive au vu du bourg. Mais j'ai peur qu'il crie encore en arrivant, lorsque sortant dans son champ, une dame nous regarde et lui dit :

– Quel plaisir mon cher neveu de vous voir. Mais vous allez vous marier ? Quelle belle fille vous avez trouvée !

Et pendant les embrassades, moi j'ai gagné le bourg et les danses.

Maintenant on cause des élections qui vont avoir lieu après la moisson. Mon oncle, vieux et malade, est allé chez son fils près de Brest. C'est Le Moal et Le Page qui se mettent à la tête des deux listes. Mon frère est demandé des deux côtés, c'est au Moal qu'il a donné sa parole. Jean Kerbiquet voyant que la lutte serait serrée, et ancien conseiller s'est débrouillé pour voter la route de Kerprest. Au bourg, cette route demandée depuis si longtemps et dont la maréchaussée refusait de la faire passer par Pont-Traper. On cause maintenant de faire le pont à la fontaine de Kervaluet.

[112] *Iouaden* : l'écriture phonétique a ici été conservée. Il s'agit en fait de *Yudaden* qui signifie cri, mais dans le sens d'un cri qu'on émet en dansant.

Que c'est agréable de passer un mois d'août, n'ayant que à m'occuper de mon ménage ! Car mes trois frères sont là, Yves ayant eu une permission et Hervé en vacances. La moisson est vite ramassée, j'ai fait une seule journée de battage chez une amie. Le soir, deux jeunes frères du bourg ont chanté la « Son du Zerjant-Major », du commencement à la fin. On était si fatigué à la danser, qu'on refusait de recommencer. Quant aux deux jeunes chanteurs, ils nous disaient que c'était leur dernière danse qu'ils chantaient à Landeleau ; dans quatre jours, ils prenaient le train pour Le Havre.

Les élections font marcher les têtes de liste. Le Page vient chez nous avec Cochonnec plusieurs fois le soir, ce qui intrigue le village qui n'est au courant de rien. On m'interroge, mais Jean-Louis m'a dit de ne rien dire. Alors, puisque Cochonnec est jeune homme de l'âge de Jean-Louis, le village m'a bientôt fiancée à lui, ce qui fit rire les gens de leur méprise.

C'est Le Moal qui est vainqueur, mon frère est heureux, on va bientôt faire la route. Une des premières choses que firent les élus, c'est de choisir ceux qui doivent aller à Quimper élire les sénateurs. Jean Kerbiquet, qui est célibataire, et à qui on donne 60 000 francs/or en héritage avec son frère, une somme qui fait causer, s'est mis sur les rangs. Mais l'instituteur qui vient de remplacer Calmejane, a été désigné, et un lundi matin Jean-Louis me dit :

– Fais-le dîner tôt pour que j'aille aux champs, car mon camarade ne tardera pas à venir. Ne lui dis pas où je suis.

En effet, à peine parti, Jean est là. Et c'est Kerbiquet, sa bête noire, un homme qui ne connaît rien à la politique.

– Je lui ai dit de rester à son école, alors qu'il n'y a eu qu'un garçon reçu au certificat. Je lui ai dit que je ferai venir des bonnets d'âne pour ses élèves.

Je lui dis que je savais en faire quand j'étais à l'école à Riec. On en faisait pour le mardi-gras, ce qui fit plaisir à Jean, qui toujours énervé, partit vers le bourg.

Le lendemain, en envoyant mon pain au four, je fus surprise de voir toutes ces femmes et les deux boulangers rirent à mon arrivée. On me dit que Jean avait pris à partie la vieille mère du maître d'école et que moi, j'allais faire des bonnets d'âne pour ses élèves ; et dans les bistrots qu'il avait passés, il avait raconté la même histoire. Non seulement on riait à mes dépens, mais on mettait une famille à mon dos. A l'école, la chose ne se fit pas attendre, les élèves se plaignaient de la sévérité du maître et neuf avaient été reçus cette année, et l'école prit la renommée d'être une des meilleures.

Je me trouve à une foire, on a vendu une vache, mais il faut l'envoyer à la gare. La bête est nerveuse et je suis fatiguée, ayant fait la route à pieds pour aider mon frère. La vache attachée, je dois rester attendre la paye, je m'assois sur une caisse où il y a déjà plusieurs personnes. Je vois venir près de moi mon ami, il attend aussi des sous. Mon marchand est le premier à payer et lorsque je ramasse mes sous, une main se pose sur la mienne.

– Marie tu vas partager avec moi.

Je me retourne, c'est un ami d'enfance que j'ai pas vu depuis une dizaine d'années. Comme il a grandi ! Mais toujours cette mine enjouée et ce sourire, et on bavarde. Lorsque je reviens prendre mes bagages, je demande si ce jeune est allé prendre ses sous.

– Vous n'êtes pas indifférente à ce jeune homme mais faites attention il a des *boutoù-berr**.

Cette chose-là me tracassait. Il y avait dans le quartier, un ménage dont le mari avait la réputation d'avoir des *boutoù-berr* et il rendait sa femme malheureuse. Ayant été tous les deux à une noce, et qu'elle avait dansé trois fois avec un ancien ami, à son retour à la maison, elle reçut des gifles avec son mari.

Marguerite est venue me demander d'aller à une noce. Elle est fille d'honneur, mais n'aura pas d'amis car ils sont âgés et il y aura peu de jeunes de Landeleau. Je prends le train avec une trentaine, la famille et les jeunes ; on arrive quand le cortège va à Notre-Dame des Portes. Je reste avec mon groupe regarder les filles de la ville organiser le cortège et imposer le silence aux bavards.

Le premier repas est à peu près comme chez nous. Pour la danse, pas de chanteurs, ni de biniou, mais des musiciens ; peu de gavottes, mais deux par quatre[113], dans la salle pas bien grande. Il y a beaucoup de jeunes hommes des communes des environs, qui ne veulent pas danser avec les filles de la ville, qui sont les plus nombreuses.

Cette noce, je me suis bien amusée. Après le repas du soir, on se groupe tous pour rentrer à pieds, pas d'autre moyen. En arrivant à la

* J'aurais peut-être voulu raconté comment on s'est mariés et tout ça, mais j'aime pas ça, c'est des choses intimes ça... Mais j'aimais un garçon pendant la guerre, je ne sais pas si j'ai mis ça là. Pendant qu'il m'écrivait, je l'aimais quoi, je n'attendais que la fin de la guerre, le retour aussi. Et une fois venu à la maison, après c'était fini avec lui. Enfin, je voyais que j'avais été déçue. Il aimait un peu à boire, pas trop quoi, mais j'avais compris qu'il était jaloux. Dans le temps avoir un *boutoù-berr*, ça c'était quelque chose d'énorme. *Boutoù-berr*, c'est être jaloux, être jaloux de sa femme et comme j'avais un voisin qui était comme ça, bien je croyais que tous les hommes étaient jaloux, avaient des *boutoù-berr* comme on dit. En français, ça veut dire chaussures courtes, mais en breton ça veut dire un mari jaloux, qu'il faut être toujours sur ses gardes, ne pas causer aux autres hommes, et puis des trucs comme ça quoi.

[113] La danse « deux par quatre » est la danse de Châteauneuf-du-Faou. Elle se danse à quatre, les filles au milieu et les garçons sur les côtés.

montée de Kermoal, les hommes se passent un cadeau et ceux qui le reçoivent, font grise mine. Lorsque soudain, en changeant de mains, le receveur le jette dans le bois. Le changement s'est vite fait, tout le monde dans le bois pour chercher le petit sac de plomb qui était assez lourd et que les chasseurs avaient pris à Châteauneuf.

Depuis que Soaz habite au Cleuziou avec son vieil oncle, sa sœur et moi allons souvent après souper la voir. Chann, qui a une belle chevelure châtain et longue, difficile à démêler, profite de l'occasion pour se faire peigner par sa sœur, qui après avoir allumé un grand feu, se met au travail. Souvent, les jeunes du village viennent nous rejoindre.

La foire, qu'on appelle *Foar Herc'h*[114], une des plus importantes de Châteauneuf, Soaz me demande mon char à bancs pour aller vendre son poulain. On décide d'aller toutes les trois, ainsi que d'aller à Carhaix la semaine après où Chann va vendre ses cheveux, les cheveux ne se vendent qu'à Carhaix.

Par une belle journée, on arrive à Châteauneuf. A Tuchenn Glaz[115], il y a plusieurs marchands de chevaux, ce qui fait dire qu'il y a hausse. Et le marchandage commence, en français, Soaz qui est rude prétend ne savoir que le breton[116], le marchand me dit de traduire et il augmente son prix.

Lorsque la voiture est dételée et qu'on se dirige vers la place aux chevaux, il se fait plus pressant, un attroupement se fait et chacun de dire son mot. Le marchand s'approche avec son ciseau, mais le frère de Soaz prend la jument en disant qu'il ne sera vendu qu'à la place aux chevaux, ce que voyant, le marchand nous traite de toutes sortes, surtout moi ; ce que voyant, un paysan lui dit de déguerpir ou il aura son fouet et d'apprendre la langue du pays avant d'acheter des chevaux.

Lorsque je retrouve Marguerite, elle me dit : « Tu as l'air toute drôle ». On se promène, on voit des amies, on va vers la place derrière la mairie. On vend des farines de toutes sortes, en sac, ainsi de semences, de trèfles, ajoncs, et d'autres choses, mais cette vente se fait vite et une fois libres, les jeunes prennent la place. Il y a énormément de jeunes, de toutes sortes de coiffes. On reste là, on attend ; d'où seront les chan-

[114] *Foar Herc'h : foar* : foire - *herc'h* : avoine, la foire de l'avoine. Appelée ainsi, car autrefois on y vendait de l'avoine et autres céréales. Elle se déroulait le 15 octobre de chaque année.

[115] Tuchenn Glaz : *tuchenn* : colline - *glas* : bleue. Lieu-dit à l'entrée de Châteauneuf, sur la route de Carhaix, aujourd'hui appelé rue Paul Sérusier. Néanmoins les anciens ont conservés l'ancienne appellation.

[116] Ce comportement confirme les propos d'Agnès Audibert (*Le Matriarcat breton*, p. 54, *op. cité*). « Nous avons nous aussi, été étonnées par la présence des femmes sur les champs de foire et par leur participation assidue aux marchandages et aux contrats. »

teurs ? La décision est longue et la place est pleine. Soudain, deux jeunes s'avancent vers nous, c'est un gars du Rest et l'autre de Keranal, et nous disent d'aller commencer la danse. D'habitude, on allait quand les chanteurs prenaient le pas et le ton, mais on dirait que c'est exprès avant qu'ils commencent leur son et le pas. Alors, il faut voir toute cette foule à la suite des chanteurs, se mettre en rond et danser. Il faut croire que cette danse nous mit en vedette car à peine finie, deux autres chanteurs et voisins nous invitent à commencer une autre danse. Il faut croire qu'on avait eu du succès, car le père de Marguerite qui n'avait pas quitté son moulin, savait deux heures avant la rentrée de sa fille, qu'elle menait la fête à Châteauneuf.

La semaine suivante, on va à Carhaix. Chann va vendre sa belle et longue chevelure[117]. Au moment de monter dans le char à bancs, Yves me dit en grand secret de lui acheter du « trois-six », qu'on ne vend qu'à Carhaix. C'est une espèce de boisson qu'on met dans le cidre ou vin pour saouler les gens et les abrutir. Mais Chann a eu vent et me retire des mains les sous qu'on m'a donnés. Pourtant j'aurais bien voulu savoir ce que c'était cette chose que j'entendais souvent causer.

En arrivant à Carhaix, mes compagnes qui connaissent très bien la ville et ont des parents, trouvent une vieille tante et toutes les quatre, on entre dans une grande maison où dans une salle, se trouve un monsieur distingué. Les cheveux, plusieurs dames attendent, l'ambiance est gaie. Mais quand arrive notre tour, il y a changement, le marchandage est dur, Chann veut un costume dans les plus beaux tissus. Finalement elle a cédé sur le tablier qui ne sera que du second choix. Ce qui nous fit tous rire, c'est de voir Chann garder toute une couronne de cheveux pour pouvoir mettre sa coiffe, ce qui faisait dire au marchand : « J'ai acheté les cheveux, mais pas les doigts ».

J'ai mis mes bêtes au pâturage et du haut d'un autre champ, on m'appelle. C'est un qui vient du train au pas pressé et le voilà, c'est Kolaz. Depuis qu'il est parti à la guerre, je l'ai pas revu. Il passait pour être un voyou, on se méfiait de lui. Il a deux valises en osier : dans la petite, il y a un cochon d'Inde. C'est ma première fois de voir cette

[117] Les femmes du Poher, plus hardies que leurs compagnes du Léon, n'ont pas les scrupules de ces dernières, comme le révèle Anatole Le Braz (*La Légende de la mort chez les Bretons armoricains*, p. 230, *op. cité*). « Pour les femmes du Léon, vendre ses cheveux, c'est vendre son âme, et cela, dit-on parce que l'eau du baptême à coulé dessus. »

E. Weber cite également cette pratique (*La Fin des terroirs*, p. 31, *op. cité*). « Il est une preuve de cette pauvreté souvent citée par les contemporains : la vente des chevelures des femmes. Cette pratique était particulièrement répandue dans le centre et dans l'ouest : là les cheveux des femmes étaient périodiquement "récoltés" pour être échangés contre une pièce de tissu, un ou deux mouchoirs, ou simplement quelques pièces. »

mignonne bête qui d'après lui, chasse les rats dont nous ne pouvons nous défaire, on a bien des pièges mais les rats se méfient, il l'envoie à sa sœur. Quant à la grande, il compte trouver du lard, car au Havre où il habite, on ne trouve que de l'eau et des pommes de terre. Et comme ils sont une équipe de six à remuer la terre et la ferrailleuse toute la journée, il est venu au ravitaillement. Il est marié, sa femme est originaire de Landeleau.

« Alors que la classe 18 n'est pas encore démobilisé, j'avais un frère tué à la guerre et un cousin que j'ai fait passer aussi comme frère ayant le même nom que moi. Et puis, j'avais eu une perm de neuf mois par suite d'accidents. Marie, j'ai eu tort contre vous. Joseph, du bourg de Plonévez, que vous connaissez bien et qui vous aimait, et qui compte venir habiter la si belle ferme de Veridy, est venu comme voisin de lit. On causait beaucoup de vous, et comme il était encore bleu, il me donne la première carte qu'il vous écrivait pour poster et je ne sais pourquoi, je l'ai gardée. Tâche d'avoir son adresse, il est toujours mobilisé. »

Mon frère vient de la mairie, il me dit que les travaux vont commencer sur la route de Landeleau à Plonévez, ce qui me fit beaucoup plaisir.

Mais je reçus aussi une bonne leçon. La dernière fois que j'ai été au bourg et que je rentrais, mon panier lourd, avec trois autres femmes, une charrette nous dépasse. L'homme qui conduisait étant un ami, me prie de monter avec mon panier, ce que je fis de bon cœur. Un jeune homme qui venait d'être libéré, se trouvant là dedans, il m'aide en prenant dans ma main parmi les fourches et crocs. Arrivés à Leing ar Peulven, le jeune saute ouvrir la barrière puis prend son cheval, me complimente sur la politesse du jeune homme, en me disant que je ne dois pas lui être indifférente. Arrivent les trois autres dames, sont aussi de son avis. Je leur dis : « si c'était son frère mais pas celui-là, un futur curé. »

Et le cavalier de dire : « je vais causer de cela à la forge, et cela va jaser au bourg. »

Quant à moi, cela m'est égal, ce jeune faisant son service en Allemagne ne saura pas qu'on cause de lui. Mais Jean-Louis qui n'avait pas l'habitude des plaisanteries depuis sept ans, avait pris cela très au sérieux.

Il avait plu ces jours et l'eau ruisselle de partout, et c'est à quatre heures, que le village est en branle-bas ; Depuis midi, les deux plus jeunes ont disparu, le garçon cinq ans et la petite fille, trois ans et demi, est boiteuse. On les a vus à Poull ar C'Hoaz Goak, parmi les bêtes, d'où ils sont allés à Creac'h Guégen où la marraine du garçon leur a donné une crêpe à chacun. Et comme on est entouré d'eau, tout le village et les deux chiens sont à la recherche. Vers le soir, on crie de Kerviou :

« On vient d'envoyer les enfants ici on les a trouvés à Kervaker. »

Et la vieille dame qui les a envoyés de dire : « c'est incompréhensible comment ils ont traversé les prairies et la rivière sur deux planches ? »

Et c'est en prenant la direction de Kerserrien, que le garçon a dit que c'était la grande maison de Marie Ar Bec.

Je vais avec mon cheval aider un voisin à prendre du bois à la scierie. J'ai fait la mauvaise route à pieds, j'ai monté au fond de la charrette pour surveiller mon cheval quand la route est devenue meilleure. On arrive aux premières maisons quand mon compagnon me dit de prendre la surveillance de l'attelage, devant s'absenter pendant dix minutes.

Je vois arriver un homme, à l'allure un peu bizarre, il va droit sur mon cheval. Est-ce un marchand de chevaux ? Un enfant crie : « c'est un cheval ».

« Mais où donc est le maître de ce cheval, qui peut m'écraser à deux pas de ma porte ? »

Je lui réplique qu'un cheval ça se voit.

« Oui, pour celui qui a des yeux. Mais à moi, on m'a retiré les miens pour vous empêcher de devenir Allemande.

Ô, mon Dieu, est-ce possible que c'est celui-là le héros de Kerguinaouic ?*

Je mène mon troupeau à l'eau, le remplaçant du facteur, pas beaucoup plus âgé que moi, me donne mes lettres et cartes. Il me raconte qu'il a fait quatre mois d'hôpital.

Là-haut, un gosse qui surveille ses bêtes chante à tue-tête :

« Marie est mon amie, je l'aime bien
Mais elle épousera un assassin
Plus il aura tué
Plus il sera décoré »
« Hardi Guillaume II
An hirañ ha gwellañ bado ar jeu (du plus long et du meilleur que durera le jeu)
Mon marie n'est pas en danger
Et on me donne des sous plein mon tablier. »

[Fin du témoignage écrit.]

* Ce gars là était de Plonévez. Il avait été blessé à la guerre, à peu près deux ans avant la fin. Il était devenu aveugle et on l'avait réformé.

[Les propos qui suivent ont été enregistrés et retranscrits.]

L'autre chanson, quelqu'un avait dû lui dire de la chanter pour moi. Il faut se rappeler de la mentalité de l'époque. Tu n'as que voir, il y en avait qui étaient réformés à l'époque, d'autres n'avaient pas été à la guerre, d'autres encore étaient trop jeunes. Il y avait donc de la jalousie, parce que les autres, mes frères et ses camarades, avaient été à la guerre et on les tenait pour des héros, on avait de l'estime pour eux. Tandis que ces jeunes-là, les abaissaient, c'était le revers de la médaille. On en avait l'habitude, on ne prêtait pas attention.

Combien de fois on m'a pas eu dit, le dimanche après la messe : « toi tu n'auras pas besoin d'un gars du pays, tu trouveras quelqu'un qui aura été sergent ou adjudant et tout ça ». Ceux de Creac'h Guégen me disaient ça souvent, mais pas par méchanceté, parce que c'était comme ça.

Après Jean-Louis s'est marié en 1921. Il est allé tenir la ferme, chez sa femme, à Clouaric en Landeleau. Moi je suis restée avec Hervé à la maison. Yves est revenu du service quand je me suis mariée et il a dû retourner après aux frontières allemandes. Je me suis mariée en 1922, on est resté à la ferme au départ, puisque ça c'était ma part quand on a fait le partage.

Et je me rappelle, je devais me marier tout de suite après le pardon de Landeleau. Mais les bonnes sœurs avaient eu vent de l'affaire, et elles sont venues me chercher pour aller quêteuse de beurre, le lundi du pardon. J'avais déjà fait ça avant ; Ça se passait comme ça : il allait une dame et une jeune fille courir les villages avec un panier. Dans les maisons « bien », on donnait du beurre, dans les trois livres par là ; autrement on donnait deux francs, trois francs, des fois dix francs, mais pas souvent, dans les autres maisons. On mettait un jour et demi à ramasser tout ça. Avec le beurre, on le vendait et ça servait à nettoyer l'église. Les commerçantes du bourg l'achetaient, le revendaient à Morlaix et de Morlaix, il était envoyé en Angleterre.

Donc je n'ai pas pu me marier comme je pensais, ou que si j'avais été fiancée pour aller quêter le beurre, ça n'aurait pas été propre, pour être la risée des autres, ah non !

Les fiançailles, en principe, c'était le samedi. On faisait sonner les cloches pour ça, il y avait des fois trois ou quatre fiançailles le même jour. Il fallait que les cloches sonnent pour les fiançailles, autrement c'était pas bien. Celle qui n'aurait pas eu les cloches, on aurait dit : « Celle-là a le tablier troué », ça voulait dire qu'elle était déjà enceinte. Et dans ce cas, pour le baptême, il était célébré le soir après le coucher du soleil.

Finalement, je me suis fiancée au mois de juillet. Après quoi, il fallait demander des dispenses pour se marier puisque nos mères étaient deux sœurs. On demandait au curé quand on allait se fiancer, le curé faisait la demande à Châteauneuf, celui de Châteauneuf faisait à Quimper à l'évêché et l'évêché après envoyait à Rome. Ça a mis un mois environ.

Je me suis mariée à 21 ans, c'est jeune, mais à Landeleau, combien de filles ne se mariaient pas à 18, 19, 20 ans ! On disait même que beaucoup de jeunes dames mouraient à Landeleau, parce qu'elle se mariaient trop jeunes.

Pour moi j'étais obligée presque de me marier, ne serait-ce qu'avec les rires et les racontars des autres, parce que si tu fréquentais quelqu'un au-dessous de ta condition, c'était mal vu. Et puis tous les garçons qui passaient par chez moi, on les mettait à aller me voir, on disait : « hennezh'zo deut da well' Marie Ar Bec ». Surtout que j'étais orpheline, les gens avaient des droits sur moi, c'était pas facile. Et puis, j'étais assez belle et je faisais un bon parti. Finalement, avec mon cousin, on s'est décidés. C'était pas seulement parce qu'il me plaisait mais il était éduqué, il avait beaucoup d'instruction. Il aurait pu avoir une bonne situation.

Après alors, nous avons quitté Menez-Banal. Le docteur avait dit à mon mari que si j'étais restée à la campagne, il me serait arrivée la même chose qu'à mes parents, et c'est pour ça qu'on est partis. Chez nous, c'était le docteur Coquil notre médecin, mais on était parents aux deux docteurs de Châteauneuf, le vieux Le Gall et Coquil. Le vieux Le Gall, lui, était médecin chez mon mari, et il lui avait dit comme ça :

– Alors tu as épousé la fille de Menez-Banal, je te vois dans cinq ou six ans d'ici en train de chercher une autre femme.

Jean-Louis m'a dit alors : « Il n'y a pas non à dire, il faut partir d'ici. »

Ma fille Anna était née pour alors, en 1923 et Armand est né presque neuf ans après.

On est parti à Coray en 1932, mon mari vendait des machines, des batteuses et tout... On a acheté une maison là-bas. Après avoir fait de bonnes affaires, le commerce à la veille de la guerre, s'est mis à péricliter ; alors on a arrêté et on est revenu par ici. Nous avions une ferme, du côté de mon mari, à Kernevez Saint Clair, en Plonévez et on s'est mis à la travailler.

ANNEXES

les rires et même les souffles. quelque
chose se passe ont. ils changer d'endraits
en fin des pas, pas presser je me derige
vers le bruit et ma main accrache un tissu
rude c'est pas les chemises de mes frères
et toujours ding ding je decroche mon bandeau
et c'est mon père mon père qui est la
mes deux frères sont un peu plus loin
regarde mais ne dise rien âl tad tu est là
mais aucun son ne sort de sa bouche
et moi aussi je vie sa paleur et l'engoisse
sur sa figure. tad pourquoi la clôche de
Lansignac sonne-t-elle il s'assi sur ses talons
et nous trois par terre et attendons qu'il
parle. Yves dit c'est la guerre n'est ce pas?
je vais aller a travers champs Lansignac
n'est pas loin inutille François est aller au
bourg et il ne tardera pas. et nous restons là
tous les 4 immobille muets des pas precipiter
sur la route c'est François il s'avance sur
nous ah tad c'est la guerre c'était comme
on aurait donner un coup de masse à
chacun de nous et tous les cinq nous pensions
a Jean Louis apres un an de service il sera
un des premiers à la guerre
au bout d'un moment François reprit
lorsque je me trouvait auprès de gaaden kervalue
Gabriel était là il venait de loche ar vurz
ou il rencontra laanic lanisel qui venait
collé un papier à la porte de la chappel
de Lansignac et sonner la cloche

Extrait du cahier de Marie.

aux familles nombreuses, prie le Conseil d'examiner et de fixer le taux de l'allocation à accorder.

Le Conseil, après avoir examiné, fixe le taux de l'allocation à 6 fr par mois, soit 72 fr par an et par enfant.

Délibéré à Landeleau le dix août mil neuf cent treize

Le maire

Le Bec

[illegible]

Procès-verbal d'installation.

L'an mil neuf cent treize, le 1er octobre, devant nous, Maire de la commune de Landeleau, canton de Chateauneuf, s'est présenté M. Le Bec Henri, nommé par arrêté de M. le Préfet en date du 28 août 1913, en qualité d'instituteur adjoint titulaire à l'école de garçons de Landeleau lequel nous a prié de procéder à son installation.

Vu l'avis dont M. Le Bec Henri est porteur et l'arrêté de nomination qui le concerne, nous avons déclaré M. Le Bec Henri installé dans ses fonctions avec effet du 1er octobre 1913.

Fait à Landeleau, les jour, mois et an susdits

L'instituteur — Le maire

Le Bec — [illegible] — Le Bec

L'an mil neuf cent treize, le premier octobre, devant nous, Maire de la commune de Landeleau, canton de Chateauneuf, s'est présentée Mlle Quilliec Caroline Marie, nommée par arrêté de M. l'Inspecteur d'Académie, en date du 6 septembre en qualité d'institutrice intérimaire à l'école de filles de Landeleau

Procès-verbal d'insatallation d'Henri Le Bec, cousin de Marie et fils du maire, en tant qu'instituteur à l'école de garçons.

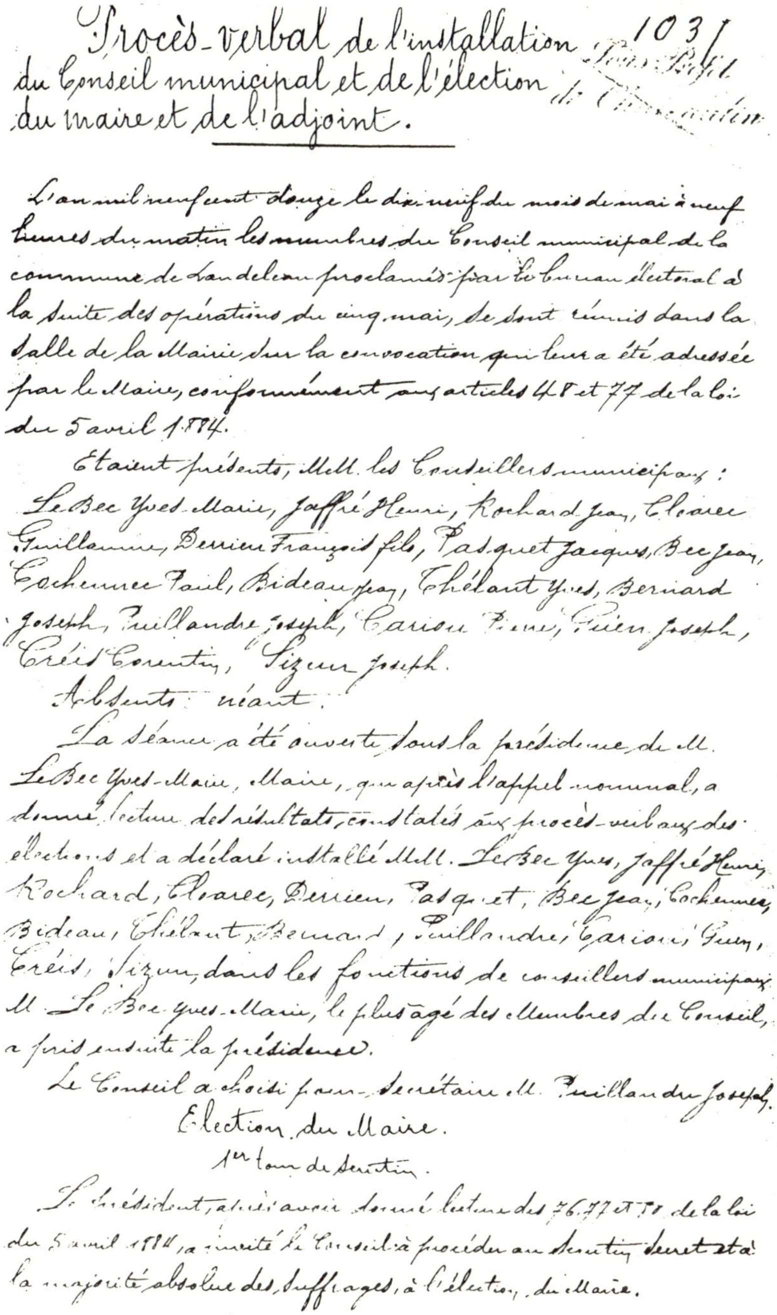

Procès-verbal de l'installation du Conseil municipal et de l'élection du maire et de l'adjoint. 103

L'an mil neuf cent douze le dix-neuf du mois de mai à neuf heures du matin les membres du Conseil municipal de la commune de Landeleau proclamés par le bureau électoral à la suite des opérations du cinq mai, se sont réunis dans la salle de la Mairie sur la convocation qui leur a été adressée par le Maire, conformément aux articles 48 et 77 de la loi du 5 avril 1884.

Etaient présents, MM. les Conseillers municipaux : Le Bec Yves-Marie, Jaffré Henri, Rochard Jean, Cloarec Guillaume, Derrien François fils, Pasquet Jacques, Bec Jean, Cochennec Paul, Bideau Jean, Thélaut Yves, Bernard Joseph, Guillandre Joseph, Carion Pierre, Guern Joseph, Créis Corentin, Sizun Joseph.

Absents : néant.

La séance a été ouverte sous la présidence de M. Le Bec Yves-Marie, Maire, qui après l'appel nominal, a donné lecture des résultats constatés aux procès-verbaux des élections et a déclaré installé MM. Le Bec Yves, Jaffré Henri, Rochard, Cloarec, Derrien, Pasquet, Bec Jean, Cochennec, Bideau, Thélaut, Bernard, Guillandre, Carion, Guern, Créis, Sizun, dans les fonctions de conseillers municipaux. M. Le Bec Yves-Marie, le plus âgé des Membres du Conseil, a pris ensuite la présidence.

Le Conseil a choisi pour secrétaire M. Guillandre Joseph.

Election du Maire.

1er tour de scrutin.

Le Président, après avoir donné lecture des 76, 77 et 80 de la loi du 5 avril 1884, a invité le Conseil à procéder au scrutin secret et à la majorité absolue des suffrages, à l'élection du Maire.

19 mai 1912 : installation du conseil municipal et élection de Yves-Marie Le Bec, en tant que maire de Landeleau.

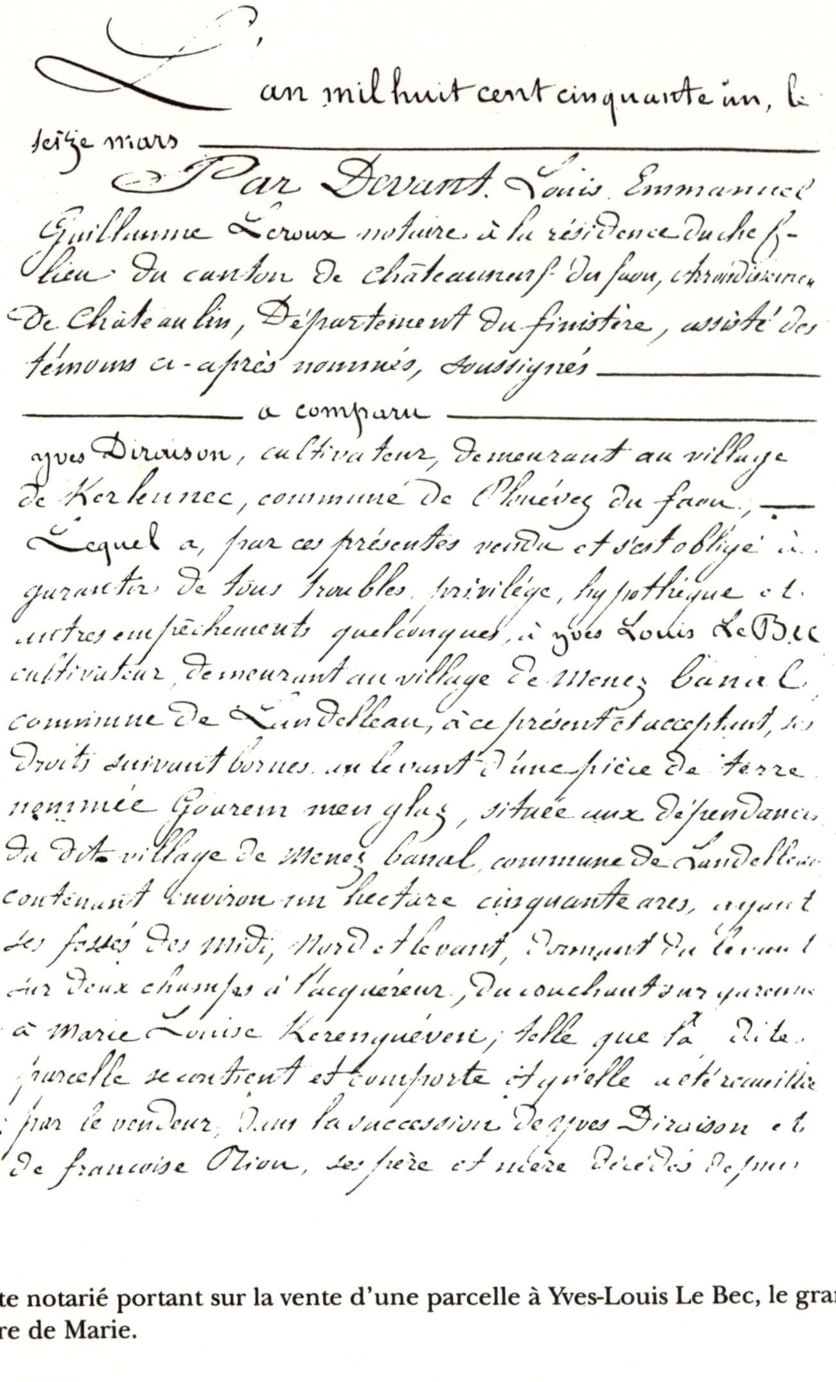

L'an mil huit cent cinquante un, le seize mars

Par Devant Louis Emmanuel Guillaume Leroux notaire à la résidence du chef-lieu du canton de Châteauneuf du faou, arrondissement de Châteaulin, Département du finistère, assisté des témoins ci-après nommés, soussignés

a comparu

Yves Diraison, cultivateur, demeurant au village de Kerlunec, commune de Plonévez du faou,

Lequel a, par ces présentes vendu et s'est obligé à garantir de tous troubles, privilège, hypothèque et autres empêchements quelconques, à Yves Louis Le Bec cultivateur, demeurant au village de Menez banal, commune de Landeleau, à ce présent et acceptant, les droits suivant bornes au levant d'une pièce de terre nommée Gouren men glaz, située aux dépendances du dit village de Menez banal, commune de Landeleau contenant environ un hectare cinquante ares, ayant ses fossés des midi, Nord et levant, donnant du levant sur deux champs à l'acquéreur, du couchant sur garenne à Marie Louise Kerenguéven, telle que la dite parcelle se contient et comporte et qu'elle a été recueillie par le vendeur, dans la succession de Yves Diraison et de françoise Rion, ses père et mère décédés depuis

Acte notarié portant sur la vente d'une parcelle à Yves-Louis Le Bec, le grand-père de Marie.

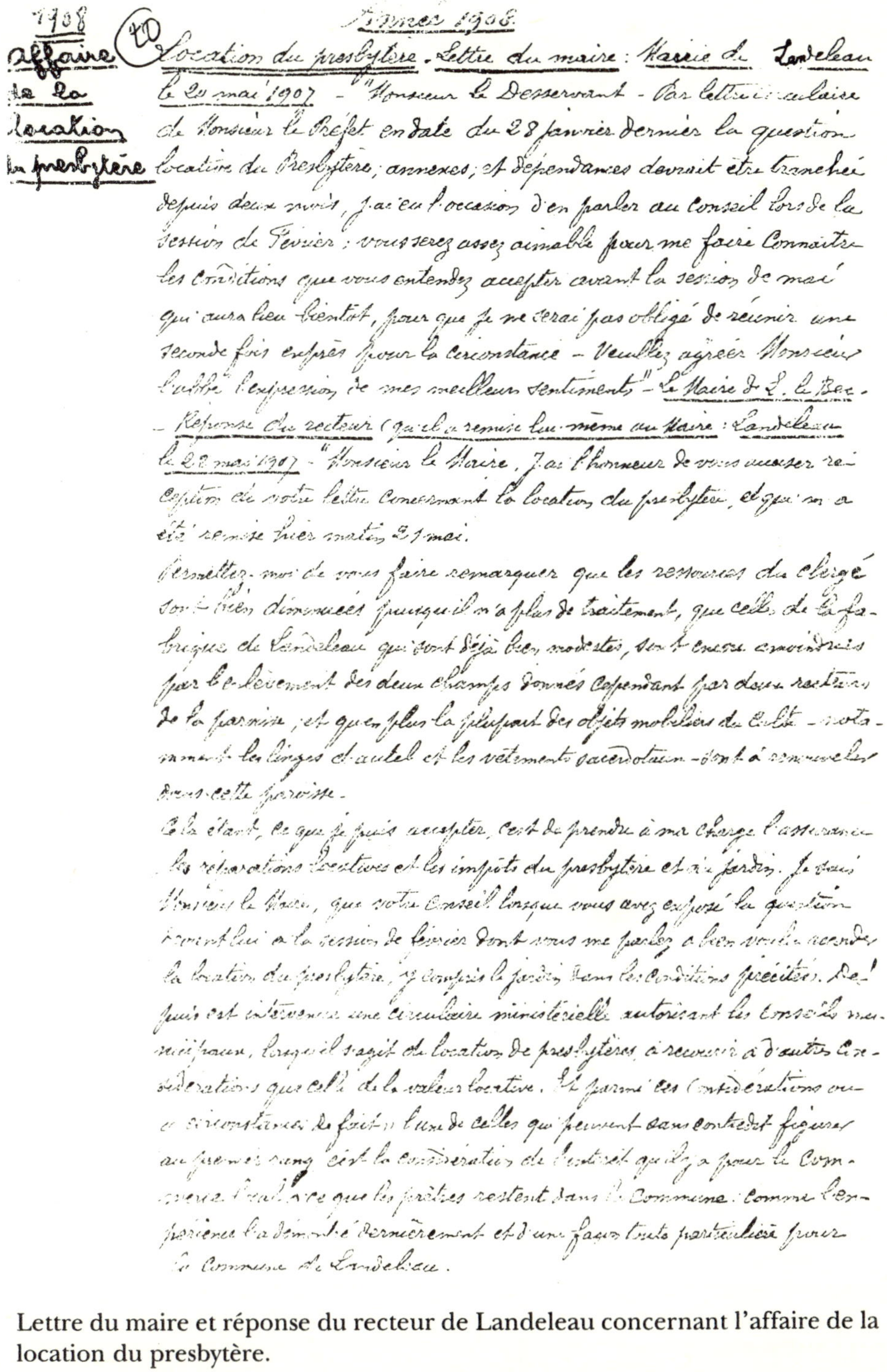

1908

Affaire de la location du presbytère

(20)

Année 1908.

Location du presbytère. Lettre du maire : Mairie de Landeleau le 20 mai 1907 – "Monsieur le Desservant – Par lettre circulaire de Monsieur le Préfet en date du 28 janvier dernier la question locative du Presbytère, annexes, et dépendances devait être tranchée depuis deux mois, j'ai eu l'occasion d'en parler au Conseil lors de la session de Février : vous serez assez aimable pour me faire Connaître les Conditions que vous entendez accepter avant la session de mai qui aura lieu bientôt, pour que je ne serai pas obligé de réunir une seconde fois exprès pour la circonstance – Veuillez agréer Monsieur l'abbé l'expression de mes meilleurs sentiments" – Le Maire de L. le Bec.

– Réponse du recteur (qu'il a remise lui-même au Maire : Landeleau le 22 mai 1907 – "Monsieur le Maire, J'ai l'honneur de vous accuser réception de votre lettre concernant la location du presbytère, et qui m'a été remise hier matin 21 mai.

Permettez-moi de vous faire remarquer que les ressources du clergé sont bien diminuées puisqu'il n'a plus de traitement, que celles de la fabrique de Landeleau qui sont déjà bien modestes, sont encore amoindries par l'enlèvement des deux champs donnés cependant par deux recteurs de la paroisse, et qu'en plus la plupart des objets mobiliers du Culte – notamment les linges d'autel et les vêtements sacerdotaux – sont à renouveler dans cette paroisse.

Cela étant, ce que je puis accepter, c'est de prendre à ma charge l'assurance, les réparations locatives et les impôts du presbytère et du jardin. Je sais Monsieur le Maire, que votre Conseil lorsque vous avez exposé la question devant lui à la session de février dont vous me parlez a bien voulu accorder la location du presbytère, y compris le jardin dans les conditions précitées. Depuis est intervenue une circulaire ministérielle autorisant les Conseils municipaux, lorsqu'il s'agit de location de presbytères, à recourir à d'autres considérations que celle de la valeur locative. Et parmi ces considérations ou circonstances de fait, l'une de celles qui peuvent sans conteste figurer au premier rang c'est la considération de l'intérêt qu'il y a pour la Commune à ce que les prêtres restent dans la Commune. Comme l'expérience l'a démontré dernièrement et d'une façon toute particulière pour la Commune de Landeleau.

Lettre du maire et réponse du recteur de Landeleau concernant l'affaire de la location du presbytère.

147
Sous-Préfet
de Châteaulin

Procès-verbal de l'installation
du conseil municipal et de l'élection du Maire
et de l'adjoint

L'an mil neuf dix neuf le dix du mois de Décembre à neuf heures du matin les membres du conseil municipal de la commune de Landeleau proclamés par le bureau électoral du 30 novembre 1919 et 7 Décembre 1919 se sont réunis dans la salle de la Mairie sur la convocation qui leur a été faite par le Maire conformément aux articles 77 et 48 de la loi du 5 avril 1884.

Étaient présents MM. les conseillers municipaux : Le Moal Joseph. Jaffré Henri. Cloarec Guillaume. Rochard Jean. Derrien François. Menthéour Jacques. Cochennec Yves Louis. Martin Yves Louis. Madec Jean François. Guillandre Joseph. Guillandre Mathurin. Bernard Jean Marie. Le Guen Joseph. Le Guen Yves. Pérénès Louis. Le Bec Jean Louis.

Absents néant.

La séance a été ouverte sous la présidence de M. Jaffré Henri adjoint faisant fonction de Maire, qui après l'appel nominal a donné lecture des résultats constatés aux procès-verbaux des élections et a déclaré installés MM. Le Moal Joseph. Jaffré Henri. Cloarec Guillaume. Rochard Jean. Derrien François. Menthéour Jacques. Cochennec Yves Louis. Martin Yves Louis. Madec Jean François. Guillandre Joseph. Guillandre Mathurin. Bernard Jean Marie. Le Guen Joseph. Le Guen Yves. Pérénès Louis. Le Bec Jean Louis. dans les fonctions de Conseillers municipaux.

M. Derrien François le plus âgé des membres du conseil a pris ensuite la présidence.

Le Conseil a choisi pour secrétaire M. Le Bec Jean Louis.

Élection du Maire

1er tour de scrutin

Le Président après avoir donné lecture des 76. 77 et 80 de la loi

Procès-verbal de l'installation du conseil municipal et de l'élection du maire et de l'adjoint.

EXTRAIT

Des minutes du Greffe du Tribunal civil de première instance de l'arrondissement de CHATEAULIN dont la teneur suit :

Le Tribunal ouï le ministère public en son réquisitoire, et M. Gillet en son rapport, après en avoir délibéré conformément à la Loi.

Vu les pièces jointes à la requête de M. le Procureur de la République.

Dit que Le Bail François Marie né à Spezet, le 5 mai 1885 de Michel Louis et de Moulin Marguerite, époux de Lucas Catherine soldat au 271e Régiment d'Infanterie et avant son incorporation cultivateur domicilié à Landeleau est mort pour la France, à Donchery (Ardennes), le 27 août 1914

Ordonne que le présent jugement sera transcrit sur les registres de l'année courante de la Commune de Landeleau

Que mention en sera faite en marge de l'acte le plus rapproché par sa date du 27 août 1914 tant sur le double qui existe à la Mairie de Landeleau que sur le double déposé au Greffe ;

Dit que le présent jugement sera étendu et expédié sur papier libre et enregistré gratis, le tout aux fins de droit ;

Fait et prononcé en audience publique du Tribunal Civil de Première Instance de l'arrondissement de Châteaulin, département du Finistère, l'an mil neuf cent vingt, et le neuf novembre par MM. Dauvey Président Gillet juge et [illegible] avocat complétant le tribunal

En présence de MM. Bihard Procureur de la République, et Dubloy Greffier

Signé : Dauvey-Dubloy

Visé pour timbre et enregistré gratis à Châteaulin, le dix huit novembre 1920, fo 15, case 2

Le Receveur,

Signé : Mavarot

Pour Expédition Conforme :

Le Greffier du Tribunal,

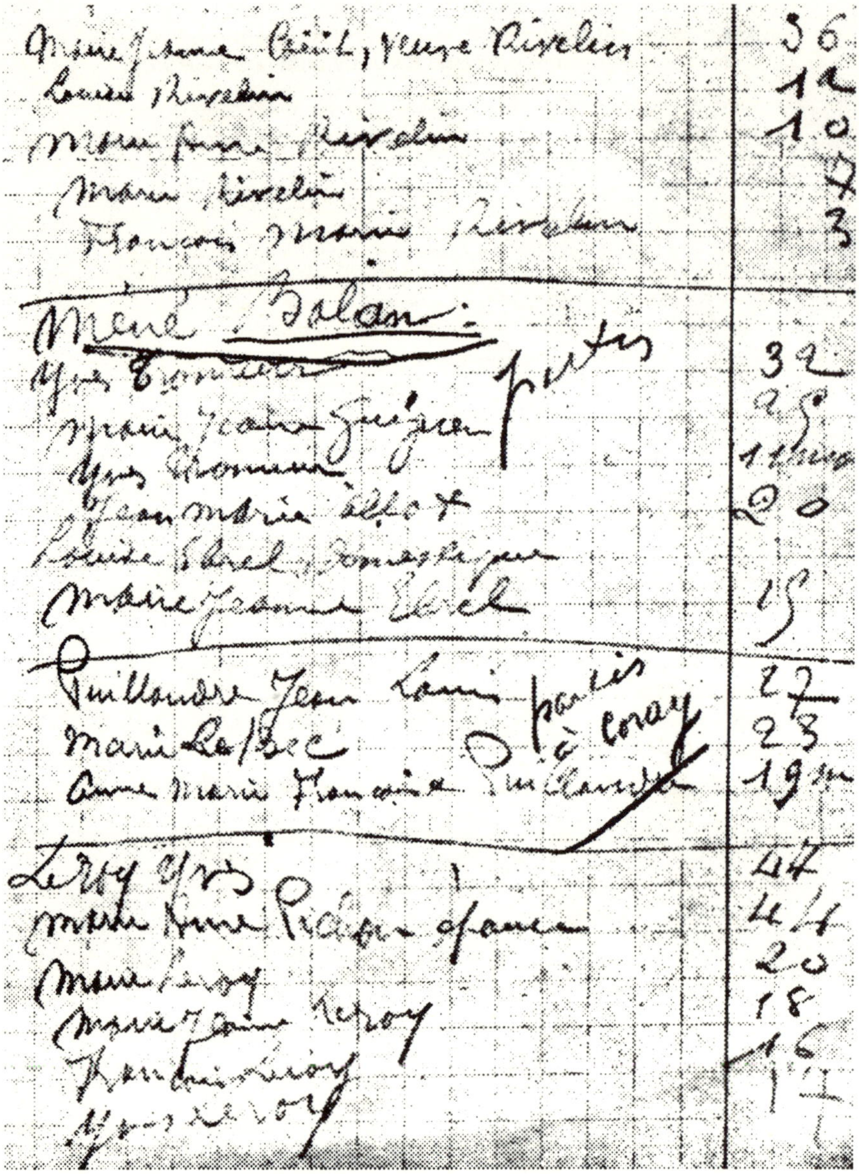

Marie Jeanne [illegible], veuve Rivelin 36
Louise Rivelin 12
Marie Jeanne Rivelin 10
Marie Rivelin 7
François Marie Rivelin 3

Méné Bolan :
~~Yves Bonneau~~ 32 — partis
Marie Jeanne Guégan 25
Yves Bonneau [illegible]
Jean Marie [illegible] 20
Louise Ebrel, domestique [illegible]
Marie Jeanne Ebrel 15

Guillandre Jean Louis 27 — partis à Coray
Marie Le Bec 23
Anne Marie Françoise Guillandre 19 m

Le Roy Yves 47
Marie Anne [illegible] sa femme 44
Marie Le Roy 20
Marie Jeanne Le Roy 18
François Le Roy 16
Yves Le Roy 14

Extrait du « liber animarum ».

SON AR BREZEL

1er COUPLET

Ecoutez, mes chers amis,
A heuit va hol mignonet
Une des plus belles chansons
Pehini meus composet.

2e COUPLET

Sur le sujet de la guerre
Pehini zo deomp declaret
En l'an 1914
Gant ar Prussianet.

3e COUPLET

A la fin de Juillet
Barz ar bloavez 14
Il est venu un ordre de route
An hol a oa partiet.

4e COUPLET

On dirigea une partie
Var bord ar frontierou
Et ceux qui étaient en trop
A jonias an dépoyous

5e COUPLET

Ceux partis à la frontière
Ma dijet goal labour
Pour empecher les Allemands
Da zo[illegible] barz no bro.

6e COUPLET

Malgré nos [illegible]ances
Var [illegible] doar [illegible] deuet
Avec beaucoup d'espérance
Sur a voent chas[s]cet.

7e COUPLET

Car nous, [illegible] de Français,
No veomp ket empoisonnet
Avec cette sale race de gens
Hanvet ar Prussianet

8e COUPLET

Oui, dans les premiers combats
A voa bet tam ar barti
Nous étions trop peu de monde
Vit gallout ho [illegible]buli.

9e COUPLET

Et la plus grande bataille
Pehini hoa bet [illegible]nvet
C'est le combat de la Marne
Onnes oa an terropla.

10e COUPLET

C'est là seul que le Kromprinz
Lacaez he vez he lagad
Retourné en automobile
A pa oa deut var he droat.

11e COUPLET

Il comptait aller à Paris
Bars he pedihcure varnugen
Et arriver à Compiègne
Mar caves harp de ben.

12e COUPLET

Depuis lors je comptais
Evit ar Prussianet
Que la victoire finale
Evito evoa kollet.

13e COUPLET

A la retraite, pour se cacher,
A[illegible] louar en deus creuset
Po[ur com]battre tous les Français
Mar dij[e]t ket dioualllet.

14e COUPLET

Heureusement, nous, les Français,
Zo tud ha hir ho fri
Nous en faisions des tranchées
Vit gallout ho hombati.

15e COUPLET

Je me rappelle dans les tranchées,
Bars an tual da Arras,
Beaucoup de mes camarades
Var an dachen o chomas.

16e COUPLET

Lorsqu'on monte sur les tranchées
Vit mont da attaqui
Il faut être plein de courage
A james reculi.

17e COUPLET

Marcher à plat ventre par terre
Trezec an Tranted
Car si vous restez debout
Zur a veoc'h diskaret.

18e COUPLET

Et après les attaques,
Mar veomp victorius,
On retourne dans les tranchées
Gant eun air, gant spontus.

19e COUPLET

Lorsqu'on est en première ligne
Dirag ar Prussianet
Il faut regarder les crémeaux
A dioual da vea surprenet.

20e COUPLET

Le sergent Picart, en passant,
Lavar deomp, ma mignonnet
Faites-y bien attention
Car zur a veomp attaquet.

21e COUPLET

Ainsi, l'aspirant Mathiau
Demeux ar blaz penzec
C'est un très bon officier
Daoust a ne ket oajet ?

22e COUPLET

Rien qu'avec ces officiers
Hol e veomp commandet
En première, en deuxième ligne
Gatho a veomp heuillet.

23e COUPLET

Le premier jour dans les tranchées
Me oa bet designet
Pour poser le fil de fer
Gant Pierre ar Glévarec.

24e COUPLET

Nous n'avions pas réfléchis
Vit mont meas an tranchées
Les piquets, les fils de fer
Voa poset hep dalet.

25e COUPLET

On retourna dans les tranchées
Gand aisamant speret
D'avoir accompli une mission
Didan fri ar bochet.

26e COUPLET

Leurs tranchées n'étaient pas loin
Deus re ar Franciscben
Trente à trente-cinq mètres au plus
A pas tam bet mispen.

27e COUPLET

Nous étions trois camarades
Ag he doa bet nomp heuillet
Tous les trois du Finistère
Bro ar botred calet.

28e COUPLET

Et je vais vous les nommer
Ama var an dachen
Le premier de Landeleau
An eil zo deus Pleyben.

29e COUPLET

Le premier, François Le Borgne,
Demeux ar vourch Landeleau
Il a été très souvent
Didan ar goal Deado.

30e COUPLET

Le deuxième, Glévarec Pierre,
Demeux ar vourch Pleyben
Il n'est pas non plus des lâches
Pa ve var an dachen.

31e COUPLET

Le troisième, Corentin Riou,
Zo chom parez Telgruc.
C'est un homme plein de courage
A na deus ket goal vrut.

32e COUPLET

L'auteur de cette chanson
Zo eup den a speret.
Elle est faite dans les tranchées
Gant ar Born pen calet.

François LE BORGNE,
Landeleau.

Bragoù person Landelo

Peus ket klevet ober kaoz eus person Landelo ?
Disul all en ofer'n-bred e kollas e vrago

Met kerkent ar c'hure bras en deveus e dapet
Hag e stlapet goude-se e-touez ar seurezed

Eur seurez kozh oa eno 'laras « Fidamdoue »
Nann, e Landeleo biskoazh n'eus bet ken sot kure

Da heul an droug oa enni, e skrivas ul lizher
Da gas d'an Aotrou 'n Eskob zo du-se e Kemper

Ar c'hure-se emezi n'oa ket den a feson
O stlapañ ken diresped bragoù ar c'haezh person

E-touez ar merc'hed santel 'vez o pediñ Doue
Hag oc'h ober Katekiz bemde d'ar vugale

Digant an Aotrou 'n Eskob e c'houlenne kalet
Ma vije ar c'hure droch teñset ha skandalet

Pa lennas ar Vikel Vras lizher al leanez
Oa aet an eskob d'ar park da c'hwennat e barrez

Hag ar Vikel Vras d'e gaout ha dezañ da lâret
« Ur gwalleur zo c'hoarvezet Aotrou 'n Eskob karet »

E Landelo, siwazh deomp, ez eo treviliet
Ar person hag ar c'hure ha c'hoazh ar seurezed

Ar c'hentañ 'goll e vragoù a-greiz oferennañ
Hag egile 'ra ar sod gantañ kenañ-kenañ

'Lec'h e reiñ prim da welc'hiñ da blac'h ar presbital
En deus graet ar reuzeudig ur pec'hed kapital

Oc'h e stlapañ a-dro jouiz e-touez ar seurezed
A oa, da heul an taol-se, chalet hag enkreset

O dever a oa tevel war un dra ken spontus
Daoust da se o deus skrivet ul lizher bilimus

An Eskob' savas e gein a-ziwar an ero
Ha glac'haret-holl e vouezh, a lavaras c'hwero

« E Landelo, kaer am bez 'vez, sakedein »
Un tamm reuz bennak bepred gant hor c'hozh belein

Gant ar person ar c'hure ,ha gant ar seurezed
Bewech ma poaniou er park e vezan diezed

Gant an dud-se on aet skuizh ha raktal hep termal
E fell din, diwar ma zro, o c'has holl da sutal

Pa goll e vragoù, hep mezh, ar person en iliz,
N'eo mui din, dirak an dud, da zougen sourpiliz.

Le pantalon du curé de Landeleau

Vous n'avez pas entendu parler du recteur de Landeleau
L'autre dimanche au premier office il perdit son pantalon

Mais aussitôt le grand vicaire l'a attrapé
Et jeté après ça au milieu des sœurs

Une vieille sœur était là et dit « foi de Dieu »
Non, à Landeleau il n'y a jamais eu vicaire plus idiot

Suite à cette offense, elle écrivit une lettre
Pour envoyer à Mgr l'évêque qui est là-bas à Quimper

Ce vicaire, dit-elle n'était pas un homme bien
Pour jeter sans respect le pantalon du brave recteur

Au milieu des filles saintes qui sont en train de prier Dieu
Et de faire chaque jour le catéchisme aux enfants.

Elle demandait fermement à Mgr l'évêque
Que soit puni le vicaire sot et scandaleux

Quand le grand vicaire lut la lettre de la religieuse
L'évêque était allé sur les chemins de sa paroisse

Et le grand vicaire était venu le voir et de lui dire
« Un grand malheur est arrivé Mgr l'évêque aimé

A Landeleau, hélas pour nous, cela cause de l'embarras
Le recteur, le vicaire, et puis les sœurs

Le premier perd son pantalon en officiant
L'autre fait l'idiot avec tant que tant

Au lieu de le donner aussitôt à la bonne du presbytère
Le misérable a fait un péché capital

En le jetant de travers au milieu des bonnes sœurs
Etaient après ce coup là peinées et chagrinées

Leur devoir était de se taire sur une chose si effrayante
Elles n'en ont pas moins écrit une lettre effrayante

L'évêque se leva de son trône
Et la voix toute triste, il dit amèrement

« A Landeleau, on a beau faire, cela me choque
Il y a toujours du tourment avec les vieux prêtres

Avec le recteur, le vicaire et les sœurs
Chaque fois qu'il y a des peines (malheurs) sur le champ, je suis dérangé

Je suis fatigué de ces gens-là et de suite sans hésiter
Je veux à mon tour les envoyer promener

Quand le recteur perd sans honte son pantalon dans l'église
Ce n'est plus à moi, devant les gens de porter le supplice

Photo de Marie, à gauche, prise à Chateaulin avec son cousin Henri Le Bec, et sa petite cousine Marguerite Diraison.

A gauche, Marie Le Bec au pensionnat.

Photo de mariage de Marie Le Bec avec son cousin Jean-Louis Puillandre.

Marie Le Bec et son époux (couple de gauche) lors de son mariage, en 1922.

Noce à Plonévez-du-Faou dans les années 20. Marie Le Bec est assise au 2e rang à la 3e place en partant de la droite.

A la noce d'une de ses belles-sœurs, on voit Marie Le Bec au 2e rang à la 2e place en partant de la droite

Mariage de la marraine de Marie Le Bec, à Loqueffret en 1902.

L'église de Landeleau, dans les années 20.

La chapelle de Pénity-Saint-Laurent dans les années 20.

POSTFACE

Les campagnes bretonnes avaient l'horizon de leurs clochers. Manquant de villes et de communications importantes, ces petites sociétés locales agençaient de manières diverses les fermes, les ateliers artisanaux et les petits commerces, complétés deci-delà par de petites unités industrielles héritées d'un passé fécond ou déjà liées à l'activité agro-alimentaire (minoteries, laiteries, conserveries) et par les services indispensables au fonctionnement administratif et social. Elles s'articulaient au niveau précis de la commune et à celui plus complexe et indécis du pays – terroir organisé... autour d'un centre où se tenaient les marchés, les fonctionnaires et les professions libérales. Chaque collectivité était un petit monde qui tentait de se suffire à lui-même, tout en s'ouvrant timidement aux échanges et apports extérieurs, elle avait son organisation économique, son identité sociale et culturelle, sa conception de l'espace et du temps vécus en termes locaux. Alliances et conflits de familles fondaient l'essentiel des relations sociales, où la distinction entre gens des hameaux et habitants du bourg ou du centre constituait toujours un clivage important, mais le travail, les échanges et les fêtes multipliaient les occasions de retrouvailles.

Paul Houée, *Mutations des campagnes bretonnes.* Revue économie et humanisme, n° 278.

Si les périodes calmes laissent peu de traces et n'ont pas d'histoire, la période qu'a revécue pour nous Marie n'est pas de celles-là. Au contraire, une série d'événements, de ruptures, voire d'agressions se succèdent et nous ouvrent des perspectives de recherches considérables. Par agression, j'entends violence symbolique et morale qui s'exerce à l'encontre de Marie, et par delà à l'encontre du monde rural auquel elle appartient ; et leur corollaire : les réactions de défense qu'elle engendre et qui permettent de mesurer la forte personnalité de cette communauté.

Ce qui frappe en premier lieu dans ce récit – nous l'avons déjà évoqué en ce qui concerne l'expérience propre de Marie – c'est la rupture entre deux mondes que nous pourrions définir dans cette simplicité : le monde d'avant-guerre et le monde d'après-guerre.

Celui du début du siècle, quoique fertile en événements semble encore appartenir à un dix-neuvième siècle qui ne veut pas s'éclipser, quatre ans de guerre transformeront douloureusement les rythmes de vie et les structures du monde rural (bien que les prémices se fissent sentir auparavant).

Nous tenterons d'appréhender cette dichotomie à travers les thèmes qui se dégagent du témoignage de Marie, en ayant à l'esprit ce postulat : « Nous affirmons que ce travail est écriture de l'histoire et non collecte de vieilleries et d'archaïsmes ».[1]

Le thème initial, dont il va être question dans cette postface est « le premier réveil de la mémoire » de Marie, comme elle l'écrit si joliment : l'inventaire ; événement qui défraya les chroniques des années 1900 et dont les prolongements se font encore sentir aujourd'hui.

[1] Fanch Elégoët. *Nous ne savions que le breton, et il fallait parler français*, éd. Breizh Hor Bro, 1978.

« *Azo gairhemenet gand anartikl trede*
euz lezenn laer an disparti.»
Courrier du Finistère - le 10 février 1906.

L'INVENTAIRE

Le contexte

L'inventaire fait suite à une série de mesures prises par le gouvernement de la IIIe République contre l'église. Il y eut d'abord la loi sur les associations du 1er juillet 1901, interdisant d'enseigner aux membres des congrégations religieuses non autorisées.

« Pour faire appliquer la loi, la police vient expulser les sœurs de leurs institutions et fermer les écoles. 64 écoles furent ainsi fermées dans le Finistère et 363 religieuses furent contraintes de s'en aller[2].

Des affrontements très violents opposèrent alors les manifestants à la police : « A Quimper, 12 000 manifestants s'assemblèrent pour protester contre la loi, ils chargèrent une manifestation organisée par les Républicains de Quimper et les ouvriers socialistes de Brest... Le conseil général adopta une motion par laquelle il demandait au gouvernement d'autoriser la réouverture des écoles. »[3].

Vinrent ensuite le décret du 12 décembre 1902 sur l'utilisation du breton dans les églises[3], et enfin la loi du 12 décembre 1905, instituant la séparation de l'Eglise et de l'Etat. La loi confiait les biens de l'église à des associations laïques et pour préparer ce transfert, il fallut procéder à un inventaire des propriétés des ecclésiastiques ce qui donna lieu

[2] *Les Paysans contre la politique*. S. Berger, éd. Le Seuil, 1975.
[3] *Ibid.* pp. 77-78

à des manifestations violentes, comme nous allons le constater en ce qui concerne Landeleau.

Sur cet épisode, nous bénéficions de renseignements très détaillés. En effet, le témoignage de Marie est complété par un rapport que firent sur cet événement deux prêtres : le premier, vraisemblablement vicaire à Landeleau, à moins que se soit le recteur lui-même. (Il est difficile d'en déterminer l'auteur exact.) Le second, M. Bervas, vicaire à Spézet. Ces témoignages furent consignés dans un journal, que tinrent pendant vingt-cinq ans - de 1900 à 1925 - différents prêtres, de Landeleau ou des paroisses voisines. Par chance, ce document a été conservé au presbytère et il m'a été permis de le consulter. Il nous renseigne, de manière très éloquente, sur la vie paroissiale à Landeleau et sur les rapports ô combien conflictuels et houleux que connurent les prêtres, d'une part avec la municipalité, dominée par Yves Le Bec, l'oncle de Marie, et d'autre part avec leurs ouailles.

Ce petit incident intervenu en 1904, nous en donnera le ton :

Incidents à Lannac'h

Pendant l'adjudication des reliques au Lannac'h, dispute du clergé avec l'instituteur et monsieur le maire qui ont insulté les reliques. Ce dernier Le Bec était pris de boisson. L'autre, Morvan, natif de Saint-Ségal s'est, dit-on, retiré quand M. Dantec, vicaire, lui aurait rappelé qu'il avait autrefois mangé le pain des prêtres. (Il aurait été élève de l'école apostolique des pères jésuites de Poitiers).

6 mars 1906 : inventaire mouvementé

A Landeleau l'inventaire a été fait mardi, devant tout ce que la commune contient de braves gens, par M. Le Page, percepteur à Châteauneuf assisté de M. Terrène, commissaire de police à Brest, et de gendarmes. M. Terrène n'avait pas dédaigné de se placer sur le siège à côté du cocher abandonnant l'intérieur de la voiture couverte à... deux braves : deux crocheteurs de Carhaix, dit-on, peut-être deux repris de justice de Brest ou deux échappés de Cayenne ! Qui sait ? Monsieur le commissaire très ému oublie de les présenter.

Au coup de 9 heures... heure réglementaire, gare à la consigne ! arrive au presbytère le commissaire ceint de son écharpe, (jamais on n'avait vu pareille curiosité à Landeleau) accompagné de maître Le Page avec le sous-maître Moreau comme secrétaire. La lumière, Le Bec, Grony, Lanzillac, sert d'éclaireur.

M. le recteur[4] ayant informé ces beaux messieurs qu'il n'y a pas de messe. Tous se dirigent vers la porte principale de l'église. M. le recteur entouré de son conseil de fabrique au complet, lit une protestation énergique et indignée.

Protestation de M. le recteur

Monsieur le délégué,

Après la condamnation si solennelle et en même temps si formelle de la loi de séparation par le souverain pontife Pie X la ligne de conduite à suivre est devenue plus claire et aussi plus facile pour les catholiques.

Oui, nous tenons à protester, avant tout, contre cette loi toute entière, loi que le plus auguste des juges a condamnée et frappée d'anathème, parce qu'elle est profondément injurieuse vis-à-vis de Dieu qu'elle renie officiellement en posant en principe que la République ne reconnaît aucun culte... parce qu'elle est contraire à la divine constatation de l'Eglise, à ses droits essentiels et à sa liberté,... parce qu'elle est gravement offensante pour la dignité du siège apostolique et pour tous les catholiques français...

En conséquence nous nous élevons de toutes nos forces contre l'inventaire que vous voulez faire aujourd'hui dans le presbytère et dans l'église de Landeleau.

Nous, membres du conseil de fabrique, et moi, recteur de cette paroisse nous avons l'honneur de vous dire que les biens que vous proposez d'inventorier sont *le fruit des oblations des fidèles, ils représentent la piété de nos frères et ont été payés avec leurs deniers et non avec ceux de l'Etat.*

Rappelez-vous, monsieur le délégué, que les cloches neuves qui sont dans ce clocher, le mobilier tout neuf qui se trouve dans cette église, les vases sacrés qu'elle possède, ne sont pas plus à l'Etat que les objets précieux de l'Elysée ne sont à l'Eglise : « Bien d'autrui tu ne prendras ni retiendras à ton escient. »

Quelle que soit donc l'intention de ceux qui nous gouvernent, nous requérons expressément que la date de la confection d'un inventaire dans notre église et notre presbytère soit ajournée jusqu'à où les ins-

[4] M. Louis Marie Lein, recteur à Landeleau de 1902 à 1906, était comme son prédécesseur, M. Henri Le Sann, originaire de Saint-Pol-de-Léon (fichier de l'évêché). On imagine ce que devait constituer pour ces prêtres léonards, la pénible mission de diriger une paroisse récalcitrante comme Landeleau.

tructions annoncées par l'encyclique de Pie X nous auront dit ce que nous pouvons faire en toute sécurité de conscience.

C'est sans dire, monsieur le délégué, que nous ne vous laisserons entrer dans notre église que si nous y sommes contraints par la force et par la violence.

Veuillez croire cependant que la présente protestation qui nous est uniquement inspirée par notre respect des lois de l'Eglise ne vise en aucune manière votre personne.

Vous faites ce que vous croyez être votre devoir, avec la grâce de Dieu, nous ferons aussi le nôtre sans nul doute ».

(Ont signé : M. le recteur et MM. les conseillers de fabrique).

Après quoi le commissaire demande si l'on peut entrer. La réponse fut : « Nous ne céderons qu'à la force et à la violence ».

Arrestation de M. Dantec, vicaire

« Enlevez le recteur », commande alors le commissaire. Aussitôt trois gendarmes se précipitent. Mais les conseillers de fabrique et M. Dantec vicaire, se massent au devant.

C'est le moment et le prétexte attendu pour donner une petite satisfaction au marquis Le Bec. M. Dantec n'est pas son ami et la consigne était de se saisir du vicaire au premier qu'il aurait dit. Aussi, le gendarme Duflot accuse-t-il sans rime ni raison, M. Dantec de l'avoir frappé ; M. le recteur et les conseillers de fabrique ont beau protester, *M. Dantec est arrêté* et on lui met les menottes, ce qui fait trépigner d'aise *M. Le Bec et son secrétaire Yeun Jaffré.*

Le terrible vicaire mis à l'écart, les crocheteurs se mettent à l'œuvre, sans qu'on ait daigné faire les sommations requises. A l'intérieur, les braves de Landeleau tiennent bon et crient : « Vive Jésus Christ, vive la liberté ».

Enfin, la porte cède. La population fait irruption dans l'église aux cris de : « Vive Dieu, vive M. le recteur, vive M. Dantec ! »

Inventaire de l'église

Ensuite, M. Le Page, pâle et très énervé, inventorie, mais *grosso modo*, pendant qu'on récite le chapelet et qu'on chante des cantiques. A remarquer l'attitude du maire, il semble narguer tout le monde, remplacer commissaire et pandores, un vrai chasse-gueux, quoi !!! Mais, oh malheur, il s'est délaissé ! On fuit devant lui comme l'on fuit devant un chien enragé. Il décharge sa bile tantôt sur celui-ci, tantôt sur celle-là, il perd la tête, s'attaque à tout le monde, menace de dresser des procès-verbaux à gauche et à droite...

Seconde protestation de M. le recteur devant la sacristie

L'inventaire de l'église bâclé en quelques minutes, on arrive à la porte de la sacristie. Là M. le commissaire trouve de nouveau porte fermée et gardée par M. le recteur et le conseil de fabrique. M. le recteur lit une nouvelle protestation pleine d'énergie :

Monsieur le délégué,

Devant la violence qui nous est faite, messieurs les conseillers de la fabrique de Landeleau, ainsi que moi, recteur de la paroisse nous conformant aux instructions que nous avons reçues de monseigneur l'évêque, nous déclarons en outre qu'en y assistant nous n'y figurons qu'à titre de témoins attristés et dans une attitude absolument passive, ne nous reconnaissant pas le droit de livrer les biens de l'église avant que le souverain pontife ait porté un jugement sur la dévolution des biens que la loi de séparation prévoit en faveur des associations culturelles.

Nous faisons aussi toutes les réserves de droit quant aux conséquences que cet inventaire pourrait avoir par rapport aux biens dont nous avons encore la gestion. Ces mêmes réserves, nous les faisons également au sujet des désignations, qualifications et estimations plus ou moins énoncées, des choses que vous inventoriez.

Nous vous ferons observer que si les clefs sont aux serrures dans la sacristie, ce n'est point pour faciliter votre œuvre mais pour empêcher les bris de meubles ou de portes que notre pauvreté ne nous permettrait pas de faire réparer après votre passage.

Que Dieu qui fut battu de verge par ses anges, Héliodore envoyé par Seleucus[5] pour inventorier les biens du temple de Jérusalem et s'en emparer ensuite, pardonne cette procédure à ceux qui l'ont ordonnée et qu'il se montre indulgent à ceux qui comme vous, monsieur nous aimons à le penser, ne l'accomplissent qu'à contrecœur. »

(Ont signé : M. le recteur et MM. les conseillers de fabrique).

Dernier acte : le commissaire Terrène, pour prouver ses sentiments - ce sont ses propres paroles -, ordonne aux pandores de relâcher M. le vicaire. Le Bec grogne tout fort. Aussitôt, de nouveaux cris de : « vive M. Le Dantec », sortent de toutes les bouches. (La relation ci-dessus a été prise au *Courrier du Finistère*, à laquelle ont été ajoutées les deux protestations du recteur).

L'histoire de l'inventaire à Landeleau semblait bien finie : Terrène, pandores et crocheteurs avaient filé sur Collorec pour y recommencer leur triste besogne.

[5] Episode de la Bible : Seleucus IV Philepator (187-175 av. J.-C.), fils d'Antiochus le Grand, chargea son chancelier Héliodore de faire main basse sur le trésor du temple de Jérusalem. A cet effet, Héliodore pénétra dans le temple afin d'y dresser un inventaire, « grâce à un prodige, la tentative impie échoua. »

Emprisonnement de M. Le Dantec, vicaire

Mais hélas ! L'histoire que nous venons de résumer, allait prendre une autre phase. En effet, le jeudi suivant, on se rendit compte que Terrène et Dufflot n'avaient point désarmé. Vers les trois heures de l'après-midi, deux gendarmes pourvus d'un mandat d'arrêt, frappaient à la porte du presbytère de Landeleau et demandaient M. Le Dantec : ils avaient ordre de l'emprisonner ce soir-là même à Châteauneuf. Le lendemain, ils devaient l'écrouer, comme un vulgaire malfaiteur, à la prison de Châteaulin.

Cause : Dufflot maintenait que M. Le Dantec l'avait frappé le jour de l'inventaire : le procureur de la République s'était empressé d'écouter sa plainte.

Condamnation de M. Le Dantec, vicaire

A la prison de Châteaulin, M. Le Dantec attendit quinze jours, sans jugement. Le quinzième jour, il se trouva au tribunal en face de ses bons amis, Terrène, Dufflot, le terrible Le Bec et Cie... Il nia avoir frappé son accusateur mais ce dernier jura sur l'honneur !!! qu'il disait la pure vérité !!! Aussi, après une attaque en règle de Me Le Cord, procureur de la République, attaque qui ne respirait que la haine du prêtre, M. Le Dantec se vit condamné à un mois de prison sans sursis. Les juges ne tinrent aucun compte de l'éloquente défense présentée par M. de Chamaillard, sénateur du Finistère.

Jugement et condamnation de M. Lein, recteur

Tout n'était pas encore terminé. Huit jours plus tard, M. Lein, recteur de Landeleau, paraissait à son tour devant les juges de Châteaulin[6].

Lui, était accusé d'avoir opposé une vive résistance aux ordres du commissaire Terrène. M. le recteur démontra habilement combien fausse était l'assertion de Terrène.

[6] *La Semaine Religieuse* du diocèse de Quimper et du Léon, en date du 30 mars, ne manque de relater l'événement. (S.R. 1906, p. 215).

« Comme nous l'avons annoncé, M. Le Dantec, vicaire de Landeleau, a comparu le jeudi 22 mars, devant le tribunal de Châteaulin sous l'inculpation d'outrage au maire, rébellion et coups aux gendarmes. Bien que les faits soient loin d'être prouvés, comme l'a fait clairement voir maître de Chamaillard, sénateur, dans une éloquente plaidoirie, l'abbé Dantec a été condamné à un mois de prison sans sursis. Il est actuellement détenu à la maison d'arrêt de Châteaulin où nous lui adressons l'expression de l'affectueuse estime et des sympathies de ses confrères et tous les catholiques du diocèse. M. le recteur de Landeleau rejoindra-t-il son vicaire en prison ? Il est cité à son tour, devant le tribunal pour aujourd'hui (29 mars).

Les conseillers paroissiaux de Landeleau : Job Rivoal, Yvonig Clech, Hervé Guichoux, Le Moal, Michel Scouarnec, pris comme témoins, défilèrent à leur tour et appuyèrent fortement la déclaration de leur bon recteur. Mais peine perdue, le vicaire avait été condamné, il fallait à tout prix condamner le recteur ! Les mensonges de Terrène, Le Bec, Dufflot etc. L'emportèrent une deuxième fois et malgré la brillante défense de Me Grisart de Kerstradt, M. Lein fut gratifié d'une amende de deux cents francs sans sursis. Me Cord procureur de la République n'était pas satisfait, trouvant la peine un peu trop faible (il s'agissait d'un curé). Monsieur fit appel à minima.

Le procès reprit à Rennes, mais le tribunal de Rennes se contenta de confirmer simplement et purement la sentence du tribunal de Châteaulin.

Interdit sur la paroisse, 1906

Toutes ces condamnations eurent un résultat terrible. Monseigneur Dubillard pour punir l'attitude du maire de Landeleau et celle de quelques-uns de ses administrés, pour punir aussi sans doute la paroisse de son obstination à garder à sa tête, comme maire l'être exécrable qu'est Le Bec, frappa la paroisse d'interdit. M. le curé de Châteauneuf, chanoine honoraire, fut délégué par monseigneur pour lire sa décision du haut de la chaire. C'était pour la seconde fois que la paroisse subissait cette peine ! (voir les papiers !)[7].

Au bout de cinq mois environ, après bien des démarches suppliantes des conseillers paroissiaux (le maire ne bougea pas !) auprès de monseigneur, Landeleau reçut un nouveau recteur : M. l'abbé Guillou, vicaire à Fouesnant et un nouveau vicaire : M. l'abbé Pasteur, jeune prêtre de St-Pierre Quilbignon, etc.

[7] Dans le même numéro cité précédemment, (SR 1906, p. 215), *La Semaine Religieuse* rappelle (avec inexactitude) les faits :

« C'est la deuxième fois depuis moins d'un siècle que cette paroisse est l'objet d'une telle mesure de la part de l'autorité ecclésiastique – hautement désapprouvée par le sous-préfet de Châteaulin, qui s'appelait alors M. Baudier – l'évêque de Quimper retira le recteur, M. Le Bozec, qui ne fut pas remplacé ; au mois de décembre, une députation d'habitants de Landeleau, maire en tête, vint faire sa soumission à l'évêque et demander un autre prêtre, qui ne leur fut accordé qu'un peu plus tard (...) »

(Cf page 13 : il n'y eut jamais d'interdit prononcé officiellement. D'autre part, la démarche que mentionne la revue relève de l'imagination et d'un défaut d'interprétation. Les seules démarches dont nous connaissons l'existence, sont celles qu'entreprirent séparément M. le comte du Laz et Mme de Bouté).

(...) « Le souvenir de ces faits s'est conservé dans le pays. Puisse la punition qui, selon la tradition populaire, frappa les auteurs responsables, être épargnés à leurs imitateurs ! C'est ce que les recteurs de Landeleau, victimes des avanies... renouvelées de 1810, sont les premiers à demander à Dieu ».

NB : pour plus amples détails : s'adresser à M. Lein, recteur d'Ergué-Gabéric[8] et M. Le Dantec, vicaire à Plomodiern...

(Cette seconde partie de la relation a été fournie par M. Bervas vicaire à Spézet).

La députation qui alla trouver monseigneur Dubillard pour demander des prêtres était composée de quelques braves gens parmi lesquels un conseiller de fabrique et un conseiller municipal seulement. Une pétition qui fut faite auparavant, ne fut pas signée par le maire, ni les principaux membres du conseil municipal, ni même par plusieurs commerçants et plusieurs aubergistes, bien qu'ils eussent sous peu crevé de faim. Parmi ceux qui refusèrent était Le Foll, menuisier au bourg, ex-frère de Langonnet, lequel avait déjà traîné M. Le Sann, recteur de la paroisse (1898-1902), en justice de paix pour une affaire de chaise. On peut donc dire que les habitants de Landeleau ont eu des prêtres sans s'être soumis.

Landeleau pendant l'interdit (29 août 1906)

Dans l'intervalle de l'interdit, le maire répétait aux paroissiens, et surtout aux commerçants que les prêtres allaient revenir, qu'ils y étaient obligés... A l'approche du pardon et de la Troménie, il assurait en ricanant que les prêtres allaient arriver parce qu'il y avait de l'argent à toucher. Par bonheur, ils n'arrivèrent pas, ce qui humilia un peu notre honorable.

Furieux de n'avoir pas de prêtres pour pouvoir vendre leurs marchandises et leur eau-de-vie, quelques commerçants installèrent une danse au bourg et firent sonner le carillon le jour du pardon, sur la remarque qui leur fut faite que ce n'était pas là le moyen d'avoir des prêtres, ils cessèrent cependant... M. le curé de Châteauneuf avait eu soin de faire annoncer dans les paroisses voisines qu'il n'y aurait pas de Troménie. Il y eut cependant un certain nombre à faire le tour en particulier.

Dans les premiers temps de l'interdit, la population allait en grand nombre à la messe ailleurs. Mais ce nombre diminua beaucoup par la suite. La partie saine des habitants était peinée, ennuyée d'avoir à cher-

[8] M. Le Lein n'eut guère plus de chance dans sa seconde affectation :

« Le même jour (août 1909) fut nommé à Ergué-Gabéric, M. Lein ancien recteur de Landeleau, retiré de Landeleau par ordre de monseigneur Dubillard qui voulait interdire la paroisse pour la punir de sa méchanceté à l'égard de ses prêtres, et nommé dans la suite à Plounéour-Ménez, il fut obligé de quitter cette paroisse, que Mgr dut intervenir aussi, par suite de la mauvaise volonté que montrait le conseil municipal dans la location du presbytère. » Extrait du même journal.

cher la messe dans les autres paroisses où souvent ils étaient insultés et maltraités jusque dans les églises – *morc'h Landelo*[9].

Par la suite des démarches ci-dessus, et aussi de celle de la directrice de l'école libre qui craignait pour son pensionnat – et en effet, M. Morvan, instituteur disait aux sectaires, ses amis de l'endroit que le meilleur moyen de faire tomber l'école et le pensionnat libres était de rester sans prêtres – Mgr Dubillard accorda à partir du deuxième dimanche de juillet une messe dont fut chargé un jeune prêtre, M. Le Rest qui demeura au presbytère de Châteauneuf et lequel du reste était chargé du catéchisme deux fois par semaine. Il fit aussi avec M. Bodeur, vicaire à Plonévez, la retraite préparatoire à la communion des enfants, laquelle eut lieu le 4 mai et fut suivie de la confirmation donnée à Cléden-Poher.

29 août 1906 : fin de l'interdit. Nomination d'un nouveau recteur

Le 29 août 1906, monseigneur nomma à Landeleau le recteur et le vicaire ci-dessus : P.-J. Guillou recteur[10], Claude Pasteur vicaire. M. le curé Doyen fut d'avis que le nouveau recteur fit son entrée définitive sans la moindre pompe et sans cortège et qu'il fût installé sans solennité : les choses se passèrent ainsi. Le recteur fit la visite de ses paroissiens et n'eut qu'à se louer de la façon correcte dont il fût reçu.

Les prêtres firent eux-mêmes la quête pour la propagation de la foi, comme c'était la coutume. Ne quêtant pas pour eux-mêmes, et n'ayant pas eu encore ni le temps ni l'occasion de froisser la population, ils furent un peu étonnés d'entendre des grognements et de forts murmures de protestations. La ferme résolution fut prise de ne rien dire, d'attendre et de ne pas oublier.

En arrivant, le recteur qui ne connaissait pas le terrain demanda conseil au curé touchant la visite au maire. Il lui fut répondu qu'il n'y avait pas de visite à faire à ce maire qui n'avait rien fait pour avoir des prêtres et avait déjà persécuté tant de recteurs ; qu'on vivait en séparation, et qu'il n'y avait qu'à rester séparés. Le maire fut vexé de n'avoir pas eu la visite du recteur, en parla, et plusieurs à Landeleau donnèrent tort au recteur.

Le 11 décembre 1906, le compte de l'année étant clos et signé, les membres du conseil de fabrique de Landeleau émettent à l'unanimité la protestation suivante : « Nous, membres du dit conseil, fidèles à suivre les directions de souverain pontife et voulant rester en communion avec notre évêque, déclarons que nous ne remettrons les biens de notre fabrique paroissiale qu'à l'évêque de Quimper et à son délégué,

[9] *Morc'h Landelo* : cochon de Landeleau.

[10] M. Pierre-Jean Marie Guillou, recteur à Landeleau de 1906 à 1912, était originaire de la riche paroisse de Pleyben.

et protestons à l'avanie contre toute dévolution qui serait faite de ces biens à n'importe quelle association, malgré nous et en violation des lois de la sainte Eglise. »

Ont signé : Guillou, recteur, Rivoal, Clech, Guichoux, Moal, Scouarnec.

Les prolongements

Ainsi se termina l'année 1906, mais l'inventaire allait encore connaître des prolongements mouvementés avec l'affaire de la location du presbytère. Dans l'intervalle, de nombreux incidents émaillaient la vie quotidienne, tel le refus du recteur d'accorder la première communion à certains enfants de 1907.

Incidents pour la première communion

Le recteur ayant souvent durant le temps du catéchisme prévenu les parents de l'ignorance bien profonde de leurs enfants, de leur devoir absolu d'apprendre le catéchisme à leurs enfants et voyant qu'ils ne tenaient aucun compte et que par suite d'un esprit mauvais répandu surtout par l'instituteur, ils regardaient l'instruction religieuse comme une science de superfétation, dont il suffisait d'avoir une teinture quelconque pour attraper ses Pâques et dont on n'avait que faire ensuite, refusa 17 enfants pour la première communion : 13 garçons et 4 filles. Ce n'était pas l'habitude : tout au plus refusait-on un ou deux, trois tout au plus d'après ce que dit un jour l'ancien recteur. Ce que l'on prévoyait arriva : démarches des parents pleines de colère hautaine et accompagnée presque d'insultes pour dire ou plutôt ordonner de recevoir leurs enfants. Rien n'y fit et tous les refusés demeurèrent refusés. Entre les deux autres communions, 2e et 3e, il y eut encore 9 de refusés : total 26. Le mal qui en résulta fut d'aliéner les esprits contre le clergé, d'attirer leur rancune, leur haine, leurs calomnies, mais c'était un mal nécessaire. L'on entendit des parents fâchés avouer que leurs enfants ne savaient rien. » (...)

1908 - Affaire de la location du presbytère

Location du presbytère. Lettre du maire : mairie de Landeleau.

Monsieur le desservant. Par lettre circulaire de monsieur le préfet en date du 28 janvier dernier la question locative du presbytère ; annexes et dépendances, devrait être tranchée depuis deux mois, j'ai eu l'occasion d'en parler au conseil lors de la session de février ; vous serez assez aimable pour me faire connaître les conditions que vous entendez accepter avant la session de mai qui aura lieu bientôt, pour que je ne sois pas obligé de réunir une seconde fois exprès pour la circonstance. Veuillez agréer, monsieur l'abbé, l'expression de mes meilleurs sentiments » Le maire Y.-L. Le Bec.

Réponse du recteur (qu'il a remise lui-même au maire) :
Landeleau le 22 mai 1907
Monsieur le maire,
J'ai l'honneur de vous accuser réception de votre lettre concernant la location du presbytère et qu'on m'a remise hier matin, 21 mai.

Permettez-moi de vous faire remarquer que les ressources du clergé sont bien diminuées puisqu'il n'a plus de traitement, que celles de la fabrique de Landeleau qui sont déjà bien modestes, sont encore amoindries par l'enlèvement de deux champs donnés cependant par deux recteurs de la paroisse, et qu'en plus la plupart des objets mobiliers du culte – notamment les linges d'autel et les vêtements sacerdotaux – sont à renouveler dans cette paroisse.

Cela étant, ce que je puis accepter, c'est de prendre à ma charge l'assurance, les réparations locatives et les impôts du presbytère et du jardin. Je sais, monsieur le maire, que votre conseil lorsque vous avez exposé la question devant lui à la session de février dont vous me parlez à bien voulu accorder la location du presbytère, y compris le jardin, dans les conditions précitées. Depuis est intervenue une circulaire ministérielle autorisant les conseils municipaux, lorsqu'il s'agit de location de presbytères, à recourir à d'autres considérations que celle de la valeur locative.

Et parmi ces considérations ou « circonstances de fait », l'une de celles qui peuvent sans contredit figurer au premier c'est la considération de l'intérêt qu'il y a pour le commerce local à ce que les prêtres restent dans la commune : comme l'expérience l'a démontré dernièrement et d'une façon toute particulière pour la commune de Landeleau.

S'il fallait payer quelque chose de plus, j'ai le devoir de vous faire savoir que je ne puis en aucune façon offrir qu'une somme relativement minime et dans tous les cas ne dépassant pas 50 francs, pour les raisons mentionnées en tête de ma lettre, et parce que monseigneur l'évêque – dans *La Semaine Religieuse* du 1er mars 1907, partie officielle – n'autorise à consentir qu'une légère redevance ne dépassant pas 50 francs, même pour les presbytères les plus importants, ce qui n'est pas le cas de Landeleau.

Afin de prévenir toute surprise et tout malentendu dans la suite, je crois bon de vous informer que s'ils n'ont pas le presbytère, les prêtres se trouveront dans la sûre nécessité de se retirer de la paroisse, telle est la décision prise par Mgr l'évêque dans la partie officielle de *La*

Semaine Religieuse du 25 mars 1907 – Vous voudrez bien, je vous en prie donner connaissance de cette lettre et de tout son contenu à votre conseil. Veuillez agréer M. le maire l'expression de mon profond respect et de ma considération bien distinguée ». P.-J. Guillou, recteur de Landeleau.

Le recteur sur un désir qui lui fut exprimé, rédigea un modèle de délibération pour la session du 30 mai, et dans laquelle il faisait valoir les considérations ci-dessus énoncées, ainsi que le vœu formel de la population d'avoir des prêtres. »

Qu'advint-il ? Ici, nous entrons dans la sournoiserie et la traîtrise. Quelle y fut la part du maire ? Une circonstance permet de l'excuser : c'est que vers cette époque il tomba malade et le fut même gravement. Quoi qu'il en soit, peu de temps après, arriva à la mairie la réponse de l'administration qui était un refus de location, et exigeait que le recteur prit à son compte les grosses réparations : ce qu'il avait déjà formellement et absolument refusé. Mais les diplomates de la localité se gardèrent bien d'en prévenir le recteur qu'il y avait cependant un droit strict, étant l'une des parties contractantes. Le refus fut connu et dissimulé par Yves Jaffré : le fameux secrétaire – Henri Jaffré du presbital koz, adjoint, Barazer et Le Bras conseillers municipaux. Cependant à une demande que lui faisait le recteur, l'un d'entre eux se risqua à avouer que le refus de location était arrivé, et qu'on tût son nom au sujet de cette communication. Le recteur promit et garda le secret du nom, et même de la communication pendant longtemps pour connaître de plus en plus ceux à qui il avait affaire, or, ce nom est celui de Barazer puisqu'il l'a dit lui-même dans la suite et dans l'intention de justifier son complice Jaffré (Yves) et de mettre les torts du côté du recteur. Les choses en restèrent là et le recteur que personne ne prévenait garda le silence jusque vers la fin de septembre. Alors faisant la quête habituelle, il déclara que « c'était pour la première et peut-être la dernière fois puisque le presbytère ne lui était pas loué. »

Grand étonnement de la population et surtout des conseillers, qui eux-mêmes n'en savaient rien et croyaient que depuis longtemps déjà le presbytère était donné au recteur aux conditions qu'ils avaient signées dans leur délibération. Le recteur disait ouvertement la conduite méchante du secrétaire lequel avait depuis des mois reçu notification du refus de location et aurait dû – le maire étant malade – la signifier au recteur. De là le peuple concluait que le secrétaire était la cause qu'on n'avait pas loué le presbytère ; mais le recteur n'avait pas dit cela, il devint furieux et menaça d'envoyer "du papier" au recteur. Mais l'opinion resta montée contre lui : on le connaissait.

Détails rétrospectifs : ceux qui savent le dessous des affaires, n'hésitent pas à dire que c'est la haine de Yves Jaffré contre lui, qui a fait saisir et emprisonner M. Dantec. L'affaire de l'inventaire était bien finie avec le départ du commissaire. C'est à la suite d'un conciliabule tenu par Jaffré entouré de quelques comparses que les gendarmes auraient reçu ordre de venir prendre M. Dantec qu'abhorrait Jaffré parce que ce prêtre avait le courage d'appeler un chat un chat et Rodilard un fripon. Le maire aurait été simple complice dans cette iniquité, si même il fut cela. Ce qui est sûr, c'est qu'il ne pouvait souffrir Dantec pour la même raison. C'est dans l'auberge Le Borgne que l'on trouva et accorda – grâce à la femme – une voiture pour envoyer M. Le Dantec en prison. Quand on vit M. Le Dantec menottes aux mains, il y eut plusieurs femmes à rire et même à claquer des mains. La femme de Barazer ayant été accusée de ce dernier fait, par M. Lein, le mari menaça d'envoyer l'huissier au recteur « pour lui réclamer l'honneur de sa femme ».

9 février 1908

Arrivons au 9 février 1908. Il y a session du conseil municipal. Notre honorable maire est guéri, mais pas converti. Le recteur ayant laissé entendre que si on l'appelait au conseil au sujet de la location du presbytère, il s'y rendrait volontiers. Le recteur faisait le catéchisme avant vêpres lorsque le vicaire vint le remplacer et lui dire qu'on l'appelait à l'auberge Le Moigne Yvon où le conseil délibérait au premier dans une petite pièce. Il s'y rendit aussitôt. Le maire avait l'air à la fois triomphant et dominateur. Il exhiba trois projets de bail, l'un réclamant 100 francs, l'autre 76 francs de bail, puis un troisième ne réclamant que 50 francs, ajoutant avec enthousiasme que certainement le dernier plairait au recteur. Celui-ci demanda humblement à le lire et dut dire à M. le maire qu'à son regret il ne pouvait l'accepter : c'est qu'il portait la clause que le recteur avait à sa charge les grosses réparations et M. le maire voulut bien ajouter que M. le recteur lui avait toujours dit qu'il ne pouvait prendre à son compte les grosses réparations. En effet, le recteur lui avait déjà fait remarquer et redit encore qu'avec cette clause on aurait pu le forcer à renouveler les bâtiments annexes du presbytère qui sont en ruines. Le maire affirma qu'avec l'administration préfectoriale, sous-préfectoriale actuelle, cela ne serait pas arrivé.

Mais le recteur pria le maire d'observer que les préfets etc. changent et qu'ils pourraient être plus exigeants, et le maire daigna reconnaître la justesse de ces paroles.

Mais il fallait qu'il arrivât à écraser le pauvre recteur. Décidément, il était M. Le Bec maire de Landeleau. « Enfin, voyons, que m'offrez-vous pour le presbytère ? – M. le maire : 50 francs... – « Mais alors je vais le mettre en adjudication et certes, j'en aurai plus que cela ! » – Le maire s'était exprimé en français et le recteur pour qu'il fût compris de tous répondit en breton et d'une voix sèche et ferme : « vous dites que vous mettrez le presbytère en adjudication, faites-le si voulez, je n'ai pas manqué de pain avant d'arriver à Landeleau, et j'espère ne pas en manquer en partant. Je n'ai pas encore débouclé toutes mes malles : mon paquet sera moins long à faire. Je vois que Mgr l'évêque en m'envoyant ici avait raison de me dire : « Prenez le mobilier strictement nécessaire car vous n'êtes pas sûr de pouvoir rester là ». Là-dessus plusieurs membres eurent le courage de montrer qu'ils étaient peinés de la tournure que prenaient les choses et de dire doucement qu'on s'était réuni pour s'entendre et arriver à une conclusion. Etonnement du recteur en voyant le maire garder le silence. – Gêne générale – le recteur rompit la glace. « M. le maire, pour aller jusqu'au bout des concessions qui me sont possibles et permises, je vous propose... » et il énuméra les clauses que l'on trouvera dans le bail ci-dessous transcrit. Le maire, avec l'air de quelqu'un qui est ennuyé et ronge son frein, demanda à ses principaux conseillers si l'on pouvait accepter. « Mais, oui », répondit Barazer... Là-dessus, le recteur ayant remercié, allait se retirer.

Mais on savait qu'il se défiait et que du reste il avait ses raisons pour cela. Aussi le pria-t-on de rester et d'être témoin de la rédaction de la délibération, arrêtée. Mais une auberge n'est pas un magasin de papier. Ce dernier manquait : car le bail projeté ne fut pas inscrit sur le cahier des délibérations, mais le recteur ne jugea pas à propos de le faire remarquer. Pendant qu'on cherchait le papier, on fit remarquer qu'on aurait bien volontiers bu une chopine et il s'agissait de savoir qui allait se dévouer. C'était clair pour le recteur. Voulant être bon garçon, il proposa de payer une bouteille de vin blanc, et ayant remarqué que cela ne suffisait pas et qu'il s'agissait de savoir qui paierait la seconde, il s'excusa de n'avoir pas par inadvertance demandé deux tout de suite et dit qu'il entendait payer très volontiers une seconde bouteille. Grâce à cela, le temps employé pour mettre par écrit la délibération passa plus vite. Et l'on affirma au recteur que dès le lendemain, elle prendrait le chemin de la préfecture. Et tout – surtout le vin blanc – faisait croire qu'elle serait agréée. En se retirant de cette auberge, le recteur vit avec tristesse que le haut et le bas étaient littéralement bondés de monde et parmi il y avait autant de femmes que d'hommes, fricotant, buvant, trinquaillant pendant qu'à l'église étaient exposées les reliques de saint Théleau et que l'on chantait ses vêpres solennelles : car c'était le dimanche 9 février : église à peu près déserte pour la fête du saint patron et auberge comble !

Pendant qu'on éprouvait le projet de bail, Job Puillandre de Clouaric, semblable à une furie et riant à son aise d'un air à la fois curieux et moqueur, écoutait derrière la porte et l'entrouvrait de temps en temps.

Quelques jours seulement après, arriva la réponse de l'administration. C'était encore un refus. Le maire eut au moins le savoir-vivre d'en prévenir le recteur, lequel lui dit qu'il ne pouvait plus rien et qu'il n'avait qu'à attendre le moment de partir de Landeleau. Le maire daigna ajouter qu'il y avait lieu de croire qu'on n'arriverait pas à cette extrémité. L'évêque était tenu au courant.

Le 20 février arrivait au presbytère M. Yves Jaffré. Il venait prier le recteur de rester à la maison pour recevoir le sous-préfet qui devait arriver à Landeleau le lendemain. Le secrétaire accusé, disait-il, par le recteur d'être la cause que le presbytère n'était pas loué avait été demander au sous-préfet de venir lui-même en faire le bail, s'il y avait moyen de s'arranger. Je répondis en souriant que je l'espérais, que je resterai recevoir M. le sous-préfet. Puis je lui fais savoir que je l'avais publiquement accusé d'avoir sournoisement caché le refus de location que lui secrétaire avait reçu le 13 juillet précédent, que j'avais droit comme partie contractante d'en être informé, que c'était à lui, surtout le maire étant malade, de m'en faire la notification. Il chercha à se justifier en disant que MM. Le Bras, Barazer, Henri Jaffré étaient aussi au courant du refus. « Il y a donc, quatre traîtres, répondis-je sèchement, au lieu d'un, mais vous en êtes quand même le premier et le principal ». Puis pour le convaincre de malveillance : « Quand on vous a accusé d'avoir agi hypocritement en ne m'informant pas, n'avez-vous pas dit que vous n'entendiez pas user vos souliers pour venir envoyer des plis au recteur, sans compter que vous êtes payé pour cela, vous devez vous rappeler que quand vous êtes venu au commencement de la nuit me chercher auprès de votre belle-sœur malade, j'ai bien usé gratuitement mes souliers pour aller la voir, et je suis prêt à le faire encore de jour ou de nuit, même pour vous et de tout cœur. » Il ne s'attendait pas à ceci, et resta abasourdi. Je me hâtais d'ajouter que j'étais tout disposé à tout oublier pour le passé... On trinqua...

Le lendemain matin, nouvelle visite de M. Jaffré au presbytère, venu demander qu'on voulût bien accorder le carillon à M. le sous-préfet. Je savais que quelques jours auparavant le même sous-préfet étant venu à Spézet inspecter la place de la future école laïque, les cloches lui avaient été sonnées sans même en aviser le recteur. Moi, du moins j'étais prié d'accorder les cloches et la raison était moins laïque en apparence. Aussi sans hésiter, je crus devoir dire que j'étais très content qu'on sonnât les cloches à M. le sous-préfet.

Peu après onze heures, on entend les cloches sonner plus fort que jamais, puis quelques chars à bancs venir à toute vitesse. Dans l'un d'eux était M. le sous-préfet. Nous le possédions en personne.

... Vers cinq heures du soir, arrive enfin le sous-préfet au presbytère. Tout le conseil municipal l'escorte et la bonne moitié des conseillers a déjà bu plus que de raison...

Après les saluts échangés, le sous-préfet - Massenet - serre la main au recteur ajoutant qu'il avait toute confiance de faire affaire avec le recteur, comme il l'avait fait déjà avec tant de ses confrères ; et le recteur l'assura de ses bonnes intentions. Entré dans la salle, M. le sous-préfet s'assied sans façon, demande du papier et de l'encre, commence la rédaction du bail, écrit une à une les propositions que je lui fais, avertit que d'un autre côté la commune ne pourra être forcée à faire les grosses réparations, ce que je dois accepter. Puis me prie de signer le bail. L'ayant offert par déférence d'abord au maire à signer, le sous-préfet me dit une seconde fois de signer immédiatement.

Le sous-préfet ayant pris congé, le recteur le prie de jeter un coup d'œil sur les bâtiments annexes afin qu'il vît par lui-même que le recteur ne pouvait en prendre les grosses réparations, vu leur état de délabrement. Après inspection sommaire : « Mettez-y un peu de mortier et cela tiendra quelques années encore », dit le sous-préfet en s'en allant. Au moment de son départ de Landeleau qui fut tard, toutes les cloches s'ébranlèrent encore.

Le recteur en croisade

Le recteur de Landeleau dut se battre sur tous les fronts, en particulier contre un sérieux concurrent qui prodiguait une toute autre nourriture que la sienne : l'aubergiste. Ainsi l'année 1909, fut marquée par une lutte sans merci contre l'ouverture des débits de boisson durant les offices.

Incidents à Lannarc'h

Le dimanche avant la Pentecôte, grande messe comme d'habitude à la chapelle de Lannarc'h. Pour la première fois, deux auberges s'étaient transportées. Le recteur sortit durant la messe pour voir ce qui se passait. Il eut la douleur de voir l'un des aubergistes - contrairement à la prière qu'on leur avait faite et à leur parole donnée - distribuer de la boisson pendant la messe et de voir un certain nombre de jeunes gens jouer à la galoche sur le chemin. Le recteur se plaignit amèrement en quelques mots secs. Mais il résolut d'attendre l'année suivante pour exprimer toute sa tristesse et faire ses observations sur un pareil scandale sitôt après la mission ».

La célébration de la messe de Noël, la même année, fut l'occasion pour le recteur d'engager un baroud final et victorieux contre l'intempérance et le désordre.

Messe de minuit à Noël

C'était l'année de la mission, l'église désirait depuis la suppression du concordat qu'il y eut messe de minuit partout où c'était possible... Le recteur alla trouver le maire lui disant qu'il y aurait messe de minuit à condition que les auberges fussent fermées un quart d'heure avant minuit - et pendant la messe - et rouvertes seulement une demi-heure après les offices. Le maire accepta, promit qu'il serait ainsi, avec l'arrière pensée de faire plaisir aux aubergistes. Le recteur avait aussi la sienne : c'est que jamais il n'aurait accordé cette messe, si le livre condamné n'avait été retiré[11]. Le dimanche avant Noël, annonce de la messe de minuit, étonnement général. Si cette messe avait été supprimée - depuis une dizaine d'années, depuis M. Sann - ce ne pouvait être qu'à cause de désordres.

On pouvait m'attraper une fois, mais pas deux. Là-dessus un bon rire bien souligné. Après la basse messe, sermon du maire, sermon véhément bien plus éloquent que celui du recteur pour demander la fermeture des auberges pendant l'office, pour ordonner aux gens de désordre de rester tranquilles à la maison.

La messe de minuit fut très édifiante. L'église était littéralement bondée. Le recteur ne chanta pas la messe préférant faire le gendarme. A la fin de la seconde messe basse, quelques sourires et un bruit violent... Les sourires venaient de ce que - pour la première fois du monde - on entendit un chant en partie exécuté par les filles de l'école : c'était spontané. Le bruit violent vint de ce que le dôme de la

[11] Il s'agit de *L'Histoire de France*, « cours moyen », par Devinat - L.-H. May, 1898 - en usage à l'école communale des garçons. D'autres ouvrages, accusés d'outrager l'Eglise connurent le même sort, dont le plus répandu était *L'Histoire de France* de Gauthier et Deschamps, Hachette, 1905.

« L'évêché de Quimper donna des consignes strictes au clergé paroissial pour lui faire appliquer la condamnation. Si l'école communale emploie les livres condamnés par les évêques, les parents doivent sous peine de refus d'absolution :

1) défendre à leurs enfants d'apprendre des leçons dans ces livres et même de les garder.

2) faire une démarche personnelle et pressante auprès des maîtres ou des maîtresses d'école pour obtenir le retrait d'un mauvais livre ». *Bretons de Plozévet*, p. 246, A. Burgière, éd. Flammarion, 1977.

crèche de l'Enfant Jésus s'était écroulé. Dans la suite, quand on entendit des nouvelles de la messe de minuit, on répondait : « Très belle, personne n'a fait de bruit, si ce n'est l'Enfant Jésus ». La foule sortit de l'église avec le regret que l'office n'eût pas duré la moitié plus longtemps. C'est que le chant leur avait fait oublier la notion du temps. L'église était magnifiquement éclairée par trois becs à incandescence L.G. fournis par M. Crenn, vicaire à Loqueffret. Les confessions furent très nombreuses à l'occasion des fêtes de Noël. »

Une commune anticléricale ou antireligieuse ?

Le cas de Landeleau, en matière de relations avec le clergé, est ici à rapprocher de celui des paroisses voisines des Monts d'Arrée, paroisses anticléricales par excellence, où *« les maires surveillent de près les curés et savent les empêcher de sortir du cercle de leurs fonctions ; parfois même ils prennent des mesures ressemblant presque à des vexations. A Poullaouen, dans plusieurs autres communes, des arrêtés municipaux interdisent les quêtes. Les prêtres, qui ne se sentent pas les maîtres cèdent généralement : ils savent bien que leur insistance tournerait plutôt contre eux l'opinion. Au moment de l'application de la loi de séparation, les maires de plusieurs communes refusèrent de louer les presbytères aux curés. Par manière de protestation, l'évêque voulut priver les communes de leur prêtre. Mais on sembla si bien s'accommoder de ce départ que l'autorité ecclésiastique revint vite sur sa décision. »*[12].

Faut-il en conclure que les paroissiens de Landeleau – et les autres – fussent irréligieux ? Gardons-nous en ! Comme tous les Bretons, ils étaient profondément religieux et mystiques de tempérament, en témoigne le culte passionné qu'ils vouaient à leur saint patron !

« Mais par contre, nulle part la distinction de l'antireligion et de l'anticléricalisme, souvent si fuyante, ne répond davantage à une réalité. On tient au culte, à ses rites, à la couleur poétique et traditionnelle qu'il prête aux rudesses de la vie. »[13].

Ils manifestaient simplement une grande indépendance en matière religieuse (comme en d'autres), et les recteurs nommés à Landeleau ne s'y trouvèrent pas en terre conquise, surtout s'ils essayaient d'étendre leurs prérogatives au-delà de leur territoire propre, ou s'ils faisaient preuve d'un zèle intempestif à accomplir leur ministère. « On peut dire que les habitants de Landeleau ont eu des prêtres sans s'être soumis »,

[12] *Tableau politique de la France de l'ouest « sous la IIIe République »*, p. 176. A. Siegfried, éd. A. Colin, 1964.

[13] *Idem.*, p. 166.

se lamentait le rédacteur du journal, M. Bervas. Dans tous les cas, leur tâche demeurait difficile, et dire une messe, à Landeleau n'était pas une sinécure, ces propos de Marie nous le montrent :

« Oh, dans le coin ici, comme dans tous les Monts d'Arrée en général, on n'était pas très dévots. Les jeunes par exemple qui étaient démerdards comme on dit aussi, quand ils allaient à la messe, puisqu'ils étaient obligés d'y aller, ils restaient près de la porte, du côté droit. Alors ils étaient là, toute une bande, assis sur des chaises, et quand le curé restait longtemps à faire son sermon, ils commençaient à machiner – il y avait des clous sous les sabots – ils se mettaient à raboter par terre, et c'était un signe au curé que son sermon était assez long, qu'il était temps de s'arrêter. Oui, ils avaient des trucs comme ça. Les recteurs avaient du dur par chez nous. »

Vive la République
He deus roet deomp war hor bara kig[14]
(Elle nous donne sur notre pain de la viande).

Landeleau la rose
Le Poher : une démocratie radicale

Ayant pris connaissance du comportement des habitants de Landeleau à l'égard du clergé, une équation s'établit tout naturellement :

Population anticléricale : vote progressiste, adhésion aux idées avancées.

Cela s'avère exact, globalement. Cependant quelques étapes de la politique locale contredisent ce constat un peu trop manichéen, impliquant ainsi certaines nuances.

Nous avons pu constater avec quelle promptitude, ce petit peuple de paysans farouches s'était insurgé à divers moments de son histoire : contre la pression fiscale du gouvernement absolutiste ou contre l'exploitation seigneuriale de la noblesse locale. Pourtant, il ne semble ne pas s'être passionné pour les événements de 1789 et leur suite, sans qu'on puisse affirmer dans l'état actuel des recherches que Landeleau se soit muée en commune « blanche ». Sans recourir à des hypothèses et des explications complexes, ne peut-on pas se demander si nos paysans n'ont pas simplement réagi quand ils se sentaient concernés ? Ce qui n'était pas précisément le cas en 1789[15].

[14] *Eñvorennoù*. Yeun Ar Gow, Al Liamm, 1976.

[15] En tenant compte du fait que la noblesse du Poher avait en majorité fui ce pays où décidément la population ne lui était pas favorable. D'autre part, les nobles qui y demeuraient avaient la sagesse de ne point se montrer tyranniques. Du reste, mis à part Carhaix où sévissait un noyau « dur », le curé Blanchard et son vicaire Colin, en tête, le Poher semble avoir été réfractaire aux mesures révolutionnaires (mais non pas aux idées).

Gardons-nous donc de déduire les orientations et les comportements en vertu d'un « atavisme » qui ferait du Poher tout entier « le » pays révolutionnaire par excellence. S'il existe une sensibilité et une attirance naturelles pour l'égalitarisme, il ne faut pas négliger les facteurs irrationnels qui peuvent intervenir et les questions personnelles qui quelquefois priment sur les idéologies.

Les élections constituent à ce propos un exemple révélateur, illustré par ces deux votes :

Landeleau

1871 (législatives)	1896 (municipales)
droite : 121 voix	droite : 54 voix
gauche : 48 voix	gauche républicaine : 253 voix[16]

En 1906, les élections cantonales installaient pendant un demi-siècle, la victoire de la gauche dans le Poher.

	Radical	Modéré (droite)
Canton de Carhaix	2 052 voix	1 450 voix
Canton de Châteauneuf	2 664 voix	1 963 voix[17]

... Mais cependant pas dans les mêmes proportions que le canton de Huelgoat (Radical : 2 023 voix ; Modéré : 663 voix).

Le Poher devint alors le fief du parti radical, animé par des personnalités influentes, qui marquèrent leur époque et leur région (La célèbre dynastie des Le Bail n'est-elle pas elle-même originaire du Poher ?)

A Carhaix, sous la municipalité Anthoine, un « cercle radical » menait la politique locale et étendit son obédience sur les communes voisines.

Mais le maître incontesté du radicalisme dans la région fut le docteur Lancien, successeur (et rival) d'Anthoine, élu maire en 1907 après avoir été élu conseiller général en 1904. Présenté d'abord comme un modéré, il n'en affirmera pas moins au conseil général : « Vous avez élu un homme de gauche »[18].

A Châteauneuf, la municipalité était entre les mains du docteur Dubuisson, grand ami du maire de Landeleau, et pivot du radicalisme dans le canton. Hormis celles de Collorec et Saint-Thois, toutes les

[16] *Contact global en une de la mission de doyennés de Carhaix et Châteauneuf-du-Faou*, p. 13. Par le R. P. Lapraz. OP, 1963.

[17] *Ibid.*, p. 15.

[18] *Ibid.*, p. 15. Alors qu'aux cantonales de 1877 : les monarchistes obtiennent 1 658 voix contre 1 498 voix à Carhaix et 1 815 voix contre 1 835 voix à Châteauneuf.

municipalités se situaient également à gauche. L'orientation progressiste de cette frange de la Basse-Cornouaille, ne s'était donc pas produite d'emblée, mais de manière progressive. En l'espace d'une vingtaine d'années, la démocratie politique émergea naturellement d'une société où régnait déjà l'égalité sociale, aidée en cela par quelques notables aussi éloquents que dynamiques.

Landeleau entre les deux montagnes

Landeleau, quant à elle, occupait une place quelque peu particulière – à la fois dans le canton et dans le Poher – que nous allons tenter d'expliquer à l'aide de quelques paramètres.

Nous remarquons en premier lieu, que sa position géographique se rapporte de manière frappante à sa position politique. En effet, située à la lisière des deux montagnes – les Monts d'Arrée et les Montagnes Noires – on la retrouve également à mi-chemin des deux sur le plan politique.

Dans son *Tableau politique de la France de l'ouest sous la IIIe République*, André Siegfried a judicieusement insisté sur la concordance entre le rapport à la terre et l'opinion politique. Nous lui avons emprunté le graphique qui suit (s'y ajoute celui de Landeleau) reproduisant les modes de propriété dans les deux « montagnes ».

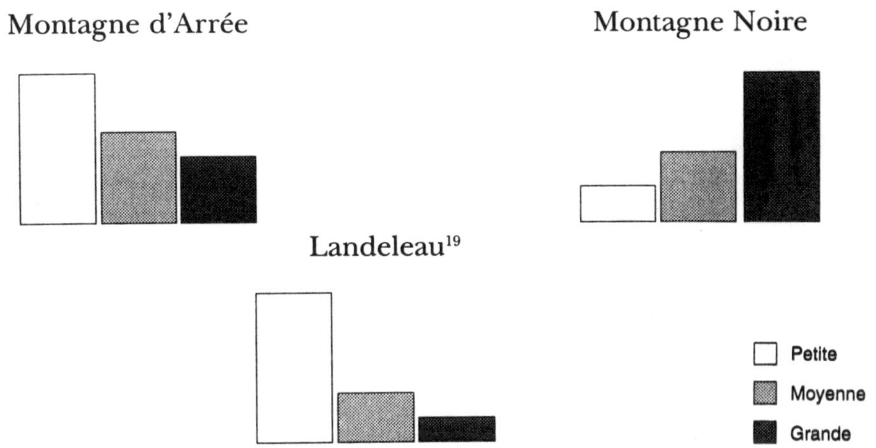

[19] Le tableau de Landeleau a été réalisé à partir d'une enquête réalisée à la mairie, et d'après les chiffres donnés par le R. P. Lapraz. (Ce graphique s'applique, bien entendu à la campagne du début du siècle. La petite propriété a aujourd'hui considérablement diminuée au profit de la moyenne propriété).

Sur le plan politique, nos deux montagnes constituent deux extrêmes : l'une est aussi modérée (les Montagnes Noires) que l'autre est radicale (les Monts d'Arrée). Landeleau apparaît comme un état tampon entre les deux. Nous nous trouvons donc en face d'une société aux tendances républicaines et démocratiques qui se sont développées et ont persisté naturellement, et dans laquelle « la petite propriété coïncidait avec l'absence de cléricalisme et le groupement des habitations a favorisé la naissance d'une opinion collective ».[20].

Yves Marie Le Bec, oncle de Marie a représenté ce courant pendant un quart de siècle. C'est en 1912, qu'il se présentait aux municipales contre Le Page. Marie nous présente les deux candidats :

« Pour les élections, il y avait Le Bec et Le Page en liste, et l'instituteur était pour Le Page, mais c'était pas mon cousin, celui-là était à Dinéault pour alors. Le Page avait trois fils à l'école de ce temps-là, donc l'instituteur de Landeleau était pour lui. Et puis, tous ceux du bourg étaient du côté de Le Page, la plupart quoi. Le Page avait une grande ferme, enfin il était gros propriétaire, et puis sa famille alors, les Lagadec, étaient toute une bande dans la commune, des gens à l'aise presque tous et des gens instruits aussi. Alors pour leur tenir tête, mon cousin qui était à Dinéault, venait tous les dimanches, il montait là, il y avait une pierre près du cimetière. Le cimetière était autour de l'église et puis il allait faire son sermon là et les autres aussi. Et puis chacun se chansonnait les uns les autres. Oh ! On avait fait une pour Henri Le Bec, traité de toutes sortes ![21]*. Parce que c'était lui qui se démenait pour son père, qui faisait les réunions et tout, qui causait parce qu'il était doué de la parole, comme son père aussi, qui était assez vieux pour alors.*

Mon oncle, lui, il faisait le juge de paix, il était prizachour *aussi, comme on faisait beaucoup dans le temps. Quand les vaches allaient dans un champ, on allait chercher un* prizachour, *quand il y avait des histoires dans un village. J'ai entendu une dame de Collorec qui me disait que quelqu'un dans son*

[20] *Tableau politique de la France de l'ouest*, *op. cité*, p. 40.

[21] Bien plus que les discours, ce sont les chansons qui servaient d'arguments politiques. En général, cela volait assez bas : la cible choisie se situait de préférence en-dessous de la ceinture, comme le montrent ces couplets (chanson à l'adresse d'Henri Le Bec).

Me a zo ur mestr-skol yaouank, ganet e bro Gerne	Je suis un jeune maître d'école né en pays de Cornouaille
Kalz tostoc'h da Garaez eget da Landerne	Plus près de Carhaix de Landerneau
Pa m'oa tapet ma brevet e oan buhan kaset	quand j'avais eu mon brevet, j'avais été vite amené
Da ur barrez ar vrasañ da Zant-Toz benniget	Dans une paroisse plus grande, à St-Thois béni
E lec'h deskiñ B.A.B. a d'ar vulgale Zant-Thos	Au lieu d'apprendre B.A.B.A. aux enfants de St-Thois
Me a gave kalz azeoc'h koulz an deiz hag an noz	Je trouvais plus facile, durant le jour et la nuit
Stotet war ar vugale, o lakaat da c'hoarzin	De pisser sur les enfants, en les faisant rire
D'en doare-se, e sonjeñ ma sentfen muioc'h ouzin	De cette manière je pensais qu'ils m'obéiraient plus..

village avait ramassé un cochon qui n'était pas à eux, alors il y avait eu une histoire de cochon. On était allé à Landeleau alors chercher mon oncle pour faire venir le juge de paix, et puis voir à qui était le cochon. Mais prizachour *et juge de paix c'était pas tout à fait les mêmes trucs.* Prizachour, *ça veut dire estimer les choses, donner un prix aux choses, tandis que juge de paix, ça veut dire mettre les gens d'accord et de voir avec qui est le tort.*

Il était très instruit, hein. Oh ! Les gens sont bêtes aussi, puisque ma belle-sœur même m'a eu dit que mon oncle n'avait pas de l'instruction, qu'il était maire par protection. « Mais bon Dieu, que je lui dis, il a fait je ne sais combien d'années à Châteaulin, à l'école ». Et puis, j'ai vu ses livres et pas mal de choses comme ça, puisqu'il avait laissé ses livres. Oh, chez nous il y avait des livres ma foi, de toutes sortes. Et ça était resté chez nous, dans le grenier là-bas. Il était très instruit, et puis il avait la facilité de la parole, comme les prêtres et tous ces gens-là. Eh bien, il était quelqu'un avec ces gens parce qu'il savait parler. Il fréquentait des gens comme Dubuisson, là à Châteauneuf et Lancien à Carhaix aussi, mais celui-là était plus jeune, il est venu plus tard. Il avait des relations politiques comme ça quoi, et puis il faisait ces choses-là, ça c'était sa vie quand sa femme est morte. »

L'école, enfant chéri de Yves Le Bec

Bien qu'il soit un peu exagéré de parler de l'œuvre d'Yves Le Bec, il nous faut toutefois mentionner son action en faveur de l'école (publique) à Landeleau. En fidèle partisan de la IIIe République, il manifesta un intérêt tout particulier pour l'école des garçons qui bénéficiait de larges subventions de la part du conseil municipal. Soucieux du prestige et de la notoriété des établissements scolaires, il n'hésitait pas à exprimer son indignation à l'encontre de l'administration, quand celle-ci s'avisait de prendre des décisions sans l'en avoir consulté au préalable, en témoigne cette délibération du conseil municipal du 28 septembre 1902[22].

« M. le maire expose à l'assemblée que le sujet de la réunion est le rappel des membres laïques enseignant déplacés sans le consentement et sans l'avertissement de la commune.

Il leur déclare que ces changements précités et inattendus ont mis parmi les familles notables et républicains de la commune un certain froissement enver la municipalité et surtout contre l'administration qui disent-ils les traitent comme des réactionnaires ou des cléricaux en leur enlevant M. Le Baut et Mlle Bernard si bien vu et bien estimé par le parti républicain.

[22] Archives municipales : l'orthographe a été conservée telle quelle.

M. le maire exprime ses regrets au conseil municipal et le prie de donner son avis. Le conseil après avoir entendu M. le maire et après avoir jugé par lui-même élève vivement la voix et proteste fermement contre ses événements si regrettable qui mettent les écoles de la commune à vide après avoir été élevés par les efforts énergique et continue de ces vaillants fonctionnaires. Le lendemain de la laïcisation il demande d'une voix unanime la réintégration prochaine de Mlle Bernard et de M. Le Baut sauf refus de leur part. Dans tous les cas, si ces retours ne peuvent être acceptés le conseil municipal prie M. le préfet de faire son possible pour nous faire venir un personnel enseignant disposés à maintenir les pensionnats bien établis depuis longtemps et qui vont tomber avec le désintéressement de M. et Mme Daniel qui ont déclaré ne pouvoir les maintenir.

Le conseil municipal dans l'espoir d'avoir satisfaction prend l'honneur de prier M. le préfet du Finistère de vouloir bien s'occuper vivement de l'importante affaire pour que les écoles de la commune ne souffrent pas longtemps. »

Cette revendication énergique fut prise en considération en haut lieu car le 2 février 1903, M. Morvan et Mme Lacorne étaient nommés à Landeleau en remplacement de M. et Mme Daniel[23].

Une fois nommés à Landeleau, encore fallait-il que les instituteurs y demeurâssent sans problème, ce qui n'était pas le cas pour le personnel féminin comme le montre cette délibération du conseil municipal, du 11 septembre 1904[24].

« Le conseil s'inquiète des changements trop fréquents des institutrices de la commune et prie M. le maire d'en rechercher les causes.

M. le maire fait remarquer au conseil que les postes en concurrence étant toujours difficile le seul moyen de conserver plus longtemps les institutrices de la commune serait de rendre leur séjour plus agréable.

L'institutrice n'est pas pour ainsi dire maîtresse chez elle. La maison d'habitation et les classes ont vue sur un jardin y attenant et dépendant de l'école privée, promiscuité qui peut-être cause de vexation rendant le séjour de l'école parfois intolérable.

Après quelques observations, le conseil municipal autorise M. le maire à s'entendre avec l'administration pour l'acquisition du dit-jardin ci-dessus nommé. »

[23] Procès-verbal d'installation. Archives municipales.
[24] Archives municipales.

Le socialisme à Landeleau

Le fils du maire gagné aux idées socialistes tenta de son côté de les diffuser à Landeleau, mais hormis quelques sympathisants, la population se montra dans un premier temps réfractaire au socialisme, « qui ne réussit que dans les sociétés où la propriété (était) nulle ou misérable »,[25] comme dans les Monts d'Arrée[26].

Marie nous confie ici comment les idées révolutionnaires parvinrent à ses compatriotes :

« Henri,[27] il était, on disait pas communiste en ce temps-là, mais socialiste m'ar plij, quand ça venait. Le socialisme a pris corps à Landeleau, aux environs de 1907 vers là. Alors, lui il disait le socialisme au commencement à la campagne, c'était partager la terre : *tri devez-arad*, un hectare et demi par personne. Alors, n'est-ce pas, les autres venaient se payer la tête de mon père, et puis ils disaient : « Ben, quand ton neveu sera député, il va falloir que tu partages ta terre ».

Alors mon père disait : « Je suis d'accord de partager mes terres-là, y a des marais en bas-là, et ben qu'on donne ces marais-là à quelqu'un et puis comme ça, il se tirera d'affaire sûrement là-dedans ».

Parce que partout la terre n'était pas bonne, et ces gens-là qui voulaient faire un peu de politique à leur manière n'avaient pas pensé à ça, qu'il y avait des marais, des bois et tout. »

Bien sûr, nous sommes ici loin de la dialectique, mais les préoccupations de cette communauté étaient à la mesure de son vécu.

[25] *Tableau politique de la France de l'ouest, op. cité,* p. 40.

[26] Exceptée Commana, commune plus riche, qui demeura invariablement à droite.

[27] Outre le fait d'être révolutionnaire, Henri Le Bec était également doté d'une grande intelligence et d'une ambition très vite contrariée, ainsi qu'il le confie à Marie dans une correspondance :

« C'est trop long de te raconter comment je me suis adonné à l'étude du breton après le brevet élémentaire. Voulant être notaire, je préparai l'examen de clerc de notaire liquidateur plus l'examen de "capacitaire en droit ". Ce fut un succès et je comptais trouver une femme pour m'aider à acheter l'étude de Maître Le Roux à Châteauneuf. Ma bonne amie, Anna Le Bihan de Creac'h Negolen, mourut de tuberculose et je perdis tout espoir, mon père ayant plus de dettes que d'or. »

Qu'à cela ne tienne, il se fit instituteur et devint par la suite inspecteur d'école primaire. Parallèlement, il se livrait à l'étude du breton :

... « A Carhaix, je passais quatre années à écrire, en breton, dans les journaux (*Le Citoyen, Ar Bobl, Ar Vro, Le Gaulois*). Je me fis nommer barde, puis druide au Gorsedd à Huelgoat, à l'âge de 24 ans. »

Le cas de Henri Ar Bec prouve donc, s'il en est encore besoin, qu'à l'instar de grands hommes tels qu'Emile Masson ou Yann Sohier, on pouvait être enseignant militant breton et progressiste. Henri composa nombre de poèmes en breton, dont quelques-uns ont été publiés, grâce à Makoto Noguchi, dans la revue *Yod-Kerc'h*, n° 10.

Eloignée des centres urbains, étrangère au monde ouvrier, elle appréhendait les idées à travers les réalités du monde rural. « La terre à ceux qui la cultivent, c'est-à-dire aux paysans »[28] était également la profession de foi d'Hypolite Masson, candidat socialiste au élections partielles de la IIIe circonscription de Quimper en mars 1912.

[28] *Tableau politique de la France de l'ouest, op. cité*, p. 169.

« Les Bretons ne seront républicains que lors-qu'ils parleront français »

Emile Combes
Cité par S. Berger

LE BRETON
OU L'OFFENSIVE CONTRE UNE LANGUE

Une langue encore dominante

Nous ne pouvions pas ne pas aborder ce thème : il domine dans tout le témoignage de Marie. D'abord parce que le breton est sa langue, qu'elle a apprise avant de fréquenter l'école, qu'elle parlait quotidiennement et dans laquelle enfin, elle pensait ferment de son mental et de sa pensée.

Le breton était encore omniprésent dans cette campagne du début du siècle, on s'en rend compte dans les souvenirs de Marie. Il était le principal, sinon l'exclusif véhicule de langage de la communauté rurale, il constituait également son attribut, par lequel on se reconnaissait ou non de cette communauté. Toute personne ne possédant pas cet attribut était à priori rejetée : tel le pharmacien de Carhaix qui « ne cause que français »[29], tel encore le marchand de chevaux avec qui on ne fait pas d'affaire car il ferait mieux « d'apprendre la langue du pays avant d'acheter des chevaux ».[30].

Pourtant la langue bretonne devint à cette époque grandement menacée. Les gouvernements de la IIIe République se fixèrent un but précis : faire disparaître les particularismes, diluer ce conglomérat de pays encore mal et inégalement intégrés à la communauté nationale, dans une France enfin uniformisée. Léon Gambetta donnait le ton en quelques mots en 1871 :

« Les paysans sont intellectuellement en retard de quelques siècles sur la partie éclairée du pays, la distance est énorme entre eux et

[29] Page 86.
[30] Page 157.

nous... nous qui parlons notre langue, tandis que, chose cruelle à dire, tant de nos compatriotes ne font encore que la balbutier »[31].

Le mot est lâché : la langue. Elle sera la pierre de touche d'une véritable offensive menée par le biais des institutions, parcours obligé par la majorité des citoyens que sont l'école et l'armée.

L'école...

Ici la tâche était rude, il s'agissait d'extirper de la tête des petits écoliers leur langue maternelle et de leur inculquer par tous les moyens la langue nationale.

Dans ce sens les inspecteurs multiplièrent les rapports :

Le recteur Baudouin, de Rennes, dans son grand rapport de 1880, parlait de la nécessité de « franciser » la péninsule – particulièrement les trois départements de Basse-Bretagne – grâce à l'extension de la langue qui seule pouvait vraiment « unir la péninsule au reste de la France et compléter l'annexion historique toujours prête à se dissoudre »[32].

Vers la même époque, l'inspecteur d'académie, J. Dosimont donnait ce mot d'ordre aux enseignants dans le bulletin pédagogique du Finistère : « Pas un mot en classe ni dans les cours de récréation. Il faut faire la guerre à ce "charabia". Tous les moyens sont bons qui peuvent amener vos élèves à abandonner des façons si barbares de s'exprimer. »[33]

Effectivement, tous les moyens furent employés à l'encontre des enfants surpris à parler breton : tours de cour, conjugaison de verbes irréguliers, ... et le plus vexatoire d'entre eux, **la vache**.[34].

Marie en garde encore un mauvais souvenir :

« Nous encore les petites, on arrivait à se débrouiller pour pas que ça se voit comme le bout de bois était petit, on arrivait à le cacher sous le tablier. Mais les grandes, c'était autre chose, elles ne pouvaient pas cacher le sabot. C'était pousser à la méchanceté entre les enfants cette chose-là ! En plus, il y avait les garçons de l'autre école qui montaient par-dessus le mur pour regarder, et tout le monde se moquait des pauvres filles qui avaient la vache, ar symbol, *comme on appelait ça ».*

[31] Cité par Eugène Weber. *La Fin des terroirs*, p. 20, éd. Fayard.

[32] *Idem, La Fin des terroirs*, p. 452.

[33] Cité par André Burguière. *Bretons de Plozévet*, p. 307, *op. cité.*

[34] Ironie de sort, ce châtiment avait été instauré par les jésuites qui l'employaient pour forcer leurs élèves français à apprendre le latin.

Si en Bretagne, la marque d'infamie était généralement un sabot, ailleurs elle différait : il pouvait s'agir d'un bout de carton, d'une planche de bois ou d'un bâton (Pyrénées orientales), d'une cheville (Cantal), d'un ruban de papier ou d'un objet métallique (Flandres), ou encore d'une brique que l'on devait tenir à bout de bras (Corrèze).

Un enfant affligé d'un tel « symbole » le gardait jusqu'à ce qu'il surprît un autre enfant à parler breton, le dénonçât et lui transmît le sabot. L'élève qui avait toujours sa marque à la fin de la journée, était puni.

« Si on prenait quelqu'un à parler breton, on pouvait lui passer le symbole et c'était à lui, alors de faire le tour de la cour pour en prendre un autre... qui n'en était pas très content : au lieu de continuer à jouer à saute-mouton ou aux billes, il lui fallait chercher à surprendre un autre gars. Le plus grave, c'est que si on ne trouvait pas remplaçant, le soir on avait des lignes à faire. »[35].

On imagine aisément les troubles psychologiques résultant de ce système répressif et les difficultés pour beaucoup d'enfants du fait de « l'impossibilité de relier la vie familiale, affective, dominée par le breton, et leur vie scolaire d'où le breton était banni. »[36].

Angela Duval exprime bien ces difficultés :

« Dans mon jeune âge, j'ai été élevée en Bretonne, avec du breton, parmi les paysans. Et après, une fois arrivée à l'école on m'a fait parler français, presque de force. Il n'y avait pas de livres bretons. Oh, ma Doué, il fallait apprendre le français pour essayer de savoir ce qu'il y avait dans ces sacrés livres-là ! Et puis, on nous défendait de parler breton à l'école. Ah oui !... Je me suis sentie comme exilée toujours pendant mes années d'école ».[37].

Ce type d'enseignement ne favorisait guère l'épanouissement des élèves, certains inspecteurs s'en inquiétèrent et dénoncèrent la passivité dans laquelle ils étaient maintenus. « On dirait que l'on a affaire à des muets, écrit l'un d'eux dans son rapport en 1903. Personne ne répond aux questions posées, c'est à se demander s'ils en comprennent le sens. »[38].

L'armée

L'armée poursuivit avec le même zèle le travail entrepris par l'école. Les jeunes conscrits, réinvestis dans l'environnement familial où dominait le breton, avaient alors oublié le français qu'il n'avaient que superficiellement appris. Ce n'est pas sans appréhension qu'ils abordaient un monde complètement nouveau, eux qui n'avaient jamais quitté leur horizon de travail et de fêtes patronales.

[35] *Nous ne savions que le breton et il fallait parler français*, p. 14, F. Elégoët, éd Hor Bro.
[36] *Bretons de Plozévet*, *op. cité*, p. 307.
[37] *Angela Duval*, p. 152, R. Laouennan, éd. Nature et Bretagne.
[38] *Bretons de Plozévet*, *op. cité*, p. 308.

Au conseil de révision, ils prenaient leurs premiers contacts avec la vie militaire :

« Les gars de la campagne... ! Crois-moi, nous étions dans un coin comme une portée de porcelets, nous n'osions pas bouger et nous n'avions même pas envie de pisser tant nous avions peur. »[39].

Cette appréhension était accrue par la répression qu'encouraient les jeunes soldats ne sachant pas le français. En 1894, par exemple, « le commandant en chef du 11e corps d'armée supprima un jour toutes les permissions du 118e régiment d'infanterie de Quimper, parce que les hommes avaient été surpris à parler breton dans les baraquements. »[40].

En 1880, un rapport de Rennes se félicitait que le service militaire rendît « d'inestimables services. Les jeunes qui ne savent ni lire, ni écrire, ni parler français quand ils arrivent dans leurs unités sont promptement dégrossis... perdent les préjugés de leurs pays, abandonnent leurs suspicions et leurs opinions arriérées ; et quand ils retournent au village, ils sont suffisamment francisés pour franciser leurs amis par influence. »[41].

On ne saurait être plus clair sur la finalité du service militaire.

L'état de la langue bretonne au début du siècle
La circulaire Combes

Avec Emile Combes, président du conseil et ministre des cultes, la lutte contre le breton atteignait son paroxysme. Sa haine conjuguée des « curés » et du breton l'amenèrent à prendre des mesures grotesques.[42]

Telle cette circulaire du 29 septembre 1902, adressée aux préfets des départements bretonnants. Nous étions toujours sous le régime concordataire, les prêtres assimilés aux fonctionnaires publics, dépendaient directement de l'Etat. Mais pour pouvoir bénéficier de leurs traitements, ils devaient justifier de l'accomplissement de leur office. « A cet effet, les maires fournissaient, chaque trimestre, un certificat de résidence des recteurs et vicaires, dont le but était de "certifier l'exercice de leur fonction et de contrôler la résidence" ». La circulaire du 29 septembre introduisait un élément nouveau dans le certificat de résidence des prêtres bas-bretons. « Vous m'avez rendu compte, écrit Combes

[39] *Nous ne savions que le breton et il fallait parler le français, op. cité*, p. 131.

[40] *La Fin des terroirs, op. cité*, p. 129.

[41] *Idem*, p. 433.

[42] Le présent chapitre doit beaucoup à M. le chanoine Jean-Louis Le Floc'h qui s'est intéressé à la question. Il a publié une *Enquête de 1902 sur l'usage de la langue bretonne dans le diocèse,* dans la *Semaine Religieuse* - année 1979, pp. 200 à 228.

Il m'a permis par ailleurs de consulter les archives de l'évêché relatives à cette question.

aux préfets, de le manière dont le service est fait, et de l'espèce de ténacité que met un grand nombre des titulaires ecclésiastiques de votre département à donner l'instruction religieuse, y compris le catéchisme, en dialecte breton. Il est cependant incontestable que le budget des cultes n'est voté par les chambres que pour la rémunération, en dehors bien entendu de toute la partie liturgique des offices religieux, de services faits dans notre langue nationale. J'ai décidé, en conséquence, que le certificat dont le modèle était joint à la circulaire du 14 février 1877, serait à l'avenir ainsi libellé :

« Certificat de résidence des curés, desservants et vicaires, délivré d'office par le maire de leur domicile, et adressé par lui au sous-préfet de l'arrondissement le 1er des mois de mars, juin, septembre et décembre. Nous, maire de la commune de... certifions que M... curé, desservant ou vicaire de la paroisse de ce nom, est Français ou naturalisé Français, et a fait, au cours du trimestre qui vient de s'écouler, les instructions religieuses, y compris le catéchisme en français. »[43].

En termes clairs, cela voulait dire que le traitement de chaque prêtre était conditionné à l'usage qu'il ferait ou non de la langue française à l'église et au catéchisme. La parution de cette circulaire souleva une émotion considérable, d'autant plus qu'elle faisait suite à de violentes manifestations, opposant forces de l'ordre et partisans des congrégations religieuses.[44]

« On avait à peine eu le temps de reprendre son souffle, à l'issue de ces événements que tombait, un mois plus tard la circulaire de Combes interdisant l'emploi du breton dans les églises et au catéchisme (...) On a estimé qu'il s'agissait là d'une mesure de rétorsion contre le clergé et les fidèles bas-bretons qui avaient été très actifs au cours des manifestations de l'été. Et ceci fut dit par Etienne Lamy, député du Morbihan. « Je suis obligé de conclure que si vous avez ainsi agi, M. le président du Conseil, c'est afin de pouvoir brimer, blâmer une certaine partie de la population bretonne, qui bien qu'elle soit profondément attachée à la France, a eu le tort, à vos yeux, de désapprouver nettement la politique que vous avez suivie dans la question des congrégations religieuses. »[45].

Dans les rangs de la majorité elle-même, s'élevèrent des voix discordantes, telle celle de Louis Hémon, député de Quimper qui s'insurgeait contre la circulaire Combes et demandait en outre, - de même qu'Etienne Lamy - que fût établi un système d'enseignement bilingue à l'école. « Voilà bien, s'exclamait-il ce que je rêverais pour la Bretagne

[43] *Semaine Religieuse* - 1979, p. 200.
[44] Cf. Le chapitre sur l'inventaire, (Loi sur les associations du 1er juillet 1901).
[45] *Semaine Religieuse*, p. 201.

française : atteindre la connaissance du français, en se servant des ressources locales qu'on a sous la main, sans sacrifier, par un véritable acte de vandalisme, cette langue inoffensive qui a été celle de nos pères. »

« Mais le langage tenu par les députés bretons ne fut pas écouté par la majorité de gauche, rangée derrière Combes. Par 339 voix contre 185 fut approuvée la circulaire ministérielle interdisant l'usage du breton au catéchisme et à l'église. En même temps, on enterra la question de l'enseignement du breton à l'école. Il faut cependant dire que les députés finistériens de gauche votèrent ce jour-là avec l'opposition de droite contre le gouvernement. Seul Georges Le Bail ne se prononça pas : il était en congé. »[46]

L'enquête

Monseigneur Dubillard organisa alors une vaste enquête auprès des curés et recteurs de son diocèse, dans le but de se munir d'arguments solides contre cette mesure. Les résultats de cette enquête ont été heureusement conservés, ils témoignent de l'importance du breton dans le département - surtout dans les communes rurales - au début de ce siècle. A titre d'exemple, voici les réponses des desservants de Châteauneuf-du-Faou, M. Péron de Collorec, M. Simon de Landeleau, M. Gloguen de Plonévez-du-Faou, MM. Boher, desservant et Kersaudy, vicaire.

Les curés et vicaires étaient invités à répondre sur six points :[47]

– 1. Quel est le nombre exact des enfants de 9 à 10 ans qui sont appelés, d'après les nouveaux règlements, à suivre dans la paroisse les catéchismes de première communion ?

Châteauneuf : 127. Dans ce chiffre ne sont pas compris les enfants âgés de 9 ans, demeurant à la campagne.

Collorec : 60 enfants à suivre le catéchisme.

Landeleau : 80 enfants.

Plonévez : une centaine.

– 2. Combien y en a-t-il parmi eux qui soient capables d'entendre facilement et avec fruit le catéchisme français ?

Châteauneuf : 26 enfants âgés de 10 ans

25 enfants âgés de 9 ans.

Collorec : dans le moment, je ne connais pas d'enfant à pouvoir suivre le catéchisme en français.

[46] *Ibid.*, p. 225.
[47] Archives de l'évêché : série N.

Landeleau : parmi eux, aucun n'est à même d'entendre facilement et avec fruit le catéchisme français.

Plonévez : 2 seulement, un garçon et une fille, au moins d'après ma manière de juger le rapport de mes vicaires.

– 3. Quel est le nombre de ceux qui, connaissant un peu la langue française, ne pourraient amener le catéchisme breton sans sérieux détriment pour leur instruction religieuse ?

Châteauneuf : 3 ou 4.

Collorec : tous sans exception, subiront un sérieux détriment pour leur instruction religieuse.

Landeleau : aucun de ceux, connaissant un peu la langue française, ne pourrait abandonner le breton sans détriment pour leur instruction religieuse.

Plonévez : pas un seul, excepté les deux enfants cités plus hauts.

– 4. Combien en compte-t-on qui sont absolument incapables d'apprendre un autre catéchisme que le catéchisme breton ?

Châteauneuf : 70 pour la première communion

140 pour la deuxième et troisième.

Collorec : au moins les trois-quarts.

Landeleau : aucun n'est capable d'apprendre le catéchisme français.

Plonévez : tous les enfants, sauf de très rares exceptions.

– 5. Sans parler de répétitions particulières faites à quelques enfants, y a-t-il dans la paroisse, deux catéchismes, l'un donné en breton, l'autre en français ? Quel est le nombre respectif des enfants qui les fréquentent ?

Châteauneuf : oui, il y a deux catéchismes. Le nombre des enfants qui suivent le catéchisme français, en comptant les enfants âgés de 9 ans, 1re, 2e, 3e communion, est de 97. Le nombre d'enfants qui suivent le catéchisme breton est de 210.

Collorec : tous les catéchismes sont faits en breton.

Landeleau : un seul catéchisme est donné, toujours en langue bretonne, le cours est suivi par 180 enfants.

Plonévez : il n'y a qu'un seul catéchisme : le catéchisme breton. Tous les enfants l'apprennent, même les enfants des écoles.

– 6. Les instructions paroissiales se font-elles en breton ou en français, ou bien dans l'une et l'autre de ces langues ?

Châteauneuf : les instructions paroissiales se font le dimanche en breton. Mais dans les réunions particulières comme dans la congrégation des enfants de Marie, on prêche en français. Pendant la retraite des enfants, toutes les fois qu'il y a retraite, mission, adoration, on fait des instruction françaises.

Collorec : toujours en breton.

Landeleau : toutes les instructions paroissiales se font en langue bretonne.

Plonévez : l'instruction paroissiale se fait exclusivement et forcément en breton.

Les résultats de l'enquête furent publiés sommairement dans la *Semaine Religieuse* du 21 novembre 1902. Le diocèse comptait alors 310 paroisses.[48]

En regard de ces résultats, quelques remarques s'imposent. A Châteauneuf, commune plus urbanisée que ses voisines, le français gagnait du terrain, ailleurs l'emploi du breton était encore *exclusif*. D'autre part, penchons-nous sur les motivations des prêtres, la plupart d'entre eux demeuraient certes, sincèrement attachés à la langue bretonne, qui était également leur langue maternelle. Cependant, ils l'abandonnèrent progressivement quand elle s'affaiblit - la preuve à Châteauneuf - sans que cela leur en coûtât démesurément. Ne peut-on pas alors parler d'un attachement prophylactique du clergé à l'égard du breton, l'essentiel étant d'enseigner et de propager la foi et les préceptes de l'Eglise catholique ?

On peut le regretter, comme on peut regretter, qu'hormis quelques démarches isolées, il n'y eut aucune structure suffisamment organisée, capable de faire face aux assauts répétés des gouvernants de la France du début du siècle, qu'animait un jacobinisme outrancier. Déjà, considérablement affaibli, le breton devait encore reculer, du fait de la guerre et des transformations qui s'en suivirent. Toutefois, en 1914, on peut estimer à 20 % le nombre des hommes de plus de 15 ans (en Bretagne), ne parlant que le breton[49].

[48] Devant « l'entêtement » du clergé breton, Combes procéda à des suppressions de traitement ; 31 prêtres furent ainsi punis pour le motif : « usage abusif de la langue bretonne ». Parmi ceux-ci, se trouvaient M. Simon, recteur de Collorec - dont le traitement fut suspendu le 1er janvier 1903 - ainsi que MM. Bohec et Kersaudy, respectivement recteur et vicaire de Plonévez-du-Faou. La sanction contre les prêtres bretons tomba d'elle-même avec la loi du 9 décembre 1905, instituant la séparation de l'Eglise et de l'Etat.

[49] *Le Tocsin de la moisson*, p. 115. Roger Laouenan, éd. France Empire. 1980. (Réédité aux éditions Coop Breizh, 1995).

LA GUERRE

> « *Evel an taol gurun en un oabl sioul*
> *Ha digoc'henn e teraouas al lazhadeg bras* »
> *(Comme un coup de tonnerre dans un ciel calme*
> *et découvert débuta la grande tuerie)*
> Yeun Ar Gow - *Eñvorennoù*, Al Liamm, 1976.

Avant-propos

La rédaction de ce dernier chapitre est sans conteste la plus délicate, il existe à la fois beaucoup et trop peu de sources. Beaucoup si l'on se réfère aux nombreuses sources ayant trait à ce sujet - documents d'archives, ouvrages d'historiens, d'écrivains, témoignages divers - Trop peu si l'on veut s'en tenir à notre commune et ses environs : les documents sont rares et les témoins de l'époque ont quasiment tous disparus. Les quelques anciens combattants qu'il a été possible d'interroger éprouvent bien des difficultés à évoquer leurs souvenirs altérés pour la plupart d'entre eux par la vieillesse et la maladie. Cependant, par leur dimension humaine, ces témoignages - utilisés avec prudence - nous sont précieux.

Limitant donc notre sujet, nous tenterons donc d'appréhender ces quatre années de la Grande guerre, en privilégiant le regard qu'en eurent les gens de l'arrière, à partir du document et des différentes sources précédemment citées.

L'entrée en guerre

Au cœur d'un été qui s'avérait beau et chaud, la guerre surprit une petite fille de treize ans et sa famille, occupées à récolter la moisson. Elle s'annonça par le son des cloches, ces cloches qui traditionnellement, ponctuaient la vie quotidienne des Bretons, leur annonçant les baptêmes, mariages, enterrements, voire les incendies[50]. Marie apprit le lendemain qu'il s'agissait du tocsin.

Pour foudroyante qu'elle fut, l'annonce n'avait pas totalement surpris la fillette. En effet, contrairement à beaucoup d'autres, elle en avait déjà entendu parler à plusieurs reprises et en cela, elle s'avérait un témoin éclairé. Ce n'était pas le cas de Léontine Drapier, originaire d'Irvillac et future institutrice : « A l'école je n'avais jamais entendu

[50] A Locqméau ou à Tréveneuc (C.-D.-N.), les gens crurent que le tocsin annonçait non la mobilisation, mais un incendie.

parler d'une guerre possible, nous vivions en vase clos »[51]. A la fin juillet, Yeun Ar Gow, clerc de notaire à Pleyben, s'apprêtait à fêter un mariage, lorsque le passage du facteur interrompit les festivités :

« Petit à petit, les invités approchaient, hommes et femmes, et nous étions groupés dans la rue entre connaissances, quand le facteur avec son sac de nouvelles et de journaux remit des lettres et des journaux au clerc principal[52] :

« J'ai peur, s'exclama-t-il que les choses soient en train d'empirer entre l'Autriche et la Serbie ! Le successeur du prince d'Autriche a été assassiné par un Serbe, à Sarajevo, et son pays accuse la Serbie d'avoir fait le coup. Un ultimatum lui a été envoyé par l'Autriche et, par ailleurs, la Russie appelle ses hommes sous les armes pour secourir la Serbie, son amie. »

Tout le monde était stupéfait et certains affirmèrent qu'il y avait un risque de guerre pour la France, en raison de l'accord réciproque entre elle et la Russie. Selon d'autres, la colère serait vite calmée, car ce ne serait pas la mort d'un seul homme qui pourrait être le prétexte pour entamer une grande guerre à travers l'Europe...

Cet espoir soulagea les cœurs et la gaieté revint chez les gens de la noce. »

De même, plusieurs témoins interrogés, affirment n'avoir pas eu connaissance de l'imminence d'une guerre.

« On ne s'insurge pas contre l'inévitable : on l'accepte surtout quand on est breton », nous dit Charles Le Goffic[53]. A Landeleau, la mobilisation fut accueillie sans révolte, ni enthousiasme. Recueillie, bouleversée, la population n'entonna point de vibrants appels « à la guerre fraîche et joyeuse ». On ne retrouve pas ici « l'élan patriotique des Français » que décrivait *Ouest-Eclair* le lundi 2 août. Pouvait-il en être autrement de la part de ce peuple de paysans élevés à la dure école de la terre et de ses caprices »[54].

« En fait, les trois-quarts des combattants étaient des paysans, pour qui la mobilisation n'avait jamais eu la résonance enthousiaste qu'elle prit dans les villes et surtout à Paris. Les docteurs Huot et Ocrivenel écrivaient en 1918 que, d'après leurs recherches, sur 10 000 combattants dans les tranchées, 7 960 étaient des paysans »[55].

Charles Tillon corrobore ces propos :

« En 1914, sur 5 200 000 mobilisés, 3 700 000 étaient des paysans »[56].

Ce dernier vivant à Rennes en 1914, n'y a pas gardé le souvenir d'un

[51] Anniversaire : août 1914. *Les Cahiers de l'Iroise.* Octobre-décembre 1964.

[52] Traduit du breton. *Emvorennoù.* Y. Ar Gow. Revue *Al Liamm* - 1976.

[53] *Bourguignottes et pompons rouges*, p. 15, C. Le Goffic, éd. Georges Crès et Cie, 1916.

[54] *La Vie quotidienne des soldats pendant la Grande Guerre.* P. 28, J. Meyer, éd. Hachette, 1966.

[55] *Ibid.*, p. 29.

[56] *La Révolte vient de loin*, p. 112, C. Tillon - Coll. 10-18, 1979.

enthousiasme débordant :

« Cette imposture de la "fleur au fusil" dure encore puisque l'histoire officielle de la guerre 1914-1918 qu'on enseigne aux enfants, dissimule toujours les conditions de son déclenchement (...), présenté comme une sorte de fatalité, sinon d'entraînement populaire[57]. En public, les propos bêtement chauvins n'étaient contredits que par une méfiante abdication du jugement. »[58].

Allant plus loin encore, il affirme que les Bretons se montrèrent à plusieurs endroits, récalcitrants :

« Par contre, si la douloureuse rupture humaine, des départs des milliers d'hommes, fut escamotée dans chaque ville par la propagande dite patriotique, de multiples manifestations de résistance à la guerre eurent lieu en Bretagne et on les recouvrit d'un chape de silence. »[59].

Affirmation qu'il faudrait vérifier commune par commune - notamment dans quelques communes du littoral cornouaillais plus promptes à s'embraser - quoiqu'il en soit, ces rumeurs ne semblent pas être parvenues aux oreilles du préfet du département, qui adressait au ministre de l'Intérieur, M. Malvy, des messages, on ne peut plus optimistes – et de ce fait, sujets à caution – :[60]

3 août 1914 :

« Aucun événement à signaler. Toutefois, il y a lieu de se préoccuper, dès à présent de la mise en application prochaine du fonctionnement des corps spéciaux de gardes civils, dont la nécessité se fera sentir à Brest et dans certains centres de marins-pêcheurs. »

(Et les messages se suivent ainsi, pour atteindre un crescendo le 9 août).

4 août 1914 :

« Aucun événement particulier à signaler. La population montre un calme et un sang-froid profonds, durant les opérations de la mobilisation qui se continuent normalement. »

[57] *Ibid.,* pp. 110-111.

[58] « L'idée que la mobilisation a eu lieu dans l'enthousiasme s'est progressivement imposée dans l'historiographie contemporaine. » *Comment les Français sont entrés dans la guerre,* p. 75. J.-J. Becker. Presses de la fondation, 1982.

[59] *La Révolte vient de loin,* p. 111.

[60] Archives départementales du Finistère. 1 M 184. Rapports préfectoraux.

6 août 1914 :

« J'ai l'honneur de vous signaler que les opérations de mobilisation continuent à s'effectuer avec le plus grand entrain dans mon département. L'état d'esprit de la population est toujours excellent : aucune note discordante nulle part, mais au contraire, partout sur tous les points du Finistère, dans les campagnes comme dans les villes – et parmi ces dernières, à Brest notamment – se renouvellent à toute heure, d'ardentes manifestations patriotiques. »

9 août 1914 :

« Aucun événement vraiment digne d'appeler votre attention ne s'est passé dans mon département.

L'état d'esprit des populations reste excellent et les nouvelles qui viennent d'être adressées, ont produit un véritable enthousiasme. »

Des départs douloureux

« Le drame a commencé, il faut le dire, avec la résignation massive, en premier lieu, de la génération en fleur, celle qu'on va appeler la "génération du feu"[61].

Cette « génération du feu », à Landeleau, obéit donc dans son ensemble, acceptant l'inéluctable avec quelquefois des déchirements prémonitoires, telle cette riposte des jeunes gens à l'adresse d'un voisin, la veille de leur départ (p. 89). « Vous, vous avez eu une vie heureuse, comme tous les autres, mais nous, à la fin de cette guerre, serons-nous des estropiés ou des squelettes ? ».

A la douleur de partir, s'ajoutait pour certains la peur de l'inconnu : « J'entendais des gars qui criaient, à Berlin ! Mais moi, je ne savais même pas où c'était », nous confie M. R... de Plouyé. Combien d'autres Bretons connurent le même désarroi, tel ce jeune soldat, dont Charles Le Goffic nous conte l'attitude tragi-comique :[62]

« En gare de Rennes, un de ces pauvres Bretons de l'intérieur, un réserviste finistérien aux yeux tristes et aux gestes gauches, souriant quand même et faisant bonne contenance sous l'épreuve, répondait à un de nos amis qui lui demandait où on l'envoyait avec son régiment :

– J'sais pas bien. A Outrance, qu'on nous a dit.

– Outrance ! Dans quel pays places-tu ça ?

– J'sais pas. C'est l'capitaine qui nous a dit : « Mes enfants, va falloir se battre à "Outrance"... Et alors on y va. »

[61] *La Révolte vient de loin, op. cité,* p. 111.

[62] *Bourguignottes et pompons rouges, op. cité,* p. 48.

Les résistances à la guerre

Il y eut cependant quelques cas d'insubordination, qui relevaient moins d'une opposition politique à la guerre que d'un refus de se battre pour une cause qui leur était étrangère, et tout simplement d'un refus de partir.

Ainsi à Landeleau et à Plonévez, nombreux sont ceux qui se souviennent d'un original, surnommé Chan Ar viser, qui réussit à échapper à l'incorporation, en jeûnant plusieurs jours avant de se présenter au conseil de révision. Un autre retarda son départ vers le front en effectuant plusieurs stages. D'autres enfin, se mutilèrent volontairement, en se coupant l'index[63], ou en se frottant la jambe à l'aide d'une toile émeri.

Si ces comportements ne furent pas légions au début de la guerre, ils augmentèrent progressivement au fur et à mesure que l'on prit conscience que le conflit durerait et que les mauvaises nouvelles du front affluaient. Certains se trouvèrent dans la situation d'Yves, le frère de Marie, uniques soutiens de famille, dont le départ se serait avéré désastreux :

« C'est vrai, il n'avait pas été le seul à s'amaigrir comme cela pour ne pas partir à la guerre. Ce n'était pas la lâcheté de sa part, mais nous avions déjà perdu nos parents, nos deux frères se battaient, jusqu'à quand ? On ne savait pas... Et que serons-nous devenus sans lui, Hervé et moi ? D'ailleurs après, il n'a pas refusé d'aller »[64].

Par ailleurs, J.-J. Becker mentionne quelques désertions chez les Bretons :

« Il y a aussi les Bretons ! Un certain nombre en comprennent pas le français, n'ont pas su ce qu'ils devaient faire. Le conseil de guerre de Nantes les acquitte généralement »[65].

De même, au cours de la guerre, certains soldats eurent recours à des gestes désespérés, dans l'espoir d'être ainsi rapatriés.

« Pour obtenir l'éloignement du front, des hommes n'hésitaient pas à recourir à des mutilations volontaires. Nous en trouvons un écho spectaculaire dans les cahiers du maréchal Fayolle »[66].

[63] Selon M. P..., originaire de Plonévez-du-Faou, un forgeron de Plonévez-du-Faou s'était ainsi acquis une spécialité de couper les index de ses compatriotes.

[64] Propos retranscrits de Marie.

[65] *Comment les Français sont entrés dans la guerre*, *op. cité*, p. 350.

Il signale également le cas d'un manœuvre, auquel le conseil de guerre de Rennes, infligea trois mois de prison pour injures envers l'armée : « Elle ne (servait) qu'à protéger les capitalistes. Ce n'est pas moi qui irais me faire casser la gueule pour eux. »

[66] *Les Mutineries de 1917*, p. 24. G. Pedroncini. Coll. P.U.F., 1967.

Le phénomène paraît avoir pris une certaine ampleur au point qu'une espèce de psychose de la mutilation se soit emparée de certains chefs et de certains médecins. Il en résulta des erreurs judiciaires graves, dont un Breton au moins en fut la victime ; François Laurent de Mellionnec (Côtes-d'Armor) arrêté et traduit devant le conseil de guerre qui se réunit le 18 octobre 1914, sous l'inculpation d'abandon de poste et de mutilation volontaire. Exécuté le 19 octobre 1914, il ne pût se défendre : il ne connaissait que le breton.

M. Le Guern, originaire de Poullaouen, se souvient de la mésaventure survenue à un de ses cousins :

« Et ben le gars, on était dans un secteur humide, là, très humide. Alors il avait un cafard formidable un jour, et il s'est dit : "Ben, moi je vais donner un coup là". Il a coupé son doigt droit quoi, celui qui tirait sur la gâchette-là. Il a mis contre un arbre et a donné un coup de pelle-bêche là-dessus. Il l'a pas détaché, il a cassé l'os, mais la peau est restée. Ah, il a pris son couteau et puis il a coupé le bout de son doigt-là, et puis il est allé se plaindre alors qu'il a eu une balle. Mais les médecins ne sont pas tous fous, hein, ils savaient bien que c'était fait exprès. Comme ça, on lui a dit : "On va vous soigner ce doigt-là". Alors, il pouvait plus tirer, qu'il disait.

– Vous n'avez qu'à tirer avec l'autre, qu'on lui a dit, il vous reste encore trois autres, tirez avec l'autre.

Il n'a pas été réformé, et après ça, il a été blessé, très esquinté même... »

« Je n'aurais jamais supposé que le corps humain pût résister à de telles épreuves ».
Louis Barthas.[67]

DE L'HORREUR DE LA GUERRE

Les permissions

L'arrivée des premiers permissionnaires permit d'en prendre conscience :

« Après une année de guerre, il ne pouvait être question de priver le combattant de toute rencontre avec les siens, ni les civils du bain d'optimisme que l'on compatit à leur procurer de la sorte. A partir de juillet 1915, fut donc institué un tour de permission, qui revenait en principe, tous les quatre mois. »[68]

Marie put ainsi revoir son frère François, qu'elle ne reconnut pas au premier abord (p. 92).

« Oh, mon Dieu, est-ce possible, que c'est François. C'est donc l'armée qui a fait de lui ce genre de vieux, lui qui n'a pas vingt ans. »

Si l'on pût parler à divers endroits, notamment dans les villes, d'une incompréhension réciproque entre les civils et les soldats, ce choc ne semble pas s'être produit dans notre commune. Les permissionnaires, s'ils ne retrouvaient pas les mêmes souffrances qu'au front, n'eurent guère à se plaindre du comportement de leurs proches, qui menaient à la campagne une existence dure et laborieuse.

Quoique discrets, ils n'en laissaient pas moins deviner l'horreur que leur inspirait cette guerre. « Dis qu'il a eu de la chance d'échapper à cette fournaise », laissa échapper un permissionnaire au maire qui prononçait un discours en l'honneur de son neveu blessé (p. 97).

Et puis il fallait repartir.

« Si on n'avait pas eu l'idée patriotique un peu quoi, ben, on se serait donné la mort, quelque chose commença... quand on venait en

[67] *Les Carnets de guerre de Louis Barthas, tonnelier (1914-1918)*, p. 86. Actes et mémoires du peuple. F. Maspéro, 1979.

[68] *La Vie quotidienne des soldats pendant la Grande Guerre, op. cité*, p. 350.

permission, pour ne pas retourner là-bas. Et puis on retournait quand même », nous confie M. Le Guern de Poullaouen.

Le courrier

Heureusement, il y avait les lettres, Marie en reçut beaucoup. Elles constituaient pour le soldat le seul point d'ancrage avec son milieu d'origine et ses proches... Il n'en écrivit jamais autant. Précisons que cette correspondance était gratuite.

« C'est ce que l'on appelait la Franchise Militaire, dont les initiales F.M. étaient déjà portées en grosses lettres noires sur les timbres qu'on distribuait aux soldats en temps de paix, à raison d'un par semaine. La guerre venue, on supprima les timbres, et le trésor et postes, administration mixte des finances et des P.T.T. militaires, timbra gratuitement les correspondances des soldats aux armées, en déplacement ou en permission, comme l'immense courrier qui leur était adressé. »[69]

Bien sûr, on peut émettre des doutes sur la sincérité de ces missives, dont les propos étaient volontairement édulcorés. Telle celle qu'écrivait à Marie, son cousin et futur mari (p. 120) : « Je suis dans une section d'attaque mitrailleur, c'est dur, mais quand l'attaque est finie comme c'est le cas, on a la bonne vie pendant trois ou quatre jours. »

« Mais, soit en prévision de la censure postale[70] qui "caviardait" de nombreux passages de lettres, soit, bien souvent, pour rassurer les êtres chers, il arrivait que l'horreur et la misère y fussent masqués systématiquement et que la guerre y prit des couleurs roses, l'humeur une fixité vers le beau, qui tranchaient avec la réalité. Dans ces pauvres cartes boueuses, ensanglantées, les poilus avaient la suprême noblesse de mentir encore et de dire : « Pour longtemps au repos... On s'en fait pas... en entendant de vous voir bientôt... ton fils ou ton mari pour la vie ».[71]

... « **Prenant la route de Paris, on s'est mis en marche...** » (p. 117)

Il arrivait malgré tout que des nouvelles du front filtrassent et que certaines indiscrétions se fissent connaître. Ainsi, Marie apprit l'existence des mutineries de 1917, qu'on tenta pourtant d'envelopper du plus grand secret.

« Il y avait d'ailleurs des raisons de mécontentements : l'échec douloureuse de l'offensive du Chemin des Dames qui n'avait eu pour résul-

[69] *La Vie quotidienne des soldats pendant la Grande guerre*, p. 165.
[70] Il existait même un bureau, chargé d'établir la surveillance du courrier en breton.
[71] *Ibid.*, p. 165.

tat qu'une effroyable hécatombe, la perspective de longs mois encore de guerre dont la décision était douteuse ; enfin c'était le long retard apporté par les permissions, c'était cela je crois qui irritait le plus le soldat[72].

M. Le Guern n'a pas directement vécu ces événements, mais il en fut le témoin :

« Mais en 17, le moral est tombé parmi la troupe. Je me rappelle qu'un jour, je venais en permission. On était à la gare, et là on nous disait tel ou tel numéro, c'est votre train, pour chaque direction, quoi. Alors, tout d'un coup, on va prendre le train qu'on nous a dit, ceux de la Bretagne ici, et d'un seul coup, on a vu plein de drapeaux rouges là qui venaient, et puis ils ont entouré le train ; ils ont empêché le train de partir. Parce que ça allait très mal pour alors, il y a même eu des Bretons qui se sont mis là-dedans. A la fin, il y a eu des discussions, une délégation est venue après, ils se sont arrangés et le train est reparti... C'était tout ce qu'on voulait. »

De nombreuses lettres, interventions et de multiples rapports témoignent de l'ampleur de ce mouvement – auquel s'ajoutèrent deux importantes vagues de grève en janvier et au printemps –[73]. Il ne fut jamais cependant globalement organisé, ni pourvu d'objectifs politiques précis :

« Des soldats mutilés avaient crié : "Vive la paix !", des ouvriers en grève : "A bas la guerre ! Vive la révolution !" Les mouvements n'ont pas eu pour autant de signification révolutionnaire. Ils témoignent d'un incontestable fléchissement moral, d'une profonde lassitude devant un conflit à l'issue de plus en plus incertaine. »[74].

Gardons-nous néanmoins de minimiser ces révoltes : 30 à 40 000 mutins furent officiellement recensés, parmi lesquels 10 % furent jugés par les conseils de guerre. Ces derniers prononcèrent 3 427 condamnations dont 554 punies de mort – mais 49 seulement furent réellement exécutées –[75] – 1 381 peines graves et 1 492 peines légères. Selon

[72] *Les Carnets de guerre de Louis Barthas*, p. 471.

[73] Les statistiques officielles ont dénombré 294 000 grévistes pour 1917 ; elles sont probablement très en retrait sur la réalité. » (*1917 : L'Année terrible* (p. 24), J.-J. Becker - Revue *L'Histoire*, n° 61).

La Bretagne connut, elle aussi, des grèves : à l'arsenal et à l'usine à gaz de Rennes, à Pont de Buis et à Audierne, à Brest et à Saint-Nazaire.

[74] *1917 : L'Année terrible*, p. 25, *op. cité.* Alain Scoff (*Le Pantalon*, éd. J.-C. Lattès. 1982), y voit encore d'autres raisons : « Mais nulle part, il n'est dit que ces mutineries étaient également l'expression de la révolte des soldats indignés par l'exécution de leurs compagnons, comme les attaques inutiles et meurtrières destinées à alimenter "le communiqué".

« Officiellement, les condamnations à mort, suivies d'exécution ont été de : 216 en 1914 (en 4 mois seulement !), 442 en 1915, 315 en 1916, 529 en 1917 (ce chiffre comprend les décimations ordonnées à la suite des mouvements de révolte) et de 136 en 1918 ». Chiffres communiqués par le ministère de la guerre et publiés par *Le Crapouillot* (août 1934 », p. 263.)

[75] Il y eut en réalité 51 condamnations à mort, le suicide d'un condamné et l'évasion d'un autre les ramena à 49.

G. Pédroncini, « Les cultivateurs fournissent les plus gros contingents de condamnés – (1/3) suivis loin derrière (1 pour 10 cultivateurs environ) par les journaliers, les maçons, les mineurs et les boulangers. »[76]

Cette répression (considérée comme modérée par les autorités militaires) fut assortie d'une amélioration des conditions de vie des soldats. « Les archives permettent de sentir ce double phénomène : la fin des révoltes avec la fin des attaques, l'apaisement des mécontents avec le début des "égards" accordés aux soldats par le général Pétain »[77].

La vie à l'arrière

Ponctuée par les lettres et la venue des permissionnaires, la vie suivait péniblement son cours à Landeleau. La solidarité suppléait au manque de main-d'œuvre et grâce aux efforts conjugués de chacun, les travaux purent s'effectuer presque normalement.

Il fallut toutefois pallier à quelques défaillances, considérées, en ces temps difficiles, sans indulgence (p. 110) :

« Dans le village, on travaille dur, sauf Marie-Jeanne qui va vers le découragement, son mobilier périclite, ne paye pas son loyer, son caractère s'aigrit alors que les autres femmes de mobilisés se tirent bien d'affaire. »

Comme il fallut pallier aux nombreuses difficultés inhérentes aux périodes de guerre : les réquisitions incessantes de bêtes, de blé, de fourrage, qui soulevaient quelquefois la grogne ; le manque de produits de première nécessité : « bois de chauffage, bougie, pétrole, (rationné en 1918 à raison d'un litre par mois et par famille), sucre (rationné, 500 grammes par moi et par personne), sel, tabac... »[78]. Heureusement, on avait recours aux ersatz. L'hiver 1917, enfin, fut extrêmement rude.

Dans ces conditions particulièrement pénibles, le monde rural révélait toute sa fragilité. Fragilité par rapport à la mort : beaucoup moururent, comme les parents de Marie, faute de soins, les médecins se trouvaient également mobilisés et les médicaments étaient rares. Fragilité, également, par rapport aux lois et à leur application quelquefois arbitraire. L'intrusion des « Messieurs » à Menez-Banal, après la mort des parents Le Bec, en est une flagrante illustration. Elle symbolise le choc des deux mondes : celui de la ville avec ses représentants

[76] *1917, les Mutineries de l'armée française*, p. 237. Coll. Archives Juillard, 1968.
[77] *Ibid.*, p. 224
[78] *La Bretagne au XXe siècle,* p. 8, Skol Vreizh.

« bien habillés », « ses bureaucrates » et sa cohorte de commerçants, de spéculateurs, agents d'assurances, courtiers... qui bientôt fondirent sur la paysannerie, mal préparée à ce type de rapports ; et celui de la campagne vulnérable et maladroit, opposant une colère sourde mais vaine, aux agissements indélicats « de ceux qui ont le bâton de commandement ».

Entre ces deux mondes, se situent « les nouveaux riches » dont il est fait souvent mention dans le document. Dans un contexte où les gens se montraient peu enclins à manifester de la charité envers leur prochain et où « la psychose de l'embusqué » faisait recette, on voyait d'un mauvais œil certains privilégiés s'enrichir et agrandir leur patrimoine.

« Ce sont ceux qui ont fait fortune pendant la guerre 14, ceux qui avaient six enfants restaient à la maison. Alors eux, ils faisaient du commerce, ils travaillaient et leurs enfants qui les aidaient, leurs jeunes enfants, parce qu'alors les enfants travaillaient. Donc c'était impossible qu'ils ne seraient pas devenus riches. Que voulez-vous, ils avaient réussi, ils étaient assez malins aussi, et ils aidaient les femmes qui étaient restées à l'arrière alors ils avaient après, des outils pour travailler la terre, ce que les autres n'avaient pas. »[79].

Et les soldats revinrent...

« Après la guerre de 1914, les gens n'étaient plus les mêmes. Ils étaient bien plus dégourdis que nous l'étions avant. »[80].

Oublier ?

Ils revinrent, meurtris à jamais, essayant d'oublier cet enfer, dont la seule évocation, près de 70 ans plus tard, leur mouille encore le regard. M. Le Guern, lui, n'oubliera jamais, ce que personne ne peut décrire à sa place :

« Vous vous rendez compte d'un carnage, quand il y a des centaines de milliers qui se battent, qui se tuent, qui s'égorgent, qui crient. Des gens qui meurent. Vous ne pouvez pas comprendre ce que c'est. Vous voyez que du sang autour de vous, vous ne sentez que la poudre autour de vous. Vous avez la langue qui vous attache au palais. Vous boirez n'importe quoi, mais vous ne pouvez pas, quoi une goutte d'eau ni rien. C'est malheureux, c'est malheureux de voir ce qu'on a vécu pendant cette guerre-là. C'est le plus horrible.

Moi j'ai vu des gens-là nom des D..., qui buvaient de l'eau quand il avait plu, et qui venaient des cadavres-là qui étaient depuis huit jours sur la plaine là, comme au ravin des morts, au Chemin des Dames. Les

[79] Propos retranscrits de Marie.
[80] *Nous ne savions que le breton et il fallait parler français*, p. 204, *op. cité*.

noirs avaient attaqué avant nous là, l'attaque était loupée. Et bien, ils étaient comme... vous n'avez pas vu tuer des mouches autrefois dans les crèches, ou les choses comme ça, avec du louzou là ? Et bien, c'était comme des mouches comme ça, rempli. On se battait, on se battait à côté de ces morts, qui puaient, même on voyait les boyaux, les corbeaux qui commençaient... D'autres avaient leurs effets crevés avec eux. Ils étaient enflés, vous comprenez. C'était horrible, on ne pouvais pas les ramasser. Il fallait se battre parmi eux, quand même. Sans qu'on nous donnait quelque chose, qu'on nous droguait quoi, c'était impossible.

... On ne peut pas oublier ça... »

Morts pour la France

Landeleau paya un lourd tribut à la guerre, si bien qu'au début de 1918, Marie émettait ce triste constat (p. 129) : « Quant aux tués et disparus, on ne s'étonne même plus, cette guerre doit être éternelle. »

Sur environ 240 000 Bretons, disparus ou morts à la guerre, 97 étaient de Landeleau[81], soit 5 % de la population[82].

Parmi ces 97 victimes : 26 moururent pendant les cinq mois les plus meurtriers de la guerre, en 1914. Signalons en outre que, seulement quatre décès figurent sur le registre de cette même année ; on retrouve les 22 suivants inscrits sur les registres des 1918, 1919, 1920 et 1921, la mention « mort pour la France » leur était attribuée après examen par le tribunal de Châteaulin (voir ci-contre les minutes du greffe du tribunal de Châteaulin, concernant François Le Bail, la première victime de la commune). 21 moururent ensuite en 1915, 13 en 1916, 16 en 1917, 19 en 1918, enfin 2 en 1919.

Un avenir incertain

Il fallut au retour réapprendre à vivre, les fêtes et les pardons, endeuillés pendant ces quatre années, s'intensifièrent, célébrant le retour des survivants. Des liens s'y nouaient, de belles toilettes s'y exhibaient, une nouvelle ferveur se manifestait, des projets s'échafaudaient. Des projets ? Précisément les perspectives d'avenir pour beaucoup de jeunes gens ne s'annonçaient guère brillantes : les fermes s'étaient regroupées, il n'était plus possible de survivre sur un lopin de terre, et

[81] Chiffres recueillis à partir de registres de décès. Archives municipales de Landeleau.

[82] En 1911, la commune comptait 1 956 habitants. (Chiffres recueillis dans le bulletin de la société archéologique du Finistère, pp. 860 à 863, année 1972/2).

les progrès mécaniques avaient réduit les besoins de la main-d'œuvre. Une issue s'offrait alors : l'exode.

L'apparition d'une mentalité nouvelle favorisa cet exode. Bien sûr, ce n'était pas un phénomène nouveau ; le mouvement s'était déjà amorcé, véhiculé par la venue du chemin de fer, le service militaire et l'influence des gens de l'extérieur, mais il n'avait jamais connu l'ampleur qu'il prit alors (du moins dans notre commune). En l'espace de quatre années, les structures mentales s'étaient trouvées considérablement modifiées. Les soldats avaient côtoyé des camarades citadins, plus aguerris, dont la décontraction les avait impressionnés. Ils avaient traversé des villes où la vie paraissait moins contraignante : on y bénéficiait de l'eau courante, du tout à l'égout et d'incontestables avantages sociaux. Ils avaient enfin pris conscience du handicap que représentait leur langue maternelle – objet de quolibets – ; ils s'attacheront à ne pas la transmettre à leurs enfants (ou tout au moins à la mâtiner de français, langue dominante et donc porteuse d'avenir)[83]. Leur assurer un avenir constituera pour les rescapés de la guerre, une manière de juguler le sentiment d'infériorité qu'ils ont intériorisé.

« Le mouvement d'émigration, déjà bien amorcé en 1914, va reprendre et avec lui, la perte de confiance en soi-même du monde paysan. Le complexe du plouc arriéré rejoint celui de la Bécassine. »[84].

Des trajectoires diverses

N'exagérons cependant pas l'importance de ce phénomène, tous ne voulurent pas partir, malgré les difficultés auxquelles il fallut faire face, notamment en matière de logement ; d'autre part, les immigrants ne s'en allèrent pas sans une certaine amertume, ces départs seraient sans retour. Quel facteur dominait ? Des conditions matérielles d'existence difficiles au pays ? Des événements sociaux ? Des réactions psychologiques, empreintes à la fois d'attirance et de répulsion ?

[83] A ce propos, M. Le Grand, recteur de Landeleau a mené une enquête auprès des anciens de Landeleau, sur les deux points suivants : la langue et l'école. Les réponses sont édifiantes.

Ils ont tous répondu s'être rendus compte du caractère « arriéré » de la langue bretonne, « si on voulait réussir, il fallait savoir le français. »

Ils prirent conscience de la nécessité de fréquenter assidûment l'école. Alors qu'auparavant, l'éducation scolaire des enfants était quelque peu négligée, elle devint une des préoccupations essentielles des parents : la promotion sociale passait par une réussite à l'école.

(Tant et si bien qu'après avoir été avec la Corrèze, la lanterne rouge en matière de scolarisation, la Bretagne surpassa bientôt – ainsi que la Corrèze – les autres régions.

[84] Skol Vreizh, p. 24, *op. cité.*

« Cette répulsion et cet attrait, phénomènes essentiellement psychologiques, sont des attitudes subjectives, en présence de situations matérielles et sociales », répond l'abbé Elie Gautier,[85] ajoutant plus loin : « une vague d'indépendance, résultat peut-être de la guerre, passe aujourd'hui sur la jeunesse. »

Marie nous apporte quelques précisions concernant le sort des immigrants : « ils ont dépassé le nombre de 20, nous dit-elle (p. 147), ceux qui demandent de partir dans le midi[86], d'autres de leurs propres moyens sont allés en Normandie, deux sont allés près de Rennes. »

Nous possédons quelques éléments supplémentaires grâce à des notes retrouvées au presbytère de Landeleau. Elles ont été établies par M. Kervella, recteur de Landeleau de 1925 à 1941. En guise de prise de contact avec ses paroissiens, il rédigea un *liber animarum* sur lequel il inscrivit les noms et adresses de chaque famille de la paroisse, ainsi que leur âge. Puis il mentionna tous les départs, effectués durant les premières années de son ministère. Ces départs se composent ainsi :

- Départs en direction inconnue : 32 familles et 5 personnes dont 2 jeunes filles, soit 151 personnes.

- Départs en direction d'autres régions : une famille de 8 personnes s'en alla au Havre[87] et 2 familles respectivement de 4 et 6 personnes rejoignirent la Dordogne.

[85] *Un Siècle d'indigence. Pourquoi les Bretons s'en vont ?...*, pp. 135 et 158, éd. Ouvrières, 1950.

[86] Beaucoup de départs vers le Sud-Ouest furent organisés par l'union des syndicats agricoles du Finistère et des Côtes-du-Nord, sous l'égide de son président M. de Guébriant. L'abbé Elie Gautier (*L'Emigration bretonne*, pp. 108 et 109, Bulletin de l'entraide bretonne de la région parisienne) cite un article de F. Lesourd, dans *La Bretagne à Paris*, du 4 février 1933 :

« A partir de 1921, l'émigration bretonne a commencé par 35 familles, encouragée à l'époque par une subvention de 500 francs accordée à chaque famille par l'Etat. Depuis, le mouvement a continué, d'autres caravanes bretonnes ont rejoint la première et dès juin 1922, les immigrés bretons occupaient déjà tout le Sud-Ouest : 226 exploitations, dont 92 en Dordogne, 24 dans le Tarn-et-Garonne, 32 dans le Gers, 78 dans le Lot-et-Garonne. La superficie occupée était de 8 142 hectares, le nombre d'immigrés de 1 311 personnes. En 1926, rien qu'en Dordogne, on comptait 300 familles et 2 800 personnes. »

[87] « En 1878, les Bretons presque tous employés comme manœuvres dans le quartier de l'Eure, étaient assez nombreux pour que l'autorité ecclésiastique leur consacrât un prêtre bretonnant et une chapelle particulière (...)

Ils étaient 24 000 en 1907, en 1938 on en comptait 35 000 à 40 000 (...) ils résidaient essentiellement au quartier Saint-François ». *L'Emigration bretonne*, pp. 78-79, *op. cité*, abbé Elie Gautier.

- Départs vers les communes proches de Landeleau (Collorec, Plonévez, Châteauneuf...) 12 familles et 4 personnes, soit 67 personnes.

La commune se trouvait donc spoliée de 236 habitants, sur 1 982, recensés en 1926, un peu plus de 10 % de la population. Il va sans dire que ce courant ne s'est point tari, au contraire : entre 1921 – période où la population est la plus dense avec 2 016 habitants – et 1968, Landeleau a perdu 716 âmes !

Il nous reste, pour conclure, à exprimer un souhait : puisse le témoignage de Marie dans sa simplicité et son authenticité, susciter en Bretagne, des vocations chez nos mères et nos pères – dont la vie n'est jamais ordinaire – et des collectes d'autobiographies populaires, écrites ou parlées. Ces acteurs de la vie passée portent en eux, à travers leurs joies, leurs souffrances et les événements qu'ils traversent, notre histoire : la mémoire de la Bretagne.

Orientation bibliographique

Témoignages

Les autobiographies écrites par des personnes issues de milieux populaires sont rares. Elles sont le plus souvent écrites dans un but militant, ou dans le simple but de « montrer comment était la vie autrefois ». Il faudrait ajouter la masse de mémoires – anonymes ou non – qui ne sont pas édités, c'est pourquoi la liste qui suit ne peut prétendre être exhaustive :

Dominique Lagru (Ouvrier et peintre naïf 1888-1960) : *Cahiers autobiographiques*, éd. Eco-musée du Creusot, 1977.

Joseph Fenix (1892-1958), *Histoire de la vie passionnante d'un petit ramoneur savoyard écrite par lui-même*, éd. Le Sycomore, 1978.

Constant Malva (1903-1969), *Histoire de ma mère et de mon oncle Fernand*, 1932.

Agricol Perdiguier, *Mémoires d'un Compagnon*, 1853.

Jean Benoît, *Confidences d'un prolétaire*, publié en 1968, mais écrit cent ans plus tôt.

Norbert Turquin, *Mémoires et aventures d'un prolétaire à travers la Révolution*, 1888, réédité en 1977 par Maspéro.

Martin Nadaud, *Mémoires de Léonard, ancien garçon maçon*, réédit en 1976 par Maspéro sous le titre de *Léonard, maçon de la Creuse.*

J.-Baptiste Dumay (1841-1905), *Les Mémoires d'un militant ouvrier du Creusot*, 1976.

Louis Barthas, (1) *Les Carnets de guerre de Louis Barthas, tonnelier (1914-1918)*, Maspéro, 1979.

Lise Vanderwielen : *Lise du Plat Pays* (roman). Préface de P. Mauroy. Introduction et postface de Françoise Cribier. Presses universitaires de Lille, 1983.

Pour la Bretagne

Charles Tillon, *La Révolte vient de loin*, coll. 10-18, 1979.

Henri Goardon, *Ar C'hap gwechall*, Le Signor.

Tanguy Prigent, *Ty kaled* (repris et commenté par sa fille, Mireille Prigent). Club socialiste du livre, 1982.

Jean Nédélec, *Mémoires inachevées... des Montagnes Noires au pays d'Auge*, 1922 (publication confidentielle).

Per-Jakes Hélias, *Le Cheval d'orgueil.*
Loeiz Herrieu, *Kammdro an ankou*, Skol Vreizh, numéro spécial.
Aboezen, *Dremm an ankou*, Rennes, 1942.
Yeun ar Gow, *E Skeud tour bras Sant Jerman*, Al Liamm. *Emvorennoù*, Revue *Al Liamm*, 1976.

La plupart des autres récits ont été recueillis au magnétophone, et diffusés à grand tirage

Ephraïm Grenadou et Alain Prevost, *Grenadou, pays français*, éd. du Seuil, 1966.
Jean Ferniot, *Pierrot et Aline*, Grasset, 1976.
Serge Grafteaux, *Mémé Santerre, une vie*, Coll. Marabout, 1975.
Adélaïde Blaquez et Gaston Lucas, *Gaston Lucas, serrurier. Chronique de l'antihéros*, Coll. Terre humaine, Plon, 1976.
Emilie Carles, *Une Soupe aux herbes sauvages*, propos recueillis par R. Desqtanque, J.-C. Simoën, 1977.
Hélène Hek, *La Mémoire d'Hélène*, F. Maspéro, 1977.
Raymonde Anna Rey, *Augustine Rouvière, cévenole*, J.-P. Delorge, 1977.
Jacques Caroux-Destray, *Un Couple ouvrier traditionnel. La vieille garde autogestionnaire*, Anthropos, 1974.
Madeleine Lamouille, *Pipes de terre, pipes de porcelaine, souvenirs d'une femme de chambre en Suisse romande. 1920-1940*, publiés par Luc Weibel, éd. Zoé, Genève, 1978.
R. Laouenan, *Angela Duval*, éd. Nature et Bretagne, Quimper, 1982.
Fanch Elegoët, *Nous ne savions que le breton et il fallait parler français*, éd. Breizh hor Bro, La Baule, 1978. L'équipe de Fanch Elégoët a publié plusieurs récits de vie dans la revue *Tud ha Bro*, Sociétés Bretonnes, Plouguerneau, de 1979 à 1981, notamment : *Les paysans du Léon, histoire de vie de trois paysannes, Les paysans parlent, Sociétés paysannes et dépaysannisation, Changer de monde...*

Le Poher a, quant à lui, suscité une abondante littérature, que mérite la richesse de son histoire. Nous distinguerons les ouvrages ayant trait exclusivement au terroir et ceux qui le mentionnent. Il me faut ici ajouter que la présente bibliographie doit beaucoup à M. Armand Puillandre, lui-même auteur de *Bonnets Rouges et papier timbré*, 1996, éd. Keltia Graphic/Association Kan an Douar.

Ouvrages sur le Poher

Raymond Delaporte, *La Sénéchaussée de Châteauneuf-du-Faou, Huelgoat et Landeleau*, éd. A. Pedoue, Paris, 1905.
Notes sur Châteauneuf-du-Faou et ses environs pendant les guerres de la Ligue, Bulletin de la Société archéologique du Finistère, Quimper, 1910.
Chanoine Pérennès, *Plonévez-du-Faou*, 1942, Rennes.

Chanoine L. Kerbiriou, Landeleau, dans la Cornouaille des monts, Imp. de la Presse Libérale, Brest, 1942.

G. Thomas, Dans le passé de Saint-Hernin, éd. Menez, Quimper, 1946.

Ch. Le Goffic, *La Tour d'Auvergne*, Flammarion, 1928 - *Croc d'Argent* (roman), Paris, Hatier, 1905 - *Les Bonnets rouges* (roman), Lib. Illustrée, J. Tallandier, Paris, 1906.

J. Baudry, *Une Bretonne de lettres, la comtesse Jégou du Laz*, Imp. Ch. Normand, Hennebont, 1909.

Comtesse Jégou du Laz, *Carhaix, ses manoirs et ses châteaux*, 1899.

Jaffrenou, « Taldir », *Carhaisiens célèbres*, Rennes, Imp. des Editions armoricaines, 1940. - *Histoire anecdotique de Carhaix*, 1924, rééditée par ATR, Quimper, 1984.

J.-F. Le Goff, *Bokedig sant Telo* (mystère). Quimper, 1916.

J. Trévidy, *Quelques légendes relatives à la Tour d'Auvergne Corret*, Imp. libre de R. Prud'homme, St-Brieuc, 1902.

Vicomte Frostier de la Messelière, Le Poher : Finistère et Côtes-du-Nord, Les Presses Bretonnes. St-Brieuc, 1949.

Amiral Laurent, Châteauneuf-du-Faou, éd. Jos Le Doaré, Châteaulin, 1953.

Révérend Père Lapraz, Contact global en vue de la mission des doyennés de Carhaix et de Châteauneuf-du-Faou, O.P. Lyon, 1963.

J.-Y. Carluer, Cahiers de doléances de la région de Carhaix, Annales du CDDP, Quimper, 1979.

C. Ménard, Châteauneuf-du-Faou, des origines à 1900, éd. A.T.R., Quimper, 1984.

J.-M. Plonéïs, *Le Parler de Berrien*, Selat, Paris, 1983.

Revue *Cahiers de l'Iroise : A travers l'Argoat*, 1960, 2e trimestre. D'Ardennes en Poher : Antoine et Joseph Bouchy, H. Bouché, avril-juin 1977. *La Vallée de l'Aulne*, juillet-septembre, 1984.

MM. les chanoines Peyron et Abgrall, Notices sur les paroisses : Landeleau, Bulletin diocésain d'histoire et d'archéologie, Quimper, 1919.

P. Hémon, *Carhaix et le district de Carhaix pendant la Révolution*, Société des bibliophiles bretons et de l'histoire de Bretagne, 1912.

Ouvrages mentionnant le Poher

Chanoine Moreau, Histoire de ce qui s'est passé en Bretagne durant les guerres de la Ligue. Notes et préface de M. Le Bastard de Mesmeur, Imp. L. Prud'homme, St-Brieuc, 1857, ou : Annales de Bretagne : 1893-1894.

A. Le Bras, Les Saints bretons d'après la tradition populaire, éd. Calmann-Lévy, Paris, 1937.

J. Lorédan, *Brigands d'autrefois : La Fontenelle, seigneur de la Ligue, 1572-1602*, Lib. Académique, Paris, 1926 - *La Grande misère et les voleurs au XVIIIe siècle. Marion du Faouët et ses associés, 1740-1770*. Lib. Académique, Paris (non-daté).

Père et Auguste Séjourné, *Histoire du véritable serviteur de Dieu, Julien Maunoir*, tome 1 et 2. Librairie religieuse, H. Oudin, 1895.

Révérend E.-W-L. Davies, *Chasse aux loups et autres chasses en Basse-Bretagne*, traduit par le comte R. de Beaumont, éd. Lucien Laveur, Paris, 1912.

De Fréminville Cambry, *Voyage dans le Finistère*, éd. Gérard Maufort (non daté).

M. Des Roseaux, *La Bretagne inconnue*, Plon, Paris, 1938.

J. Laurent, *Un Monde rural en Bretagne au XVe siècle : La quévaise*, Paris, 1972.

E.S.B.A. de la Borderie. B. Porchnev, *Les Bonnets rouges*, Coll. 10-18, 1975.

Y. Garlan et C. Nierès, *Révoltes bretonnes de 1675. Papiers timbrés et Bonnets rouges*, éd. Sociales, Paris.

Ouvrages généraux :
(Tous les ouvrages qui suivent ont été consultés pour cet étude)

A. Dansette, *Histoire religieuse de la France contemporaine sous la IIIe République*, Ed. Flammarion, Paris, 1951.

A. Siegfried, *Tableau politique de la France de l'ouest sous la IIIe République*, 1re édition, 1913, Armand Colin, Paris, 1964.

E. Weber, *La Fin des terroirs, 1870-1914*, Fayard, Paris, 1983.

T. Zdhin, *Histoire des passions françaises, 1848-1945*, tome 2, éd. du Seuil, 1980.

J.-P. Azéma et M. Winock, *Naissance et mort de la IIIe République*, éd. Calmann-Lévy, 1969.

J. Et Mona Zouf, *Le Thème du patriotisme dans les manuels primaires*, Revue *Le Mouvement social*, oct-déc. 1964.

Ouvrages sur la Bretagne
Historiques et ethnologiques

Chanoine Moreau, *Histoire de ce qui s'est passé en Bretagne durant les guerres de la Ligue*, *op. cité.*

Y. Garlan et C. Nierès, *Révoltes bretonnes de 1675. Papiers timbrés et Bonnets rouges*, *op. cité.*

E.S.B.A. de la Borderie. B. Porchnev, *Les Bonnets rouges*, *op. cité.*

J. Meyer, *Bonnets rouges et blancs bonnets*, Annales de Bretagne et de l'ouest, 1975.

A. Le Bras, *La Légende de la mort chez les Bretons armoricains*, Librairie celtique, Paris, 1945.

Y. Paupinot, *La Bretagne contemporaine*, tome 2, éd. Ker Vreizh, Paris, 1955.

P. Flatrès, *La France de l'ouest*, PUF, 1964.

P. Séraut, *La Bretagne et la France*, Fayard, 1971.

J. Borgé et N. Viasnoff, *Archives de Bretagne*, éd. Balland, 1979.

M. Lucas, *Evolution politique de la Cornouaille maritime sous la IIIe République, 1870-1914.* Thèse de 3e cycle. UBO, Brest, 1983.

Y. Brékilien, *La Vie quotidienne des paysans bretons au XIXe siècle*, Hachette, 1966.

P. Jakès Hélias, *Le Cheval d'orgueil*, Col. Terre Humaine, Plon, 1975.

Florence Le Brun, *Le Canal de Nantes à Brest*, mémoire de maîtrise (non daté).

D. Bernard, *Documents et notes sur l'histoire religieuse du Finistère sous le Directoire*, Librairie Le Goaziou, Quimper, 1934.

M. Diry, *Le Courrier du Finistère*, textes choisis, Studi n° 17, déc. 80, UBO, Brest.

P. Chevillon, *Derniers Reflets de l'Occident*, Plon, 1925.

P. Hervé, *Maisons rurales de Bretagne*, éd. Skol Vreizh, Morlaix, 1981 - *Ar Boued*, éd. Skol Vreizh, Morlaix, 1982.

H. de la Villemarqué, *Barzaz Breiz*, Lib. Académique Perrin, Paris, 1963.

J. Léonard, *La Santé publique en Bretagne, 1889*, Annales de Bretagne et de l'Ouest, tome 91, 1982.

Chanoine Peyron, *Documents pour servir à l'histoire du clergé et des communautés religieuses dans le Finistère pendant la Révolution*, Quimper, Imp. de l'évêché, 1892.

G. Le Scouëzec, *Guide de la Bretagne mystérieuse*, éd. Beltan/Coop Breizh.

J.-L. Le Floc'h, *L'Enquête de 1902 sur l'usage de la langue bretonne dans le diocèse, Semaine Religieuse*, Quimper, 1979.

Skol Vreizh, *Histoire de la Bretagne*, tome IV - 1980, Morlaix, tome V, 1983.

Sociologique et politique

Suzanne Berger, *Les Paysans contre la politique. L'organisation rurale en Bretagne. 1911-1974*, Le Seuil, 1975.

A. Burguière, *Bretons de Plozévet*, Flammarion, Paris.

Abbé E. Gautier, *Un Siècle d'indigence: pourquoi les Bretons s'en vont...* (vol. 1) - *La Dure existence des paysans et des paysannes* (vol. 2), éd. Ouvrières. Paris, 1950. - *L'Emigration bretonne*, Bulletin de l'entraide bretonne de la région parisienne, 1952.

Agnès Audibert, *Le Matriarcat breton*, Coll. PUF, Paris, 1984.

H.-P. Houée, *Mutations des campagnes bretonnes,* Revue : *Economie et humanisme*, oct-déc. 1984, n° 278.

Numéro spécial du *Canal de Nantes à Brest,* juin 1981.

Ouvrages sur la guerre :

Généraux

J. Meyer, *La Vie quotidienne des soldats pendant la Grande guerre*, Hachette, Paris, 1966

J.-J. Becker, *Comment les Français sont entrés dans la guerre,* Presses de la fondation, Paris, 1977 - *1917 : l'année terrible*, Revue l'*Histoire*, nov. 1983 - *Mourir à Verdun*. Revue l'*Histoire*, mars 1985.

G. Pedroncini, *Les Mutineries de 1917*, PUF, Paris, 1967. - *Les Mutineries de l'armée française*, Coll. Archives Juillard. 1968.

Alain Scoff, *Le Pantalon*, éd. J.-C. Lattès, Paris, 1982.

J. Bauthaul, *Les Guerres : éléments de polémologie*, Payot, 1951.

A. Ducasse, J. Meyer, G. Perreux, *Vie et mort des Français, 1914-1918*, Hachette, 1959.

Dr Huot et Voivenel, *La Psychologie du soldat*, Renaissance du livre, 1918.

Pour la Bretagne

C. Le Goffic, *Dixmude - Bourguignottes et pompons rouges*, éd. Georges Crès et Cie, Paris, 1916.

Ch. Tillon, *La Révolte vient de loin*, Coll. 10-18, St-Amand, 1979.

Abbé G. Pondaven, *Le Livre d'or du clergé pendant la guerre*, Quimper, 1919.

R. Laouenan, *Le Tocsin de la moisson*, éd. France Empire, Paris, 1980, réédition éd. Coop Breizh, 1995.

Léontine Drapier, *Août 1914 : anniversaire*, Revue *Les Cahiers de l'Iroise*, 1964.

L. Herrieu, *Kammdro an Ankou*, Skol Vreizh, n° spécial.

1 - Sont soulignés les ouvrages consultés et cités dans l'étude.

TABLE DES MATIÈRES

ACHEVÉ D'IMPRIMER
SUR LES PRESSES DE L'IMPRIMERIE
KELTIA GRAPHIC - 29540 SPEIED/SPEZET
(BREIZH/BRETAGNE)

—

LE 28 FÉVRIER 1997

—

DÉPÔT LÉGAL : 1ER TRIMESTRE 1997